世界名车标志

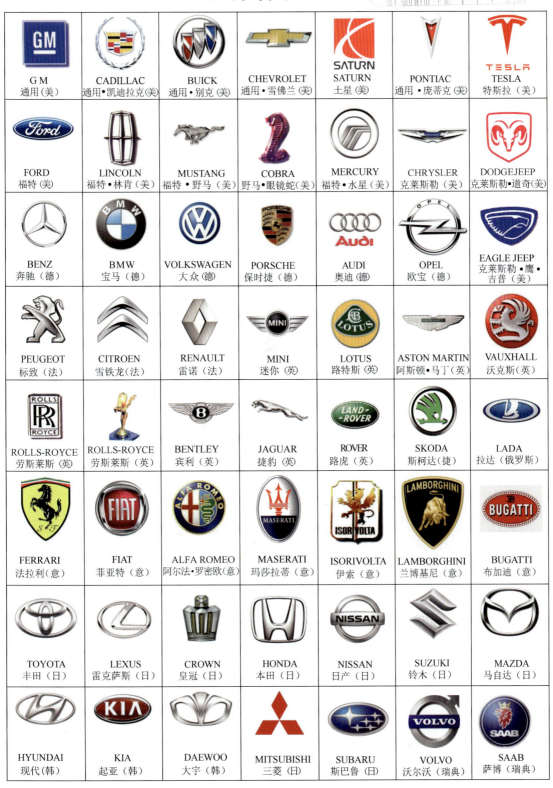

GM 通用（美）	**CADILLAC** 通用•凯迪拉克(美)	**BUICK** 通用•别克（美）	**CHEVROLET** 通用•雪佛兰（美）	**SATURN** 土星（美）	**PONTIAC** 通用•庞蒂克（美）	**TESLA** 特斯拉（美）
FORD 福特（美）	**LINCOLN** 福特•林肯（美）	**MUSTANG** 福特•野马（美）	**COBRA** 野马•眼镜蛇（美）	**MERCURY** 福特•水星（美）	**CHRYSLER** 克莱斯勒（美）	**DODGEJEEP** 克莱斯勒•道奇(美)
BENZ 奔驰（德）	**BMW** 宝马（德）	**VOLKSWAGEN** 大众（德）	**PORSCHE** 保时捷（德）	**AUDI** 奥迪（德）	**OPEL** 欧宝（德）	**EAGLE JEEP** 克莱斯勒•鹰• 吉普（美）
PEUGEOT 标致（法）	**CITROEN** 雪铁龙(法)	**RENAULT** 雷诺（法）	**MINI** 迷你（英）	**LOTUS** 路特斯（英）	**ASTON MARTIN** 阿斯顿•马丁(英)	**VAUXHALL** 沃克斯（英）
ROLLS-ROYCE 劳斯莱斯（英）	**ROLLS-ROYCE** 劳斯莱斯（英）	**BENTLEY** 宾利（英）	**JAGUAR** 捷豹（英）	**ROVER** 路虎（英）	**SKODA** 斯柯达（捷）	**LADA** 拉达（俄罗斯）
FERRARI 法拉利(意)	**FIAT** 菲亚特（意）	**ALFA ROMEO** 阿尔法•罗密欧(意)	**MASERATI** 玛莎拉蒂（意）	**ISORIVOLTA** 伊索（意）	**LAMBORGHINI** 兰博基尼（意）	**BUGATTI** 布加迪（意）
TOYOTA 丰田（日）	**LEXUS** 雷克萨斯（日）	**CROWN** 皇冠（日）	**HONDA** 本田（日）	**NISSAN** 日产（日）	**SUZUKI** 铃木（日）	**MAZDA** 马自达（日）
HYUNDAI 现代(韩)	**KIA** 起亚（韩）	**DAEWOO** 大宇（韩）	**MITSUBISHI** 三菱（日）	**SUBARU** 斯巴鲁（日）	**VOLVO** 沃尔沃（瑞典）	**SAAB** 萨博（瑞典）

中国汽车标志

上汽集团	上汽荣威	上汽通用五菱	上汽大通	上汽申沃客车	上汽依维柯红岩
一汽集团	一汽红旗	一汽轿车	一汽解放	东方龙车标	一汽海马
东风集团	神龙汽车	东风日产启辰	东风纳智捷	东风英菲尼迪	江淮汽车
长安集团	长安汽车	长安汽车	哈飞汽车	陆风汽车	上汽名爵
北汽集团	北汽福田	北汽昌河	长城汽车	华晨金杯	华晨中华
广汽集团	广汽本田	广汽吉奥	比亚迪汽车	南汽汽车	东南汽车
奇瑞汽车	奇瑞捷豹路虎	金龙客车	宇通客车	黄海客车	安凯客车
吉利汽车	吉利英伦	吉利宝腾	吉利路特斯	吉利全球鹰	中国重汽

历 史 名 车

世界上第一辆三轮汽车

福特 T 型汽车

甲壳虫汽车

奔驰 300SL汽车

迈巴赫老爷车

1973 年款林肯大陆

德国大众高尔夫汽车

红旗 L5汽车

豪车品牌

法拉利恩佐

布加迪威龙

阿斯顿·马丁 DB9

兰博基尼 Aventador

劳斯莱斯幻影

玛莎拉蒂总裁

宾利慕尚

保时捷 911

新工科·普通高等教育汽车类系列教材

汽车概论

第 4 版

主　编　廖一峰　蔡兴旺

副主编　王　斌　李　庆　李晓珍

参　编　吴文叶　杨建新　于秀卫

机械工业出版社

本书共 10 章,主要内容有:汽车基本构造、新能源汽车、智能网联汽车、汽车选购、汽车驾驶与考证、汽车维护、汽车设计与制造简介、国内外主要汽车集团与品牌、汽车的发明与发展、汽车文化简介。本书内容丰富新颖,知识面广,实用性强,图文并茂,通俗易懂。

本书配备的电子课件,提供了大量的文本、彩图、动画及视频资料,形象、生动地展示了历史名车的风采和现代汽车的基本构造、工作原理以及驾驶维护,方便教师授课和学生学习。

本书可以作为普通高等院校及高职高专院校学生的公选课教材及汽车专业的新生教材,还可以作为汽车培训及中专技校的教材、广大汽车爱好者的阅读材料。

图书在版编目(CIP)数据

汽车概论/廖一峰,蔡兴旺主编. —4 版. —北京:机械工业出版社,2023.7(2025.8 重印)

新工科·普通高等教育汽车类系列教材

ISBN 978-7-111-72910-5

Ⅰ.①汽… Ⅱ.①廖… ②蔡… Ⅲ.①汽车-高等学校-教材 Ⅳ.①U46

中国国家版本馆 CIP 数据核字(2023)第 054969 号

机械工业出版社(北京市百万庄大街 22 号 邮政编码 100037)

策划编辑:宋学敏　　　　　　　　责任编辑:宋学敏 章承林
责任校对:张亚楠 李 婷　　　　封面设计:张 静
责任印制:单爱军

保定市中画美凯印刷有限公司印刷

2025 年 8 月第 4 版第 3 次印刷

184mm×260mm · 12.5 印张 · 2 插页 · 309 千字

标准书号:ISBN 978-7-111-72910-5

定价:45.00 元

电话服务　　　　　　　　　　网络服务

客服电话:010-88361066　　　机 工 官 网:www.cmpbook.com
　　　　　010-88379833　　　机 工 官 博:weibo.com/cmp1952
　　　　　010-68326294　　　金 书 网:www.golden-book.com
封底无防伪标均为盗版　　　机工教育服务网:www.cmpedu.com

前　言

《汽车概论》自2005年出版至今，已进行了2次修订，20多次重印，发行9万多册，在全国200多所院校使用，受到了广大读者的欢迎。根据近几年国内外汽车工业和汽车技术的快速发展，以及汽车专业教学改革的需要，我们进行了第3次修订。

本次修订以教育部发布的《关于深化本科教育教学改革全面提高人才培养质量的意见》[教高〔2019〕6号]等文件为指导，在多年的应用型本科教学改革实践并广泛征求学生意见的基础上编写而成，教材编写以学生为本，突出实用性、技能性和趣味性，兼顾系统性和新颖性，精选学生终生有用的知识，简明精要地介绍了汽车基本构造、新能源汽车、智能网联汽车、汽车选购、汽车驾驶与考证、汽车维护、汽车设计与制造简介、国内外主要汽车集团与品牌、汽车的发明与发展、汽车文化简介等内容。这些内容循序渐进，符合学生的认知规律。

本书配备的电子课件，提供了大量的文本、彩图、动画和视频资料，形象、生动地展示了历史名车的风采和现代汽车的基本构造、工作原理与驾驶维护，方便教师授课和学生学习。

本书由廖一峰和蔡兴旺主编，编写分工为：李晓珍编写第1章，吴文叶编写第2章、第3章，于秀卫编写第4章，杨建新编写第5章，李庆编写第7章，王斌编写第8章，蔡兴旺编写第9章，廖一峰编写第6章、第10章。

本书的编写得到了广东省教育厅、机械工业出版社、韶关学院、华南农业大学、江西农业大学、常熟理工学院等单位的大力支持与帮助，参考了大量汽车公司网站和相关资料，在此一并深表感谢。

由于本书知识面广，编者水平有限，书中误漏之处在所难免，诚恳期望广大读者批评指正（287239296@qq.com，廖先生），谨先感恩致谢。

编　者

教学资源

为方便教师教学和学生自学，本书根据实际教学过程的内容安排配备了教学资源，见下表。同时，在正文中设置了"温馨提示"栏目，以提示教师教学和学生自学过程中进行观看。

第1章　汽车基本构造

序号	名　称	二维码	序号	名　称	二维码
1.1	汽车外部结构		1.4	离合器基本结构与工作原理	
1.2	发动机冷却系统基本结构与工作原理		1.5	手动变速器基本结构原理	
1.3	发动机润滑系统基本结构与工作原理				

第2章　新能源汽车

序号	名　称	二维码	序号	名　称	二维码
2.1	纯电动汽车结构原理		2.2	混合动力电动汽车结构原理	

第3章　智能网联汽车

序号	名　称	二维码	序号	名　称	二维码
3	智能网联汽车				

第4章　汽车选购

序号	名　称	二维码	序号	名　称	二维码
4	新车现场选购技巧				

（续）

第 5 章　汽车驾驶与考证

序号	名　　称	二维码	序号	名　　称	二维码
5.1	汽车主要操纵机构使用操作		5.4	坡道定点停车与起步	
5.2	科目二考试内容		5.5	汽车曲线行驶与直角转弯	
5.3	汽车倒车入库		5.6	侧方停车	

第 6 章　汽车维护

序号	名　　称	二维码	序号	名　　称	二维码
6.1	漏油的检查		6.5	灯光的检查	
6.2	齿轮润滑油补给		6.6	制动的检查	
6.3	检查制动液、冷却液及各连接件的松紧、电池寿命		6.7	定期保养单	
6.4	轮胎的气压检查、保养和更换				

第 9 章　汽车的发明与发展

序号	名　　称	二维码	序号	名　　称	二维码
9	秦始皇陵铜车马				

目 录

第1章　汽车基本构造

【本章内容架构】

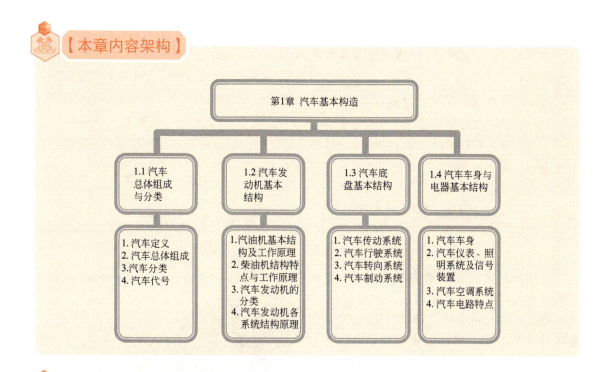

【学习目标要求、重点与难点】

序号	学习目标要求	学习重点	学习难点
1	掌握汽车的定义、基本分类和总体组成	√	
2	理解汽车发动机的基本结构与工作原理	√	√
3	理解汽车底盘的基本结构与工作原理	√	√
4	理解汽车车身与电器设备的基本组成与功用		√
5	能够现场识别汽车主要总成部件	√	
6	培养学生崇尚科学、热爱专业和献身祖国的精神	√	√

【问题导入】

　　公路上飞奔的各式各样的汽车，价格相差成百上千倍，它们的功能和结构有怎样的相同点和不同点呢？

　　汽车自 1886 年诞生至今 100 多年来，其结构、功能都以惊人的速度发展，是目前普及应用最广、运输量最大的现代交通工具。

1.1　汽车总体组成与分类

知识点 1　汽车定义

　　不同国家、不同时代对汽车的定义有所不同。

　　根据 GB 7258—2017 的规定，我国对汽车的定义是：由动力驱动、具有四个或四个以上车轮的非轨道承载的车辆，包括与电力线相联的车辆（如无轨电车），主要用于载运人员、货物及其他的一些特殊用途；整车整备质量超过 400kg、不带驾驶室、用于载运货物的三轮车辆，整车整备质量超过 600kg 的带驾驶室的三轮车辆，以及整车整备质量超过 600kg、不带驾驶室、不具有载运货物结构或功能且设计和制造上最多乘坐 2 人（包括驾驶人）的三轮车辆也属于汽车。

知识点 2　汽车总体组成

　　汽车总体由发动机、底盘、车身和电器与电子设备四大部分组成（图 1-1）。

　　发动机：是汽车的动力驱动装置，现代汽车发动机主要采用的是往复活塞式内燃机，负责将燃料燃烧所产生的热能转化为机械能。它一般由机体组件、曲柄连杆机构、进排气系统、燃料供给系统、润滑系统、冷却系统、点火系统和起动系统组成。

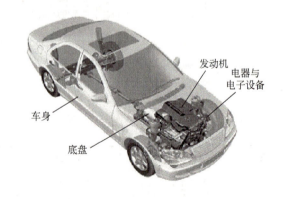

图 1-1　汽车总体组成

　　底盘：负责将发动机的动力进行传递和分配，并按驾驶人的要求进行行驶（加速、减速、转向、制动等）。它一般由传动系统、行驶系统、转向系统、制动系统等组成。

　　车身：是驾驶人操作和容纳乘客及货物的场所。它一般由车身本体、开启件（各种门、窗、行李舱和车顶盖等）、附件（各种座椅、内外饰等）和安全保护装置（保险杠、安全带、安全气囊等）组成，载货车及专用车辆还有货箱及专用设备。

　　电器与电子设备：主要由电源、灯光、仪表、音响和空调等设备组成。

汽车外部结构视频请扫教学资源1.1对应的二维码进行观看。

知识点3　汽车分类

汽车类型繁多，根据 GB 7258—2017 规定，我国汽车按用途可分为载客汽车和载货汽车等5类，具体定义见表1-1。

表1-1　汽车分类（按用途）

分　类			定　义
载客汽车	乘用车		主要用于载运乘客及其随身行李和/或临时物品的汽车，包括驾驶人座位在内最多不超过9个座位。它可以装置一定的专用设备或器具，也可以牵引一辆中置轴挂车
	旅居车		装备有睡具（可由桌椅转换而来）及其他必要的生活设施、用于旅行宿营的汽车
	客车	公路客车（长途客车）	专门从事旅客运输的客车（包括卧铺客车）
		旅游客车	专门用于运载游客的客车
		未设置乘客站立区的客车	未设置乘客站立区的公共汽车	有固定的公交营运线路和车站，主要在城市道路运营的客车
		专用客车	用于载运特定人员并完成特定功能的客车，也包括装置有专用设备或器具，座位数（包括驾驶人座位）超过9个的专用汽车
		设有乘客站立区的客车	最大设计车速小于70km/h、设有座椅及乘客站立区，并有足够的空间供频繁停站时乘客上下车走动，有固定的公交营运线路和车站，主要在城市建成区运营的客车（也包括无轨电车）
	校车	幼儿校车	接送3周岁以上学龄前幼儿上下学的校车
		小学生校车	接送小学生上下学的校车
		中小学生校车	接送九年制义务教育阶段学生（小学生和初中生）上下学的校车
		专用校车	专门用于运送3周岁以上学龄前幼儿或义务教育阶段学生的校车
载货汽车	半挂牵引车		装备有特殊装置用于牵引半挂车的汽车
	低速汽车	低速货车	最大设计车速小于70km/h的，具有四个车轮的载货汽车
		三轮汽车	最大设计车速小于或等于50km/h的，具有三个车轮的载货汽车
	专项（专用）作业车		装置有专用设备或器具，用于工程专项（包括卫生医疗）作业的汽车，如汽车起重机、消防车、混凝土泵车、清障车、高空作业车、扫路车、吸污车、钻机车、仪器车、检测车、监测车、电源车、通信车、电视车、采血车、医疗车、体检医疗车等，但不包括装置有专用设备或器具而座位数（包括驾驶人座位）超过9个的汽车（消防车除外）
	教练车		专门从事驾驶技能培训的汽车
	残疾人专用车		在采用自动变速器的乘用车上加装符合标准和规定的驾驶辅助装置，专门供特定类型的肢体残疾人驾驶的汽车

载客汽车是主要用于载运人员的，包括装置有专用设备或器具但以载运人员为主要目的的汽车。

载货汽车（货车）是主要用于载运货物或牵引挂车的汽车，也包括装置有专用设备或器具但以载运货物为主要目的的汽车；以及由非封闭式货车改装的，虽装置有专用设备或器具，但不属于专项作业车的汽车。

汽车按发动机位置及驱动形式分为前置发动机前轮驱动（FF）、前置发动机后轮驱动（FR）、中置发动机后轮驱动（MR）、后置发动机后轮驱动（RR）和四轮驱动（4WD）5种（图1-2）。前置发动机前轮驱动是指发动机位于汽车前部，前轮是驱动轮。四轮驱动是指汽车4个车轮都是驱动轮，一般用于越野车。

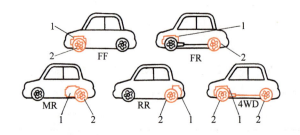

图1-2 汽车发动机位置及驱动形式

1—发动机 2—驱动轮 FF—前置发动机前轮驱动
FR—前置发动机后轮驱动 MR—中置发动机后轮驱动
RR—后置发动机后轮驱动 4WD—四轮驱动

汽车驱动情况常用4×2、4×4等表示，乘号前数字表示汽车总车轮数，乘号后数字表示汽车驱动轮数。

轿车按车身分类：有一厢式（发动机舱、乘员舱和行李舱在外形上形成一个空间形态）、两厢式（发动机舱、乘员舱和行李舱在外形上形成两个空间形态）、三厢式（发动机舱、乘员舱和行李舱在外形上形成3个空间形态）（图1-3）。若轿车顶盖不可开启，称该车身为闭式；若乘员舱顶为敞顶或按需要可开闭，称该车身为开式。

按汽车动力装置类型分为内燃机汽车、电动汽车和燃气轮机汽车3类。

内燃机汽车是指安装有内燃机，燃料在气缸内燃烧所产生的热能转化为机械能的汽车。如汽油车（以汽油为燃料）、柴油车（以柴油为燃料）、气体燃料汽车（以天然气、液化石油气等气体为燃料）、两用燃料汽车和双燃料汽车。

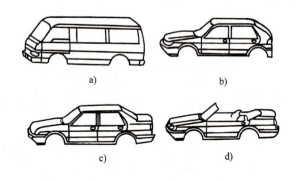

图1-3 轿车车身分类

a）一厢式 b）两厢式 c）三厢式 d）开式

两用燃料汽车有两套相互独立的燃料供给系统，它们分别但不共同向气缸供给燃料。如汽油/压缩天然气两用汽车等。

双燃料汽车有两套燃料供给系统，它们按预定的配比共同向气缸供给燃料。如柴油-压缩天然气双燃料汽车等。

电动汽车是以电能为驱动力的汽车，包括纯电动汽车（BEV）、混合动力电动汽车（HEV）和燃料电池电动汽车（FCEV）。

燃气轮机汽车是以燃气轮机产生动力的汽车，主要用于赛车。

知识点4　汽车代号

现在世界各国汽车公司生产的汽车大部分都使用了车辆识别代号（Vehicle Identification Number，VIN），该代号由一组字母和阿拉伯数字组成，共17位，又称17位识别代号。它是识别一辆汽车不可缺少的工具，一辆汽车只有一个代号，就像人的身份证号码，故又称为"汽车身份证"。

从VIN中可以识别出该车的生产国家、制造厂家、汽车类型、驱动类型、车身形式、发动机型号、生产年份等信息，它是汽车修理、配件选购的重要依据。

我国车辆识别代号（GB 16735—2019）由世界制造厂识别代号（WMI）、车辆说明部分（VDS）、车辆指示部分（VIS）三部分组成，共17位字码。

对年产量大于或等于1000辆的完整车辆和/或非完整车辆制造厂，车辆识别代号的第一部分为世界制造厂识别代号（WMI）；第二部分为车辆说明部分（VDS）；第三部分为车辆指示部分（VIS）（图1-4a）。

对年产量小于1000辆的完整车辆和/或非完整车辆制造厂，车辆识别代号的第一部分为世界制造厂识别代号（WMI）；第二部分为车辆说明部分（VDS）；第三部分的三、四、五位与第一部分的三位字码一起构成世界制造厂识别代号（WMI），其余五位为车辆指示部分（VIS）（图1-4b）。

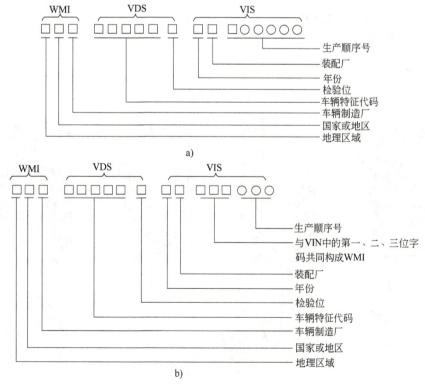

图1-4　我国车辆识别代号

a）年产量大于或等于1000辆的完整车辆和/或非完整车辆制造厂车辆识别代号结构示意图

b）年产量小于1000辆的完整车辆和/或非完整车辆制造厂车辆识别代号结构示意图

□—代表字母或数字　　○—代表数字。

1.2 汽车发动机基本结构

现代汽车发动机主要采用的是四冲程往复活塞式内燃机，有汽油机和柴油机两种。

知识点1 汽油机基本结构及工作原理

1. 单缸四冲程汽油机基本结构

一台车用汽油机，由上万个零部件组成，构造虽然复杂，但其基本结构都由多个相同的单缸机组成（图1-5），活塞在气缸中往复运动，并通过连杆推动曲轴转动。气缸上方装有气缸盖，气缸盖上开有进气道和排气道，并分别由进气门和排气门控制开闭，气缸盖上还安装有火花塞和喷油器。

2. 四冲程汽油机工作原理（图1-6）

（1）进气行程 当活塞从上止点（活塞顶面离曲轴中心最远处）向下止点（活塞顶面离曲轴中心最近处）运动时（相当于曲轴转角0°~180°），进气门开启，排气门关闭，喷油器向进气道喷油，空气与汽油混合气便被吸入气缸，该过程称为进气行程。

图1-5 汽车发动机基本结构

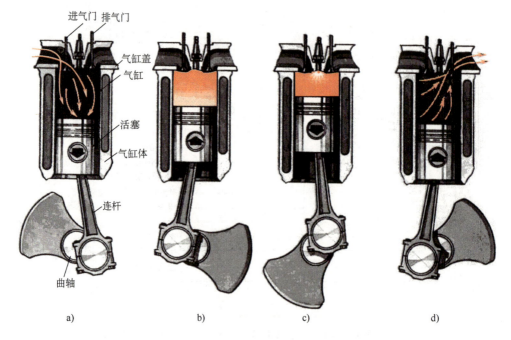

图1-6 四冲程汽油机工作原理
a）进气行程 b）压缩行程 c）做功行程 d）排气行程

（2）压缩行程　当活塞继续从下止点向上止点运动时（相当于曲轴转角180°~360°），进、排气门关闭，进入气缸的混合气被压缩，该过程称为压缩行程。

压缩行程的作用：一是提高进入气缸内混合气的压力和温度（压缩终了的气缸内气体压力可达0.6~1.2MPa，热力学温度达600~700K），为混合气迅速着火燃烧创造条件；二是可以有效提高发动机的燃烧热效率。

气缸内气体被压缩的程度用压缩比ε表示

$$\varepsilon = \frac{V_a}{V_c}$$

式中　V_a——气缸总容积（活塞处于下止点时，活塞顶部以上的气缸容积）；

　　　V_c——气缸燃烧室容积（活塞处于上止点时，活塞顶部以上的气缸容积）。

现代汽油机压缩比一般为7~11。当气缸、活塞等磨损到一定程度或气门不密封时，将导致发动机压缩气体外泄，热效率和功率下降，应进行修理。

（3）做功行程（膨胀行程）　在压缩行程末，火花塞开始点火，进、排气门都关闭，进入气缸的可燃混合气被点燃、燃烧，放出大量的热能，导致气缸内气体压力和温度迅速增加（最高压力达5MPa，最高热力学温度达2800K），气体体积急剧膨胀，推动活塞从上止点向下止点运动（相当于曲轴转角360°~540°），通过连杆使曲轴旋转并输出机械能，该过程称为做功行程。

（4）排气行程　活塞继续从下止点往上止点运动（相当于曲轴转角540°~720°），这时，进气门关闭，排气门开启，燃烧后产生的废气被排出气缸，该过程称为排气行程。

排气结束后，又重新进行进气、压缩、做功和排气行程，循环往复。像这种活塞在上、下止点间往复移动4个行程（相当于曲轴旋转了两周），完成进气、压缩、做功、排气一个工作循环的发动机就称为四冲程发动机。四冲程发动机工作过程见表1-2。但在实际进气过程中，进气门早于上止点开启，晚于下止点关闭，排气过程中，排气门早于下止点开启，迟于上止点关闭，即进、排气过程中所占的曲轴转角均超过180°。

表1-2　四冲程发动机工作过程

行程名称	曲轴转角/(°)	活塞行向	进气门	排气门
进气行程	0~180	↓	开	关
压缩行程	180~360	↑	关	关
做功行程	360~540	↓	关	关
排气行程	540~720	↑	关	开

3. 多缸发动机结构特点

单缸发动机功率小，转速不均匀，工作振动大，现代汽车发动机都采用多缸发动机，用得最多的是4缸、6缸、8缸发动机。多缸发动机由多个结构相同的气缸组成，它们一般共

用一个机体，一根曲轴。曲轴的曲柄布置应该使各缸做功行程均匀分布在 720°曲轴转角内。如 4 缸发动机曲轴（图 1-7）相邻工作缸的曲柄夹角为 180°，曲轴每转 180°便有一个气缸做功，其工作顺序有 1-3-4-2 和 1-2-4-3 两种，前者各缸的工作循环见表 1-3。

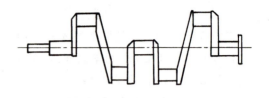

图 1-7　4 缸发动机曲轴

表 1-3　4 缸发动机工作循环（工作顺序 1-3-4-2）

曲轴转角/(°)	第 1 缸	第 2 缸	第 3 缸	第 4 缸
0～180	做功	排气	压缩	进气
180～360	排气	进气	做功	压缩
360～540	进气	压缩	排气	做功
540～720	压缩	做功	进气	排气

多缸发动机所有气缸工作容积之和就称为该发动机的排量，一般以升表示。发动机的排量越大，功率也越大。

知识点 2　柴油机结构特点与工作原理

柴油机所用的燃料是柴油。与四冲程汽油机相比，其基本结构特点是没有火花塞、喷油器直接安装在气缸盖向气缸内喷油（图 1-8）。

四冲程柴油机工作原理与四冲程汽油机也有所不同，在进气行程进入气缸的是纯空气，而不是可燃混合气；在压缩行程末，喷油器向气缸喷入高压柴油，由于气缸的高温高压作用，柴油迅速着火燃烧，使气体急剧膨胀，推动活塞做功。其着火方式属于压燃式，而不是汽油机的点燃式。

柴油机的压缩比比汽油机高得多，一般为 16～22，所以最高燃烧压力也比汽油机高，工作也比汽油机粗暴。但柴油机比汽油机省油，相同排量的柴油汽车比汽油汽车省油近 30%，欧洲接近 50%的轿车和轻型汽车使用柴油机，我国的新"汽车产业发展政策"也提出推广柴油轿车的方针。

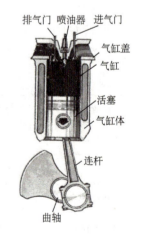

图 1-8　柴油机工作原理

知识点 3　汽车发动机的分类

汽车发动机种类繁多，根据不同特点有不同分类（表 1-4）。

表1-4　汽车发动机的分类

分类方法	类　别	含　义
按行程数分	二冲程内燃机	活塞经过2个行程完成一个工作循环的内燃机
	四冲程内燃机	活塞经过4个行程完成一个工作循环的内燃机
按着火方式分	点燃式内燃机	压缩气缸内的可燃混合气,并用外源点火燃烧的内燃机
	压燃式内燃机	压缩气缸内的空气或可燃混合气,产生高温,引起燃料着火的内燃机
按使用燃料种类分	液体燃料内燃机	燃烧液体燃料(汽油、柴油、醇类等)的内燃机
	气体燃料内燃机	燃烧气体燃料(液化石油气、天然气等)的内燃机
	多种燃料内燃机	能够使用着火性能差异较大的两种或两种以上燃料的内燃机
按进气状态分	非增压内燃机	进入气缸前的空气或可燃混合气未经压缩的内燃机。对于四冲程内燃机也称自吸式内燃机
	增压内燃机	进入气缸前的空气或可燃混合气先经过压气机压缩,借以增大充量密度的内燃机
按冷却方式分	水冷式内燃机	用冷却液冷却气缸和气缸盖等零件的内燃机
	风冷式内燃机	用空气冷却气缸和气缸盖等零件的内燃机
按气缸数及布置分	单缸内燃机	只有一个气缸的内燃机
	多缸内燃机	具有两个或两个以上气缸的内燃机
	立式内燃机	气缸布置于曲轴上方且气缸中心线垂直于水平面的内燃机
	卧式内燃机	气缸中心线平行于水平面的内燃机
	直列式内燃机	具有两个或两个以上直立气缸,并呈一列布置的内燃机
	V形内燃机	具有两个或两列气缸,其中心线夹角呈V形,并共用一根曲轴输出功率的内燃机
	斜置式内燃机	气缸中心线与水平面呈一定角度(不是直角)的内燃机

知识点4　汽车发动机各系统结构原理

目前汽车发动机基本是采用往复活塞式内燃机,其组成都是在一个机体上安装一个机构(曲柄连杆机构)和六大系统(进排气系统、燃料供给系统、润滑系统、冷却系统、点火系统和起动系统),柴油机则为五大系统,没有点火系统。

1. 发动机机体组件

机体组件是发动机的骨架,安装着发动机的所有主要零件和附件,承受各种载荷,内部有油道和水道。它主要由气缸体、气缸(或气缸套)、气缸盖和气缸垫等零件组成(图1-9)。

气缸体上部加工有气缸,内部铸有许多加强肋、冷却水套和润滑油道等。

气缸是活塞运动和燃烧做功的场所,如果磨损严重,将导致发动机功率下降、油耗升高、起动困难,应及时检修。

气缸盖安装在气缸体上方,从上部密封气缸。气缸盖下端面与活塞顶部和气缸壁一起构成燃烧室,气缸壁内铸有冷却水套。

气缸盖上还装有进、排气门座和气门导管,用于安装进、排气门,还有进、排气道等。汽油机的气缸盖上加工有安装火花塞的孔,柴油机的气缸盖上则加工有安装喷油器的孔。顶置凸轮轴式发动机的气缸盖上还加工有凸轮轴轴承孔。

气缸垫安装在气缸盖和气缸体之间，其功用是保证气缸盖与气缸体接触面的密封，防止漏气、漏水和漏油。

2. 曲柄连杆机构

曲柄连杆机构包括活塞、连杆、曲轴、飞轮等，如图1-10所示。

活塞一般采用高强度铝合金制造，顶部加工成各种形状，头部加工有活塞环槽，用以安装活塞环。为了使活塞在正常工作温度下与气缸壁保持比较均匀的间隙，以免在气缸内卡死，活塞裙部往往加工成椭圆形、锥形或阶梯形。

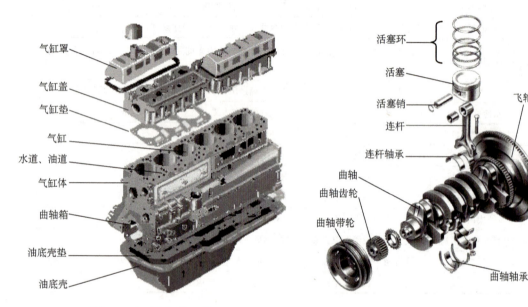

图1-9　发动机机体组件　　　　　　　　图1-10　曲柄连杆机构

活塞环是具有弹性的开口环，有气环和油环之分。

气环的作用是保证气缸与活塞间的密封性，防止漏气，并且把活塞顶部吸收的大部分热量传给气缸壁；油环起布油和刮油作用，下行时刮除气缸壁上多余的机油（润滑油），上行时在气缸壁上铺涂一层均匀的油膜。这样既可以防止机油窜入气缸燃烧，又可以减少活塞、活塞环与气缸壁的摩擦阻力，还能起到封气的辅助作用。

活塞销的作用是连接活塞和连杆小头，将活塞承受的气体作用力传给连杆。

连杆大头与曲轴相连，一般都采用分开式。连杆大头孔内装有瓦片式滑动轴承，简称连杆轴瓦。

连杆小头与活塞销连接，同活塞一起做往复运动。

曲轴是发动机最重要的机件之一，把活塞、连杆传来的气体力转变为转矩，用以驱动汽车的传动系统和发动机配气机构及其他辅助装置。

曲轴前端装有正时齿轮，驱动风扇和水泵的带轮及曲轴链轮等。为了防止润滑油沿曲轴轴颈外漏，在曲轴前后端常安装有甩油盘和油封。

为了润滑曲轴主轴颈和连杆轴颈，在轴颈上还钻有油孔，油孔通过斜油道相通，并与机体的主油道连通。

飞轮是一个很重的铸铁圆盘，用螺栓固定在曲轴后端的接盘上。其主要功用是用来储存做功行程的能量，用于克服进气、压缩和排气行程的阻力和其他阻力，使曲轴能均匀地旋转。飞轮外缘压有齿圈，起动时与起动电动机的驱动齿轮啮合，供起动发动机用。汽车离合器也装在飞轮上，飞轮后端面作为驱动件的摩擦面，用来对外传递动力。

3. 发动机进排气系统

进排气系统的作用是根据发动机各缸的工作循环和点火次序适时地开启和关闭各缸的进、排气门，使足量的空气或空气与燃油的混合气及时地进入气缸，并及时地将废气排出。

进排气系统主要由空气滤清器、进气管系、配气机构（含凸轮轴、气门组件等）、排气管系和消声器等组成（图 1-11）。

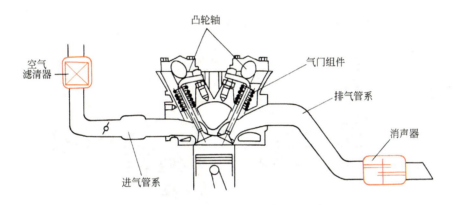

图 1-11　发动机进排气系统组成

空气滤清器的作用是去除空气中的尘埃和油雾。有试验证明，空气中灰尘的 75% 以上是高硬度的 SiO_2，发动机不装空气滤清器，将使活塞磨损量增加 3 倍，活塞环磨损量增加 9 倍，发动机寿命将缩短 2/3。

现代轿车常用的干式纸滤芯空气滤清器如图 1-12 所示，在滤清器外壳内装有纸滤芯，它是用经过树脂处理的微孔滤纸做成的，滤芯的上下两端由塑料密封圈密封。发动机工作时，空气由盖与外壳间的空隙进入，经纸质滤芯过滤，进入进气总管。

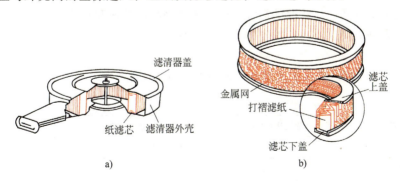

图 1-12　干式纸滤芯空气滤清器
a）滤清器总成　b）纸滤芯

滤清器使用一段时间后，纸滤芯外表面集聚了大量尘埃和杂质，增加了进气阻力，应及时将滤芯取出用手轻拍或用压缩空气吹去积尘，若阻塞严重，应该及时更换。

进、排气管系的作用是引导气体的进入与排出，有的进、排气管的长度或直径是可变的，以充分利用气流惯性达到吸足排净的目的。

随着发动机排放净化要求的提高，进、排气管系中还增加了一些排气净化装置，如排气再循环装置和催化转化器。

配气机构的作用是根据发动机的工作循环和点火次序，适时地开启和关闭各缸的进、排气门，使空气或空气与燃油的混合气及时地进入气缸，使废气及时地排出。

发动机配气机构如图1-13所示。

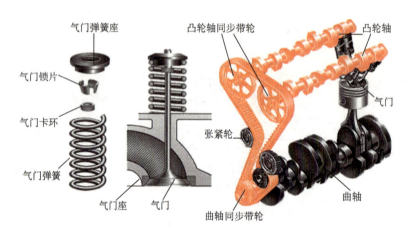

图1-13 发动机配气机构

发动机工作时，通过同步带带动进、排气凸轮轴旋转。当进气凸轮轴某缸的进气凸轮克服气门弹簧作用压下进气门时，进气门开启，开始进气；当进气凸轮轴转到凸轮的基圆段时，该进气门在气门弹簧作用下回位，关闭进气门，进气停止。排气门的开闭原理与进气门类似。

4. 发动机燃料供给系统

（1）汽油机燃料供给系统 汽油机燃料供给系统的作用是根据汽油机的不同工况要求，供给不同浓度的油气混合气。

发动机的工况是其工作状况的简称，通常用发动机的转速和负荷来表示。发动机的负荷是指发动机的外部载荷，发动机输出的动力随外部载荷而变化。

混合气的浓度通常用空燃比来表示，空燃比是每工作循环充入气缸的空气量与燃油量的质量比（$\alpha = A/F$）。汽油机各工况对空燃比的要求见表1-5。

表1-5 汽油机各工况对空燃比的要求

发动机工况	空燃比（A/F）	发动机工况	空燃比（A/F）
起动（0℃时）	约2	中等负荷（经济车速）	15~18
起动（20℃时）	约5	大负荷	12~13
怠速	约11	加速	8
小负荷	12~13		

汽油机燃料供给系统基本组成如图1-14所示，它主要由燃油箱1、电动燃油泵2、燃油滤清器3、燃油压力脉动阻尼器4、燃油压力调节器11、喷油器9、电子控制单元（ECU）5和各种传感器等组成。

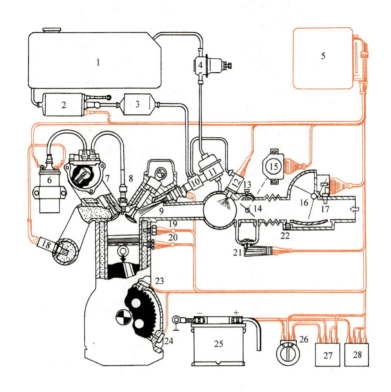

图1-14 汽油机燃料供给系统基本组成

1—燃油箱 2—电动燃油泵 3—燃油滤清器 4—燃油压力脉动阻尼器 5—电子控制单元（ECU） 6—点火线圈 7—高压分电器 8—火花塞 9—喷油器 10—燃油分配总管 11—燃油压力调节器 12—冷起动喷油器 13—怠速转速调节螺钉 14—节气门 15—节气门位置传感器 16—空气流量计 17—进气温度传感器 18—氧传感器 19—热限时开关 20—冷却液温度传感器 21—辅助空气阀 22—怠速混合气浓度调节螺钉 23—曲轴位置传感器 24—转速传感器 25—蓄电池 26—点火开关 27—主继电器 28—油泵继电器

喷油器9是电控燃油喷射系统的一个重要的执行器，负责向进气管喷射汽油。其结构以轴针式电磁喷油器（图1-15）为例，主要由针阀、电磁线圈、弹簧和阀体等组成。当电磁线圈中无电流通过时，喷油器针阀在弹簧力作用下紧压在锥形密封阀座上；当电磁线圈通电时，产生的磁场将衔铁连同针阀向上吸起，喷油口打开，燃油喷出。

发动机工作时（图1-14），电子控制单元（ECU）5控制电动燃油泵2运转，汽油从燃油箱1吸出，经燃油滤清器3、燃油分配总管10流入喷油器9，其油压受燃油压力调节器11调节控制；与此同时，电子控制单元（ECU）5根据节气门位置传感器、空气流量计和发动机转速、冷却液温度、进气温度等传感器输入的信号，与存储在只读存储器（ROM）中的参考数据进行比较、分析、计算、判断，然后发出喷油脉冲指令，通过控制喷油时间的长短来控制喷油量，可实现对可燃混合气浓度的精确控制。

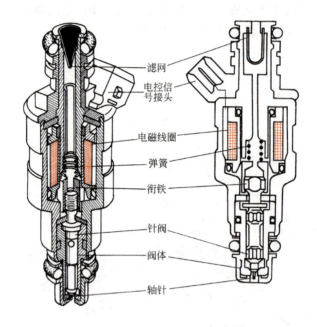

图 1-15　轴针式电磁喷油器

（2）**柴油机燃料供给系统**　柴油机燃料供给系统的作用是根据柴油机的不同工况要求，定时、定量产生高压油，并向气缸喷射。

传统的柴油喷射系统采用机械方式进行控制，精度差，喷油量、喷油压力和喷油时间难于准确控制，导致柴油机排气冒黑烟，动力、经济性能下降。目前柴油机已经普遍采用电控共轨喷射。

柴油机电控共轨喷射系统主要由燃油供给系统（油箱、电动输油泵、燃油粗/细滤清器、高压油泵、共轨管、电控喷油器等）和电子控制系统（各种传感器、执行器和 ECU）两大部分组成（图 1-16）。

工作时，电动输油泵将柴油从油箱泵出，经柴油滤清器过滤，进入高压油泵提高压力到150MPa 以上，进入共轨管。ECU 根据节气门位置传感器、空气流量传感器、轨压传感器和发动机转速传感器、冷却液温度传感器、进气温度传感器等输入的信号，进行比较、分析、计算，然后向电控喷油器喷发出喷油脉冲指令，实现对喷油量的精确控制。多余的柴油从回油管流回柴油滤清器或油箱。

5. 汽油机点火系统

汽油机点火系统的作用是在压缩上止点前的某一时刻，在火花塞电极间产生 20kV 以上的高压，准时、可靠地点燃气缸内可燃混合气。

现代汽车多用微机控制点火系统，主要由电源、点火开关、点火线圈、传感器、电子控制单元（ECU）、火花塞等组成（图 1-17）。

点火系统工作时，ECU 根据节气门位置、发动机转速、冷却液温度、进气温度和爆燃等传感器输入的信号，与存储在 ROM 中的参考数据进行比较、分析、计算、判断，然后发出点火指令，通过火花塞点燃可燃混合气。

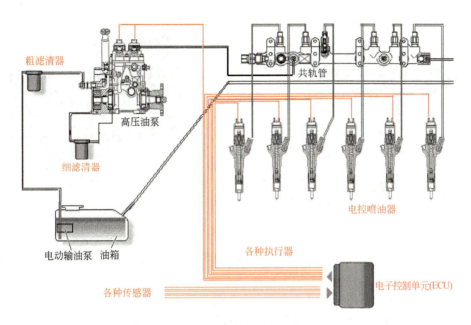

图 1-16 柴油机电控共轨喷射系统

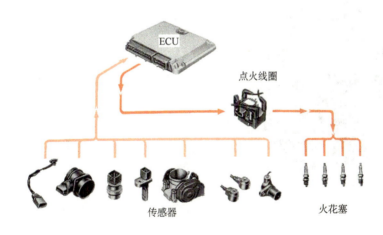

图 1-17 汽油机微机控制点火系统组成

（1）**电源** 汽车电源由蓄电池和发电机并联组成，在发动机转速大于一定值时，由发电机向全车电气设备供电，并同时给蓄电池充电。当汽车上的用电设备同时启用，所需功率超过发电机的额定功率时，蓄电池和发电机同时向用电设备供电。当发动机低速运转或不运转时，即发电机发出电压很低或不发电时，由蓄电池向全车电气设备供电。

1）蓄电池（图 1-18）。蓄电池是一个化学电源，在充电时，靠内部的化学反应将电源的电能转变成化学能储存起来；用电时，再通过化学反应将化学能转变成电能，供给用电设备。

2）发电机（图 1-19）。工作时，发动机带轮通过传动带带动发电机带轮转动，发电机通过内部的电磁线圈切割磁力线，产生交流电，经二极管整流输出直流电。

图 1-18　蓄电池

图 1-19　发电机

（2）**点火线圈**（图 1-20）　　它相当于一个自耦变压器，能将 12V 的低压直流电变换成 15～20kV 的高压直流电。

（3）**火花塞**　　火花塞用来将高压电引入燃烧室，产生电火花，点燃混合气。

普通型火花塞如图 1-21 所示，主要由中心电极和侧电极组成。

图 1-20　点火线圈

图 1-21　火花塞

火花塞中心电极和侧电极之间的间隙称为火花塞间隙。它对火花塞工作有很大的影响。间隙太小，则火花较弱，且容易因积炭产生漏电；间隙过大，所需击穿电压高，起动困难，且高速时易发生"缺火"现象。传统点火系统中火花塞间隙一般为 0.6～0.8mm。

火花塞在使用中经常会出现烧蚀、火花塞间隙变化及积炭等问题，影响正常点火，应注意检查和维护。在拆装时要注意按规定力矩旋紧。

6. 发动机冷却系统

发动机冷却系统的作用是对在高温条件下工作的发动机零件进行冷却，保证发动机在适宜的温度范围内工作。目前，汽车上广泛采用的水冷式发动机正常工作温度（冷却液温度）一般为 80～90℃。

冷却系统主要由水泵、风扇、节温器、散热器等组成，如图 1-22 所示。

水套是直接铸造在气缸体和气缸盖内相互连通的空腔，水套通过散热器进出水软管与固定在发动机前端的散热器相连，水泵安装在水套与散热器之间。发动机工作时，水套和散热器内充满冷却液，曲轴通过传动带驱动水泵工作，使冷却液在水套与散热器之间循环流动，冷却液流经气缸体和气缸盖内水套时带走发动机热量使发动机冷却，而流经散热器时将热量散发给大气。

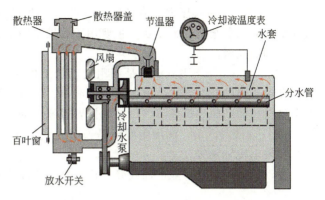

图 1-22　EQ6100-1 发动机冷却系统

风扇安装在发动机与散热器之间，风扇转动产生强大的吸力，增大流经散热器的空气流量和速度，加强散热器的散热效果。

节温器安装在发动机水套的进水口处（即散热器的出水口，轿车发动机多采用这种安装方式），根据发动机工作温度，它可自动控制通向散热器和水泵的两个冷却液通路，以调节冷却强度。

当冷却液温度较低时，节温器主阀门关闭，副阀门打开，冷却液经水泵→发动机水套→节温器副阀门→水泵，形成小循环（图 1-23a）；当冷却液温度高到一定值时，节温器主阀门打开，冷却液经水泵→发动机水套→节温器主阀门→散热器→水泵，形成大循环（图 1-23b）。大循环中，由于冷却液经过散热器冷却，使其温度下降，可以防止发动机过热。

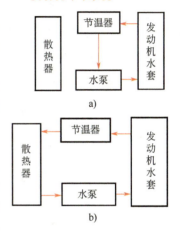

图 1-23　冷却液循环
a）小循环　b）大循环

 【温馨提示】

发动机冷却系统基本结构与工作原理视频请扫教学资源 1.2 对应的二维码进行观看。

现代轿车普遍采用的冷却液为水或加有防冻剂的防冻液，以提高冷却液的防冻和防沸的能力。例如桑塔纳系列轿车采用以乙二醇为基料的冷却液（乙二醇的质量占 45.6%、水的质量占 54.4%），使其冰点在 -25℃ 以下，沸点在 106℃ 以上。

专用冷却液一般呈深绿色或深红色，有一定的毒性，使用时应注意。发现冷却液泄漏应及时检查添加。

7. 发动机润滑系统

润滑系统具有减轻机件磨损、减小摩擦损失、降低功率消耗的作用。除此之外，润滑油流经摩擦表面时，能带走表面热量，也能带走零件磨损留下的磨屑，所以发动机润滑系统还兼有冷却和清洁功能。润滑油涂布在气缸与活塞和活塞环之间，还起着增加活塞环的密封和防止机件氧化锈蚀的作用。

根据发动机不同运动表面工作特点，分别采用以下 3 种润滑方式。

（1）**压力润滑**　压力润滑是以一定的压力把润滑油供入摩擦表面的润滑方式。这种方式润滑可靠，但结构较为复杂，主要用于曲轴主轴承、连杆轴承及凸轮轴轴承等负荷较大的摩擦表面的润滑。

（2）**飞溅润滑**　飞溅润滑是利用发动机工作时运转零件撞击机油溅起来的油滴或油雾润滑摩擦表面的润滑方式。该方式结构简单，但可靠性较差，主要用于负荷较轻的气缸壁面和配气机构的凸轮、挺柱、气门杆、摇臂等零件的工作表面。

（3）**润滑脂润滑**　润滑脂润滑是通过定期加注润滑脂来润滑零件工作表面的方式，如水泵及发电机轴承等。

发动机润滑系统一般由油底壳、集滤器、机油滤清器、机油泵等组成，如图 1-24 所示。

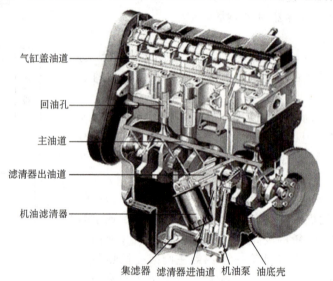

气缸盖油道

回油孔

主油道

滤清器出油道

机油滤清器

集滤器　滤清器进油道　机油泵　油底壳

图 1-24　发动机润滑系统

发动机工作时，润滑油从油底壳经集滤器被机油泵送入机油滤清器后进入发动机主油道，分多路进入各主轴承润滑（图 1-25），然后，经曲轴上的斜油道，流向连杆轴承润滑，

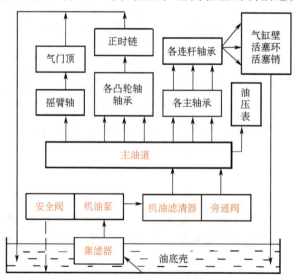

图 1-25　发动机润滑油路

再从连杆大头油孔喷向气缸壁，润滑气缸、活塞、活塞环和活塞销，之后流回油底壳。

主油道中的部分润滑油经分油路通向凸轮润滑各凸轮轴轴承、凸轮、气门摇臂、气门杆等，再回油底壳。

 【温馨提示】

发动机润滑系统基本结构与工作原理视频请扫教学资源1.3对应的二维码 🔲 进行观看。

8. 发动机起动系统

起动系统的作用是按发动机的要求提供一定的转矩，使发动机达到规定的转速，顺利完成起动过程。低温起动时，还应进行预热起动。

起动系统主要由蓄电池、起动机、起动继电器、点火开关、电流表等组成（图1-26）。

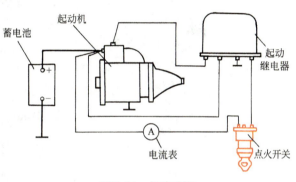

图1-26　起动系统

当点火开关置于起动档"Start"时，首先接通起动控制电路，电磁开关闭合，蓄电池电流经电磁开关流入起动机，并使其转动。同时，电磁开关还将驱动齿轮向外推出与发动机飞轮齿圈相啮合，带动发动机转动。当发动机完成着火并加速运转后，飞轮有反过来带动驱动齿轮运转的趋势时，起动机上的单向离合器使起动机的驱动齿轮相对于起动机电枢轴空转（以保护起动机）。驾驶人及时将点火开关转到点火档"IG"，切断起动机控制电路，驱动齿轮退回，起动机停止运转。

低温严寒气候，会造成燃料汽化及燃烧困难（尤其是柴油），机油黏度加大，蓄电池能量下降，发动机起动困难。为了确保发动机顺利起动，需要采取相应措施进行预热，常见的有预热空气、预热机油、预热冷却液、喷起动液、减压起动等。

目前普遍使用的发动机预热方法是对进入发动机的空气进行预热。常见的预热装置有电热塞、热敏电阻预热器和电火焰预热器。

现代汽车发动机多采用封闭式电热塞（图1-27），安装于燃烧室内。螺旋形电阻丝焊于中心螺杆与发热体钢套底部，电阻丝周围充填有绝缘的氧化铝填充剂，中心螺杆与外壳绝缘，外壳带密封圈装于气缸盖上。

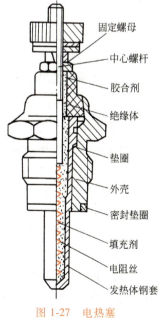

图1-27　电热塞
结构示意图

起动时，起动开关旋到预热档，电流通过预热指示器，再到各缸预热塞，电阻丝通电后，金属钢套变得红热，加热燃烧室内空气。

也可以采用喷起动液方法帮助起动。起动液是由容易着火燃

烧的燃料（乙醚、丙酮、石油醚等）组成，与压缩气体氮气一起储藏在专用喷射罐内（有商品出售）。使用时，取下空气滤清器（有的发动机设有起动液喷嘴），将喷射罐出口对准进气管，轻压喷射罐单向阀，起动液喷出，随空气进入气缸，迅速着火燃烧，起动发动机。

1.3　汽车底盘基本结构

　　汽车底盘是整个汽车的基体，支承着发动机、车身等各种零部件，同时将发动机的动力进行传递和分配，并按驾驶人的意志行驶（加速、减速、转向、制动等）。它一般由传动系统、行驶系统、转向系统、制动系统四大系统组成，如图1-28所示。

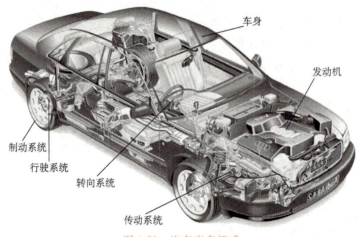

图 1-28　汽车底盘组成

知识点1　汽车传动系统

　　汽车传动系统的功用是将发动机发出的动力传给驱动车轮，并实现减速增矩等功能，它包括离合器、变速器、传动轴、驱动桥（含主减速器、差速器以及半轴等），发动机前置后轮驱动传动系统的组成及布置示意图如图1-29所示。

1. 汽车离合器

　　离合器安装于发动机与变速器之间，用于暂时分离和平顺接合发动机的动力传递，保证汽车平稳起步，使换档时工作平顺和防止传动系统过载。

　　汽车上广泛采用的摩擦式离合器的基本结构及工作原理如图1-30所示。它主要由主动部分（飞轮）、从动部分（从动盘）、压紧机构（压紧弹簧）、分离机构（分离套筒）和操纵机构5部分组成。从动盘一般采用高摩擦系数的耐热材料制成。

　　当离合器踏板处于自由状态时，从动盘在压紧弹簧作用下压紧在飞轮端面。发动机工作时，飞轮旋转，动力靠离合器从动盘摩擦片与飞轮端面之间的摩擦传给变速器。

　　当踩下离合器踏板时，操纵机构使分离套筒克服压紧弹簧作用力右移，带动从动盘右移，使从动盘与飞轮端面出现间隙，从而切断发动机的动力传递。

　　汽车起步时，应先踩下离合器踏板，切断发动机动力，挂上档后再缓慢松开离合器踏板。在压紧弹簧作用下，从动盘逐渐与飞轮端面接触压紧，使动力由小到大传到变速器，达

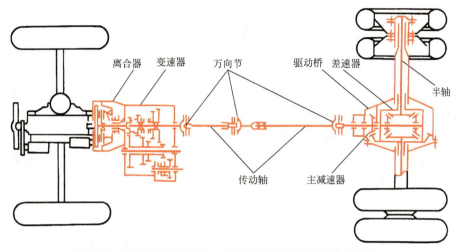

图1-29　发动机前置后轮驱动传动系统的组成及布置示意图

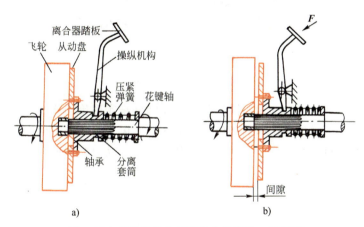

图1-30　摩擦式离合器的基本结构及工作原理

a）离合器接合　b）离合器分离

到平稳起步。

　　汽车换档时，应先踩下离合器踏板，切断发动机动力，变速器齿轮不再传递转矩，此时齿轮容易退出原档位，也容易挂上新档位。

　　当汽车发动机过载，超出从动盘所能传递的最大转矩时，传动盘打滑，从而避免了传动系统与发动机产生扭转，保护了机件。

　　实际的离合器结构复杂得多，离合器的操纵机构也不单是机械式，也有的采用液压式（如桑塔纳2000GSi型、奥迪100型等汽车都采用这种操纵机构）。

　　有自动变速器的汽车则取消了离合器，使驾驶人变速操作时更简单。

 【温馨提示】

　　离合器基本结构与工作原理视频请扫教学资源1.4对应的二维码进行观看。

2. 汽车变速器

汽车变速器的功用是改变传动比，以适应汽车在各种行驶条件下所需的牵引力和合适的行驶速度，同时实现倒车和利用空档切断离合器与传动轴之间的动力传递，以便汽车换档和发动机起动及怠速运转。

变速器类型繁多，按操纵方式分手动变速器和自动变速器。手动变速器靠驾驶人直接操纵变速杆进行换档，换档机构简单，工作可靠，但操作复杂；自动变速器能根据汽车的运行状况自动换档，无离合器，通过加速踏板控制车速，操作简单，但结构复杂。

(1) **手动变速器结构原理** 由齿轮传动的原理可知，一对齿数不同的齿轮啮合传动时可以变速变矩（图 1-31）。主动齿轮转速与从动齿轮转速的比值称为传动比。

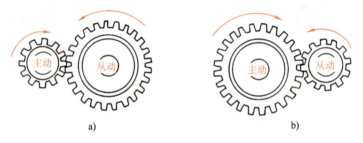

图 1-31 齿轮传动原理

a) 减速传动 b) 增速传动

汽车手动变速器就是通过多对不同齿数的齿轮啮合来实现传动比的变化的。变速器传动比小的档位称为高速档，传动比大的档位称为低速档。齿轮安装在不同的平行轴上，有的齿轮与轴固定，有的齿轮空套在轴上，通过接合装置来实现动力的传递。根据主要轴的数目可分为两轴式变速器和三轴式变速器。

 【温馨提示】

手动变速器基本结构原理视频请扫教学资源 1.5 对应的二维码进行观看。

(2) **自动变速器结构原理** 自动变速器（Automatic Transmission，AT）是指汽车行驶时，换档操纵全部或部分实行自动化的变速器。与手动变速器相比，自动变速器具有操作简单省力、行车安全性好、舒适性好、机件的使用寿命长、动力性和排放性能好等优点；但也存在结构复杂、精度高、成本高、传动效率低、维修困难等缺点。

目前轿车绝大部分自动变速器采用电子控制辅助液压控制系统完成换档（图 1-32），它主要由液力变矩器、行星齿轮变速器、液压控制系统、电子控制系统、变速器壳体等组成。发动机的动力经液力变矩器变速变矩，再经过行星齿轮变速器进一步变速变矩输出动力。

行星齿轮变速器的传动则通过电子控制单元（ECU）控制，其根据发动机的节气门位置、汽车车速等各种参数，按照预先设定的控制程序发出换档等控制信号，通过各种电磁阀（换档电磁阀、油压电磁阀等）来操纵阀体总成的工作，完成换档等控制任务。由于其结构和工作原理复杂，在此不做深入介绍。

3. 汽车万向传动装置

万向传动装置的功用是在轴线相交且相对位置经常发生变化的两轴间传递动力，主要应用于变速器与驱动桥（图1-33）或离合器与驱动桥、变速器与分动器、转向驱动桥、断开式驱动桥及转向操纵机构等的连接。

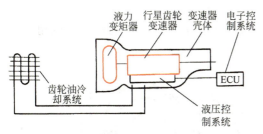

图1-32 自动变速器

图1-33 变速器与驱动桥之间的万向传动装置

万向传动装置一般由万向节和传动轴组成，当传动距离较远时，还需采用分段式传动轴，在中部加装中间支承。

4. 驱动桥

驱动桥由主减速器、差速器、半轴和驱动桥壳等组成。

（1）汽车主减速器　其功用是将万向传动装置传来的转矩增大，并降低转速。

主减速器大多由一对强度较大的准双曲面齿轮组成，如图1-34所示，其正确的安装与调整，能减少齿轮啮合冲击噪声，延长齿轮使用寿命。

（2）汽车差速器　汽车转弯行驶时，内、外两侧车轮在同一时间内要移动不同的距离，外轮移动的距离比内轮大。差速器（图1-34）的作用就是将主减速器传来的动力传给左、右两半轴，并在转弯行驶时允许左、右半轴以不同转速旋转（差速）。

（3）汽车半轴　半轴是在差速器和驱动轮之间传递动力的实心轴，如图1-35所示，内端一般制有外花键并与半轴齿轮连接，外端与驱动轮的轮毂连接。

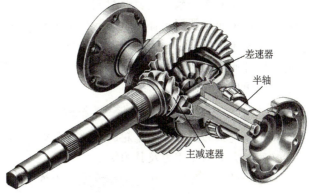

图1-34 主减速器与差速器

图1-35 半轴

1—花键 2—杆部 3—垫圈 4—凸缘 5—半轴起拔螺栓 6—半轴紧固螺栓

知识点 2　汽车行驶系统

行驶系统的作用是保证汽车的正常行驶，并对全车起支承作用，它由车轮、车桥、车身、悬架等组成。

1. 车轮

车轮与轮胎组成的车轮总成（习惯上简称为车轮）通常由轮胎、轮辋和轮辐组成，如图 1-36 所示。

轮胎按组件不同可分为有内胎轮胎和无内胎轮胎。有内胎轮胎的内胎上装有充、放气的气门嘴，无内胎轮胎空气直接充入外胎中，因此要求轮胎与轮辋之间有很好的密封性。无内胎轮胎的优点是：轮胎穿孔时，压力不会急剧下降，能安全地继续行驶，不存在因内、外胎之间摩擦和卡住而引起的损坏，气密性较好，可以直接通过轮辋散热，所以工作温度低，使用寿命较长，结构简单，质量较小。

轮胎按胎体结构不同可分为斜交轮胎和子午线轮胎。子午线轮胎帘布层帘线排列方向与轮胎的子午断面一致，使其强度得到充

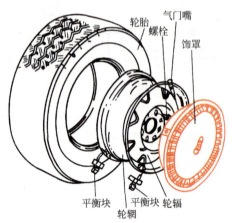

图 1-36　车轮和轮胎

分利用，所以帘布层数可比普通斜交胎减少 40%～50%，胎体较柔软，接地面积大，附着性能好，对地面单位压力小，滚动阻力小，节省油耗。

轮胎的外胎两侧标志有规格、结构代号等，轿车轮胎还标有速度级别等代号，购置和安装轮胎时应予以注意。

2. 车桥

车桥用于连接和安装左右车轮的车轴或车梁等部件，其功用是传递车身（承载式车身）与车轮之间各方向的作用力及其力矩。

车桥分为整体式和断开式两种。整体式车桥中部是刚性的实心或空心梁（图 1-37）；而断开式车桥为活动关节式结构，与独立悬架配用（图 1-38）。

图 1-37　整体式车桥

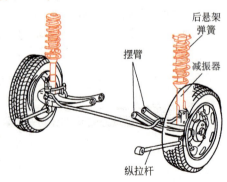

图 1-38　断开式车桥

3. 车身

车身是整个汽车的装配基体，其作用主要是支承和连接汽车的各零部件，承受来自车内和车外的各种载荷。汽车绝大多数部件（总成）都是固定安装在车身或通过车身连接来实现安装的（承载式车身）。

4. 车轮定位

所谓车轮定位，就是汽车的每个车轮（或通过转向节）和车桥、车架（或车身）的安装应保持一定的相对位置。传统车轮定位主要是指前轮定位，但越来越多的现代汽车同时对后轮定位即四轮定位。前轮定位参数有主销后倾、主销内倾、前轮外倾和前轮前束；后轮定位参数有后轮外倾和后轮前束。

在汽车的纵向平面内（汽车的侧面），主销上部向后倾的一个角度 γ，称为主销后倾角（图 1-39）。

在汽车的横向平面内（汽车的前后方向），主销上部向内倾斜一个角度，主销轴线与垂线之间的夹角 β 称为主销内倾角（图 1-40）。

在汽车的横平面内，前轮中心平面向外倾斜的一个角度 α（图 1-40），称为前轮外倾角。轮胎呈现"八"字形张开时称为负外倾，而呈现"V"字形张开时称为正外倾。

俯视车轮，汽车的两前轮并不完全平行，在通过两前轮中心的水平面内，两前轮的前边缘距离 B 小于两前轮后边缘距离 A，A、B 之差称为前轮前束（图 1-41）。像内八字一样前端小后端大的称为前束，而像外八字一样后端小前端大的称为后束或负前束。

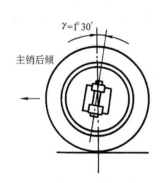

图 1-39 主销后倾角

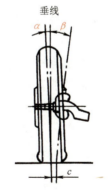

图 1-40 主销内倾和前轮外倾

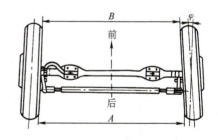

图 1-41 前轮前束

一般前束值为 0~12mm，有的汽车为与负前轮外倾角相配合，其前束也取负值即负前束（如上海桑塔纳轿车前束为 -3~-1mm）。前轮前束可通过改变横拉杆的长度来调整。

上述各种车轮定位角，对轮胎磨损和操纵轻便性都有重要影响，在汽车使用中，由于车架（或车身）和悬架的变形而在不断地发生变化，应该定期进行检查调整。

5. 汽车悬架

悬架就是车架（或车身）与车桥（或车轮）之间的一切传力连接装置的总称。其作用是把路面作用于车轮上的垂直反力、纵向反力（牵引力和制动力）和侧向反力以及这些反力所造成的转矩传递到车架（或车身）上，减少汽车振动，以保证汽车的正常行驶。

汽车悬架一般由弹性元件、减振器和导向机构（横向稳定杆、摆臂、纵向推力杆等）3部分组成，如图1-42所示。

按汽车悬架导向机构分，有非独立悬架和独立悬架。

非独立悬架的结构特点是两侧的车轮由一根整体式车桥相连，车轮连同车桥一起通过弹性悬架与车架（或车身）连接。当一侧车轮因道路不平而发生跳动时，必然引起另一侧车轮在汽车横向平面内发生摆动。

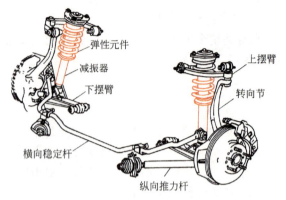

图 1-42　汽车悬架基本组成

独立悬架的结构特点是车桥做成断开的，每一侧的车轮可以单独地通过弹性悬架与车架（或车身）连接。其优点是两侧车轮可以单独跳动，互不影响，在不平道路上可减少车架和车身的振动，并有助于消除转向轮不断偏摆的不良现象；悬架所受到的冲击载荷小，可以提高汽车的平均行驶速度；发动机总成的位置可以降低和前移，使汽车重心下降，提高了汽车行驶稳定性；但独立悬架结构复杂，制造成本高，保养维修不便，轮胎磨损较严重。

知识点3　汽车转向系统

汽车转向系统的功用是保证汽车能够按驾驶人的意志改变或恢复行驶方向。

汽车转向系统分为机械转向系统和动力转向系统两大类。机械转向系统以驾驶人的体力作为转向能源，传力件都是机械的。动力转向系统以发动机或电动机的动力作为主要转向能源，转向轻松省力。

机械转向系统主要由转向操纵机构、转向器和转向传动机构组成，如图1-43a所示。动力转向系统是指在正常情况下，汽车转向所需的能量只有一小部分由驾驶人提供，而大部分能量由发动机通过转向加力装置提供，如图1-43b所示。

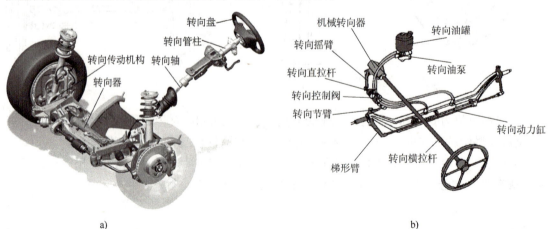

a)　　　　　　　　　　　　　　　　　b)

图 1-43　汽车转向系统
a）机械转向系统　b）动力转向系统

转向操纵机构包括转向盘、转向轴、转向管柱等。它们的作用是将驾驶人的操纵力传给转向器。

由于转向系统各传动件之间存在着装配间隙，所以在转向盘转动过程的开始阶段，有一段转向盘空转行程，该行程称转向盘的自由行程，它对于缓和路面冲击，减少驾驶人疲劳是有利的，但也不宜过大，以避免影响转向灵敏性，一般不超过 15°，当零件磨损严重到使转向盘自由行程超过 30°时，必须进行调整。

转向器是转向系统中的减速增矩装置，并改变转向力矩的传动方向。目前应用广泛的机械转向器有齿轮齿条式转向器、循环球式转向器和蜗杆曲柄指销式转向器等几种。

转向传动机构的功用是将转向器输出的力和运动传给转向桥两侧的转向节，使两侧转向轮按要求的角度关系偏转，以保证汽车转向时各车轮与地面的相对滑动尽量小。

理想的转向系统应使汽车在静止或低速行驶时，转向所需操纵力小，轻便省力；而在中高速行驶时，转向操纵力稍大，增加驾驶人的"路感"，提高操纵稳定性，保证高速行车的安全。传统的机械式转向系统不能达到上述要求，而电子控制动力转向系统可以满足。

知识点 4　汽车制动系统

1. 汽车制动系统功用

使行驶中的汽车减速甚至停车，或使已经停下来的汽车保持不动，都称为汽车制动。实现汽车制动功能的一系列专门装置称为汽车制动系统。

2. 汽车制动系统分类

汽车制动系统分类见表 1-6。

表 1-6　汽车制动系统分类

分类方法	类　型	特　　点
按功能分	行车制动	使行驶中的汽车减速或停车
	驻车制动	使汽车停在各种路面驻留原地不动
	应急制动	在行车制动系统失效后使用的制动系统
	辅助制动	增设的制动装置，以适应山区行驶及特殊用途汽车需要
按制动能源分	人力制动	以人力为唯一能源
	动力制动	以发动机动力转化为液压或气压制动
	伺服制动	兼用人力和发动机动力制动
按制动能量传输方式分	机械制动	以机械传输制动能量
	液压制动	以液压传输制动能量
	气压制动	以气压传输制动能量
	电磁制动	以电磁力传输制动能量
	组合制动	多种传输制动能量综合
按制动回路分	单回路	全车制动用一条制动回路
	双回路	全车制动用两条制动回路

3. 汽车制动系统基本组成与工作原理

（1）汽车制动系统基本组成 以液压制动系统为例，它主要由车轮制动器和液压传动机构组成（图1-44）。车轮制动器由制动鼓8、制动蹄10、制动底板11等组成。制动鼓固定在车轮轮毂上，随车轮一同旋转，它的工作面是内圆柱面。固定不动的制动底板有两个支承销12，支承着两个弧形制动蹄的下端。制动蹄的外圆面上装有摩擦片9，上端用制动蹄回位弹簧13拉紧压靠在轮缸活塞7上。

液压传动机构主要由制动踏板1、推杆2、制动主缸4、制动轮缸6和油管5等组成。制动轮缸6也安装在制动底板11上，并用油管5与车架上的制动主缸4相连通。主缸活塞3可由驾驶人通过制动踏板1来操纵。

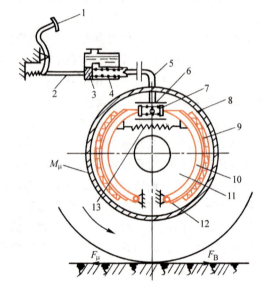

图 1-44　制动系统工作原理示意图

1—制动踏板　2—推杆　3—主缸活塞　4—制动主缸
5—油管　6—制动轮缸　7—轮缸活塞　8—制动鼓
9—摩擦片　10—制动蹄　11—制动底板
12—支承销　13—制动蹄回位弹簧

（2）汽车制动系统工作原理 制动系统不工作时，制动鼓8的内圆面与制动蹄摩擦片9的外圆面之间保留有一定的间隙，使制动鼓8可以随车轮自由旋转。

制动时，驾驶人踩下制动踏板1，推杆2便推动主缸活塞3，使制动主缸4中的油液以一定压力流入制动轮缸6，通过轮缸活塞7使两制动蹄10的上端向外张开，从而使摩擦片9压紧在制动鼓8的内圆面上。这样，不旋转的制动蹄10就对旋转着的制动鼓8产生一个摩擦力矩 M_μ，方向与车轮旋转方向相反，迫使车轮停止转动。

当松开制动踏板1时，制动蹄回位弹簧13将制动蹄10拉回原位，制动作用即行解除。

（3）汽车制动间隙与制动距离 制动器在不工作时，摩擦片与制动鼓之间的间隙称为制动间隙。制动间隙应合适，如果制动间隙过小，就不易保证彻底解除制动，造成摩擦副的拖磨；过大又将使制动踏板行程太长，同时也会推迟制动器开始起作用的时刻。由于摩擦片与制动鼓磨损，导致制动间隙变大，制动距离变长，应定期进行检查调整。

制动距离是指驾驶人踩下制动踏板至车辆完全停住时汽车所行驶的距离。按国家标准规定，乘用车以50km/h初速度空载行驶的制动距离不得大于19m。

4. 汽车防抱制动系统（ABS）

（1）ABS功用 防抱制动系统（Anti-lock Braking System，ABS）是防止汽车制动时车轮抱死的装置，可以把车轮的滑移率保持在最佳范围内，以保证车轮与地面有良好的纵向、横向附着力，有效防止制动时汽车侧滑、甩尾、失去转向能力等现象发生，提高了制动稳定性；同时，将制动力保持在最佳的范围内，缩短了制动距离。这样也减弱了轮胎与地面的剧烈摩擦，减少了轮胎的磨损。

试验和实践表明，当汽车曲线行驶制动只有前轮抱死时，由于前轮的转向力基本为零，

无法进行正常的转向操作，驾驶人无法控制汽车的运动方向，这时汽车将沿行驶曲线的切线方向滑行（图1-45a）；而只有后轮抱死时，后轮的侧向力接近于零，由于离心力和前轮转向力的作用，汽车不能保持原来的行驶方向，汽车将一面旋转一面沿曲线行驶即发生甩尾现象（图1-45b）；当所有的车轮全部抱死时，转向力、侧向力均接近于零，汽车完全失去操纵性和方向稳定性，兼有前、后轮单独抱死时的两种运动（图1-45c），即一面做与驾驶无关的不规则运动，一面沿曲线的切线方向滑行。

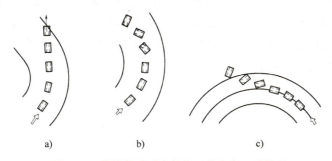

图1-45 曲线行驶时车轮抱死的汽车运动情况

a）前轮抱死 b）后轮抱死 c）所有车轮抱死

（2）**ABS基本组成与工作原理** ABS由普通制动系统和电子控制系统两大部分组成。普通制动系统的组成和工作原理与传统制动系统相同，而电子控制系统由传感器、电子控制单元（ECU）和制动压力调节器等组成（图1-46）。

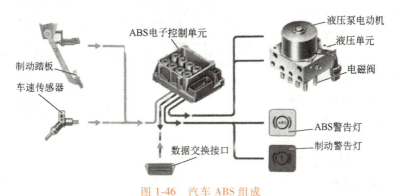

图1-46 汽车ABS组成

在汽车制动时，电子控制单元（ECU）根据传感器传递来的汽车行驶和制动信号，经过计算、比较和判断后，向执行器（制动压力调节器）发出控制指令，使车轮制动时滑移率保持在最佳范围内，始终处于理想的运动状态。

在制动过程中，ABS只在车速超过一定值时才起作用。ABS具有自诊断功能，并能确保系统出现故障时，常规制动系统仍能正常工作。

5. 驱动防滑系统（ASR）

驱动防滑系统（Acceleration Slip Regulation，ASR），又称牵引力控制系统，其作用就是防止汽车在起步、加速和低附着系数路面行驶时驱动轮的滑转，以提高汽车的牵引性和操纵稳定性。

（1）**ASR的作用** 当汽车在冰雪路面行驶时，驱动轮很容易发生滑转，这是汽车的驱

动力大于地面附着力的结果。一旦车轮滑转，车轮的横向附着力几乎为零，将发生侧滑等现象。对于后轮驱动汽车，驱动轮滑转将使汽车发生不规则的旋转；对前轮驱动汽车，会使方向失去控制。

（2）ASR 的基本工作原理　为了防止滑转，必须适当降低驱动力，大幅度提高侧向力，增大抵抗侧滑的能力。目前，常采用以下两种方法防止驱动轮的滑转。

1）发动机输出转矩调整方式。通常通过控制节气门开度和点火提前角的方式调节发动机的输出转矩，从而使驱动车轮的转速迅速降低，或者对两侧驱动车轮的驱动力矩进行调节。

2）驱动轮制动控制方式。当驱动轮发生滑转时，对滑转的车轮施加一定的制动力，使车轮的滑转率控制在合适的范围内。制动控制方式比发动机控制方式反应速度快，能有效地防止汽车起步时或从高附着路面突然进入低附着路面时的车轮空转。

1.4　汽车车身与电器基本结构

知识点 1　汽车车身

汽车车身是供驾驶人操作，以及容纳乘客和货物的场所。其主要作用是为乘员提供安全、舒适的乘坐环境，隔绝振动和噪声，不受外界恶劣气候的影响。同时车身也是一件精致的艺术品，给人以美感享受，反映现代的风貌、民族的传统以及独特的企业形象。

汽车车身（图 1-47）主要由车身本体、开启件（各种门、窗、行李舱和车顶盖等）、附件（各种座椅、内外饰、仪表电器、刮水器、风窗洗涤器、风窗除霜装

图 1-47　汽车车身

置、空调等）和安全保护装置（保险杠、安全带、安全气囊等）组成，货车及专用车辆还有货箱及专用设备。

1. 车门门锁

现代轿车普遍采用电控式中央门锁，可以在车内、车外集中控制所有车门，它在汽车钥匙上配置无线电发射装置，在车内配置无线电接收装置，构成无线电遥控中央门锁。有的电控式中央门锁还具有服务、报警、防盗等多种功能。

2. 刮水器

刮水器是用于清除玻璃外表面的雨水、雪及灰尘的装置，以保证驾驶人在雨雪天行驶时有良好视野。现代汽车都采用电动机驱动的电动刮水器。

3. 风窗洗涤器

其功用是将清洁的水或洗涤液喷射到风窗玻璃上，并在刮水器的作用下清洗风窗玻璃上的

尘土和污物，使驾驶人有良好的视野。风窗洗涤器主要由洗涤液泵、洗涤液罐和喷嘴等组成。

4. 风窗除霜（雾）装置

其作用是在较冷的季节，有雨、雪或雾的天气，防止水蒸气在风窗玻璃上凝结成细小的水滴甚至结冰。在装有空调或暖风装置的汽车上，其通过风道向风窗及车门玻璃吹热风以加热玻璃、防止水分凝结。后窗玻璃的除霜常常利用电热丝加热来实现。

5. 安全带

安全带用于在汽车制动中乘员由于惯性而急剧向前冲撞时产生束紧力，保护乘员，避免发生碰撞事故。

安全带的布置形式很多，用得最多的是三点式安全带（图1-48）。

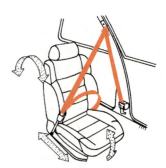

图1-48 三点式安全带

6. 安全气囊

（1）安全气囊作用 安全气囊（Supplemental Restraint System，SRS）是为减少汽车在发生碰撞时因巨大的惯性对乘员造成伤害而设置的。统计表明，交通事故中，头部受伤率占66%左右，使用安全气囊，可减少头部受伤率30%～50%，面部受伤率70%～80%。

（2）安全气囊类型 按照安全气囊安装的位置分有正面安全气囊（图1-49）、侧面安全气囊和顶部安全气囊。正面安全气囊安装在驾驶人和乘员的正面，对汽车正面碰撞起安全保护作用，有较高的装车率。正面安全气囊一般安装在转向盘中央的衬盖内，副驾驶一侧安装在仪表板上，有的车辆还在仪表板下方安置了膝部免受伤害的安全气囊。侧面和顶部安全气囊分别安装在驾驶人、乘员的侧面和顶部，在汽车受到侧面碰撞和汽车翻倾时起安全保护作用。

（3）安全气囊基本组成 安全气囊主要由碰撞传感器、气体发生器、气囊、安全带收紧器、控制装置及显示装置等组成，如图1-50所示。

图1-49 正面安全气囊

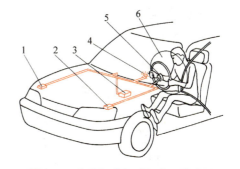

图1-50 安全气囊组成与车上的布置
1—右前方传感器 2—左前方传感器
3—中部传感器总成 4—气囊指示灯
5—气体发生器 6—气囊

碰撞传感器对汽车碰撞强度做出检验，并将其转化为电子信号传送给电子控制单元。碰撞传感器分为安装于汽车左、右翼子板下或前保险杠内侧的前安全气囊传感器（侧向安全气囊传感器安装在车门或门柱上）和装于气囊控制装置中的安全传感器两类。

气体发生器用来产生气体，安装于气囊下，能在极短的时间（30ms）内将气体充满整

个气囊。气体的产生方法主要有高压储气式、固体推进剂式和混合式三种方式。

气囊一般用尼龙布制成，在尼龙布上开有排气的小孔，以便在气囊充气后就进行排气，使气囊逐渐变软，加强缓冲作用和不至于影响人员活动。安全气囊只能使用一次，用完即报废。

控制装置采用电子控制，是安全气囊的控制中心。当接收到传感器的碰撞信号后，控制装置进行分析判断，发出指令，引爆气体发生器。

（4）安全气囊的工作原理 当汽车发生碰撞时，碰撞强度通过传感器转化为电信号，被控制装置接收，并进行分析，发出相应指令，由执行器执行。轻度碰撞时，控制装置指令执行器收紧安全带，保护乘员；碰撞达到一定程度，控制装置指令引爆气体发生器，安全气囊急速膨胀，挡住驾驶人或乘员的身体，起到缓冲保护作用。之后安全气囊小孔排气，使气囊逐渐变软，加强缓冲作用。其工作过程如图 1-51 所示。

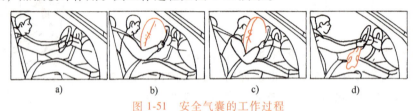

图 1-51 安全气囊的工作过程

a）触发前 b）充气膨胀 c）头部陷入 d）气囊压扁

安全气囊应注意与安全带同时使用，才能发挥更好作用。同时注意平时维护维修时，不要重度碰撞安全气囊的各传感器，以免引起误触发，造成不必要的损失。

知识点2 汽车仪表、照明系统及信号装置

1. 汽车仪表系统

（1）汽车仪表系统的作用 汽车仪表系统包括各种仪表和指示灯（图 1-52），用来反映汽车的一些重要运行状态参数，必要时发出警示，保证汽车可靠而安全地行驶，驾驶人行车时应该给予注意。

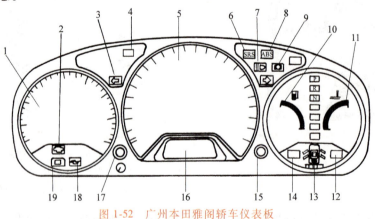

图 1-52 广州本田雅阁轿车仪表板

1—转速表 2—故障指示灯 3—转向信号灯 4—巡航控制指示灯 5—车速表 6—SRS 指示灯 7—远光指示灯
8—ABS 制动指示灯 9—驻车制动与制动系统指示灯 10—燃油表 11—冷却液温度表 12—座椅安全带提示灯
13—车门和制动灯监视器 14—低燃油指示灯 15—行程选择/复位按钮 16—里程表 17—亮度调节
18—低机油压力指示灯 19—充电系统指示灯

（2）汽车仪表系统的组成 汽车常用仪表及警告灯见表1-7。

表1-7 汽车常用仪表及警告灯

仪 表 系 统		功 用
充放电显示系统	电流表	指示蓄电池充电或放电的电流值
	电压表	指示蓄电池充电或放电的电压值
	充电指示灯	指示蓄电池充电或放电
机油压力显示系统	机油压力表	指示发动机主油道中机油压力大小
	机油压力警告灯或蜂鸣器	机油压力过低时报警
燃油量显示系统	燃油表	指示汽车燃油箱内储存燃油量的多少
	液面警告灯	燃油箱内燃油量过少时报警
冷却液温度显示系统	冷却液温度表	指示发动机水套中冷却液温度的高低
	冷却液温度警告灯或蜂鸣器	冷却液温度过高时报警
车速里程显示系统	车速表	指示汽车行驶速度
	里程表	指示汽车累计行驶里程
	转速表	指示发动机转速的高低

（3）仪表板常见符号 仪表板上常见符号的含义如图1-53所示。

远光　　　近光　　　转向　　　危急　　　刮水器　　　清洗

刮水器与清洗　风扇　　停车灯　　前盖　　　后盖　　　阻风门

喇叭　　　油量　　冷却液温度　蓄电池充电　润滑油　　安全带

点烟器　　后窗刮水器　后窗清洗　驻车制动　制动故障　除霜、除雾

图1-53 仪表板上常见符号的含义

2. 汽车照明系统

（1）汽车照明系统的功用 汽车照明系统保证汽车在夜间及能见度较低的情况下安全、高速行驶，改善车内驾乘环境，便于交通安全管理和车辆使用、检修。

（2）汽车照明系统的组成 汽车照明系统由电源、照明装置及其控制部分组成。控制部分包括各种灯光开关、继电器等。照明装置包括车外照明和车内照明，其具体组成及作用见表1-8。

表 1-8 汽车照明装置组成及作用

照明装置		作　用
车外照明装置	前照灯	夜间行驶时照明,可发出远光和近光两种光束
	示宽灯	夜间视宽、近距离照明等
	后灯	红色,警示作用,兼牌照灯
	雾灯	黄色,在有雾、下雪、暴雨或尘埃弥漫时行车照明,具有信号作用
	倒车灯	倒车时车后照明,并起信号作用
	牌照灯	照明汽车后牌照
车内照明装置	仪表灯	仪表板照明
	阅读灯	乘员阅读照明
	行李舱灯	夜间行李舱门打开时照明
	发动机舱盖灯	夜间发动机舱盖打开时照亮发动机

3. 汽车信号装置

(1) 汽车信号装置的作用　汽车信号装置通过灯光和音响等手段,向行人和车辆发出警告,以保障行车安全。

(2) 汽车信号装置的组成　常见的汽车信号装置有喇叭音响信号装置(电喇叭、气喇叭等)、转向信号装置(转向灯、闪光器)、制动信号装置(制动灯、制动开关)和倒车信号装置(倒车信号灯、蜂鸣器)等。

1)电喇叭的结构与工作原理。电喇叭在所有汽车上都安装,分触点式和无触点式两类。

触点式电喇叭有筒形、螺旋形和盆形等不同的结构形式。盆形电喇叭具有尺寸小、指向性好等特点,被现代汽车广泛应用,其结构如图 1-54 所示。

按下电喇叭按钮,线圈通电后产生磁力,吸动上铁心及衔铁下移,使膜片下拱,衔铁下移中将触点顶开,线圈电路被切断,其磁力消失,上铁心、衔铁及膜片又在触点和膜片自身弹力的作用下复位,触点又闭合。触点闭合后,线圈又通电产生磁力吸动上铁心和衔铁。如此循环,使膜片振动,产生较低频率的振动,促使共鸣板产生谐振,发出音量适中、和谐悦耳的声音。

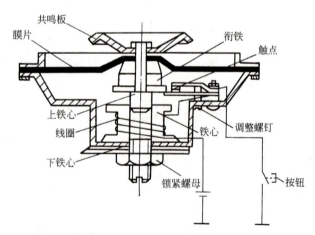

图 1-54　盆形触点式电喇叭的结构

盆形电喇叭音调的高低取决于其膜片的振动频率。可通过改变上、下铁心之间的间隙来改变膜片的振动频率。需要调整音调时,松开锁紧螺母,旋动下铁心:旋入下铁心时,上、下铁心之间的间隙减小,音调升高;旋出下铁心则使音调降低。调至合适

的音调后，旋紧锁紧螺母即可。

盆形电喇叭音量的高低取决于线圈电流，通过线圈的电流大，膜片振动幅度也大，喇叭发出的音量也就大。线圈电流可以通过调整螺钉调整触点的接触压力来调节：调整螺钉旋出，触点接触压力增大，电喇叭音量增大；螺钉旋入则会抵消部分触点臂自身弹性，使电喇叭音量减小。

触点式电喇叭的触点容易烧蚀和氧化，工作不稳定，故障率较高，现代汽车广泛采用无触点式电喇叭，即用晶体管代替触点，不存在触点烧蚀问题。

为使电喇叭声音更加悦耳，有的汽车上设置了双音（高、低音）喇叭或三音（高、中、低）喇叭。由于通过喇叭按钮的电流较大，一般采用喇叭继电器，以减小通过喇叭按钮的工作电流。

2）转向信号装置。用于显示汽车的转弯方向，由转向灯、转向灯开关和闪光器等组成。

转向灯安装于车身前端和后端的左右两侧，驾驶人转向时，通过转向灯开关，控制转向灯闪烁，发出警示。转向灯闪烁靠闪光器来完成。

3）制动信号装置。用于汽车制动时发出警示信号。它由制动信号灯、信号灯开关和制动灯断线报警开关等组成。

制动信号灯安装在汽车尾部，当驾驶人踩下制动踏板时，制动信号灯发出强烈红光警示。为了增强显示效果，有的汽车设有高位制动灯。

4）倒车信号装置。用于倒车时发出警示信号。它由倒车信号灯和倒车蜂鸣器组成。

知识点3 汽车空调系统

1. 汽车空调系统的作用

汽车空调系统是实现对车厢内空气进行制冷、加热、换气和空气净化的装置。它可以为乘员提供舒适的乘车环境，降低驾驶人的疲劳强度，提高行车安全。

2. 汽车空调系统的基本组成

空调系统主要由制冷系统、供暖系统、通风和空气净化装置及控制系统组成。

（1）制冷系统 汽车空调制冷系统由压缩机、冷凝器、膨胀阀、储液干燥器、蒸发器等组成，如图1-55所示。

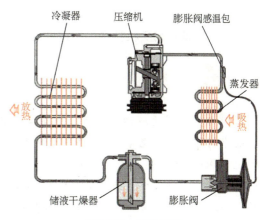

图 1-55 制冷系统

制冷系统工作时，压缩机由发动机带轮带动，将蒸发器中因吸热而汽化的低压制冷剂蒸气吸入后，压缩成高温高压制冷剂气体，经高压管送入冷凝器，经冷凝器冷却使高温高压的制冷剂气体冷凝成中温高压制冷剂液体，送入储液干燥器中除去水分和杂质，然后送入膨胀阀，经膨胀阀节流降压，变为低温低压液态制冷剂后进入蒸发器。当鼓风机将空气吹过蒸发器表面时，液态制冷剂汽化吸热，从而降低车内温度。汽化后的制冷剂再次被压

缩机吸入，重复上述过程。

（2）**供暖系统**　利用发动机工作时冷却液供暖的，称为水暖式暖风装置。水暖式暖风装置主要由加热器、鼓风机、蒸发器等组成，如图1-56所示。

（3）**通风装置**　分自然通风和强制通风两种。自然通风是利用汽车行驶时车内外的空气压力差，通过进、出风口进行自然换气；强制通风是利用鼓风机对车内空气进行置换。

（4）**空气净化装置**　常用的空气净化装置有灰尘滤清器、电子集尘器及负离子发生器等，安装在空调器总成内。

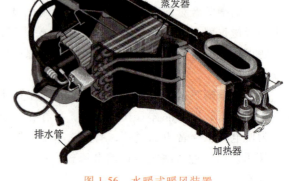

图1-56　水暖式暖风装置

知识点4　汽车电路特点

1. 低电压

汽车电路电压一般采用12V，部分大功率柴油机采用24V。低电压的优点是安全、电源简单，但电功率较小，不适应汽车用电设备日益增多的要求，酝酿中的汽车电路电压标准是42V/14V电压体系。

2. 单线制

由于电压低，汽车采用机体作为电流的一条公共回路，所以从电源向用电设备一般只用一条导线，称单线制。部分要求比较高的电路也有采用双线制的。

3. 并联制

所有低压用电设备均采用并联制，电压相同。

4. 负极搭铁

现代汽车都采用负极搭铁，即蓄电池的负极直接与机体连接。

本章小结

1. 汽车是由动力驱动，具有四个或四个以上车轮的非轨道承载的车辆，包括与电力线相联的车辆（如无轨电车），主要用于载运人员、货物及其他的一些特殊用途。整车整备质量超过400kg、不带驾驶室、用于载运货物的三轮车辆，整车整备质量超过600kg的带驾驶室的三轮车辆，以及整车整备质量超过600kg、不带驾驶室、不具有载运货物结构或功能且设计和制造上最多乘坐2人（包括驾驶人）的三轮车辆也属于汽车。

2. 汽车按用途分有载客汽车、载货汽车、专项（专用）作业车、教练车和残疾人专用车5类。

3. 汽车由发动机、底盘、车身和电器与电子设备四大部分组成。

4. 发动机是汽车的动力装置。其结构是在一个机体上安装一个机构（曲柄连杆机构）

和六大系统（进排气系统、燃料供给系统、润滑系统、冷却系统、点火系统和起动系统）。柴油机则为五大系统，没有点火系统。

5. 底盘负责将发动机的动力进行传递和分配，并按驾驶人的要求进行行驶（加速、减速、转向、制动等）。它一般由传动系统、行驶系统、转向系统、制动系统等组成。

6. 车身（包括电器与电子设备）是驾驶人操作和容纳乘客及货物的场所。一般由车身本体、开启件（各种门、窗、行李舱和车顶盖等）、附件（各种座椅、内外饰、仪表电器、刮水器、风窗洗涤器、风窗除霜装置、空调等）和安全保护装置（保险杠、安全带、安全气囊等）组成，货车及专用车辆还有货箱及专用设备。

习题与思考题

1. 观察一辆汽车，辨认出发动机、底盘和车身的位置。
2. 观察一台四冲程发动机，看看它的结构和工作情况。
3. 四冲程往复式发动机通常由哪些机构与系统组成？它们各有什么功用？
4. 观察一辆汽车，辨认出传动系统、行驶系统、转向系统、制动系统四大系统。
5. 观察一辆汽车，辨认出有哪些安全装置。
6. 观察一辆汽车，看仪表板有哪些仪表和警告灯。

第2章 新能源汽车

【本章内容架构】

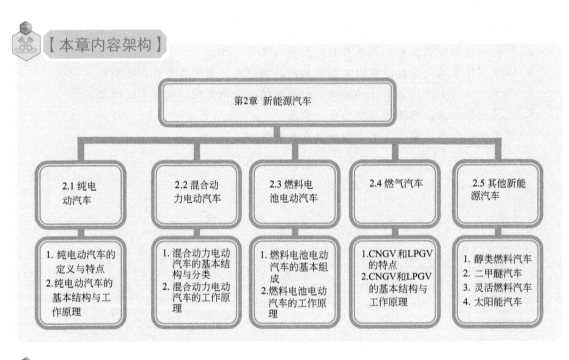

【学习目标要求、重点与难点】

序号	学习目标要求	学习重点	学习难点
1	理解纯电动汽车、混合动力电动汽车及燃料电池电动汽车的特点、分类、基本结构与工作原理	√	√
2	理解燃气汽车（压缩天然气汽车、液化石油气汽车）的特点、分类、基本结构与工作原理	√	
3	了解其他代用燃料（醇类、二甲醚、灵活燃料等）汽车的特点		
4	了解太阳能汽车的基本结构与工作原理	√	
5	能够现场识别主要新能源汽车	√	
6	培养学生努力实践、提高技能的作风和献身祖国的精神	√	√

【问题导入】

　　目前新能源汽车特别是电动汽车发展迅猛，你如何看待燃油车和电动汽车的市场前景？

　　围绕汽车节能、环保和安全需要，世界各国都在大力开发新型汽车和技术，相继开发了电动汽车、燃气汽车、太阳能汽车等新能源汽车。2021年，全球新能源汽车销量670万辆，同比增长102.4%。我国新能源汽车销量352.1万辆，同比增长1.6倍，连续7年位居世界第一。

　　近20年来，国家发布了100多个相关文件。2020年10月20日，《国务院办公厅关于印发新能源汽车产业发展规划（2021—2035年）的通知》指出，到2025年，我国新能源汽车新车销售量将达到汽车新车销售总量的20%左右，力争经过15年的持续努力，我国新能源汽车核心技术达到国际先进水平。

　　2017年工业和信息化部在《新能源汽车生产企业及产品准入管理规定》关于新能源汽车的定义及分类中指出：新能源汽车是指采用新型动力系统，完全或者主要依靠新型能源驱动的汽车，包括插电式混合动力（含增程式）汽车、纯电动汽车和燃料电池汽车等。

2.1　纯电动汽车（BEV）

知识点1　纯电动汽车的定义与特点

1. 纯电动汽车的定义

纯电动汽车是完全由可充电电池提供动力源的汽车（图2-1）。

2. 纯电动汽车的特点

与传统的燃油动力汽车相比较，纯电动汽车具有如下几个特点：

1）能量的利用率高。

2）零排放（电能驱动时）。

3）制动能量再生回收（汽车制动时，利用制动的惯性能量发电）。

图2-1　e6纯电动汽车

4）结构简单，维修使用方便。

5）目前，动力蓄电池寿命短，一次充电后的有效行程短，价格较贵。

知识点2　纯电动汽车的基本结构与工作原理

1. 基本结构

纯电动汽车主要由动力蓄电池组、控制系统和驱动系统组成（图2-2）。

（1）动力蓄电池组　动力蓄电池组是纯电动汽车的能源，目前广泛应用的动力蓄电池有锂蓄电池、镍-氢蓄电池、镍-镉蓄电池、锌空气蓄电池等。它们均由若干单体蓄电池组成，每个单体蓄电池都由正极板、负极板、装在正极板和负极板之间的隔板、电解质和正负

接线柱组成。如比亚迪 e6 纯电动汽车动力蓄电池组，采用自行研制的磷酸锂钴铁蓄电池，也是锂蓄电池的一种，它放在汽车底部，由 96 个单体动力蓄电池组成，每个单体电压 3.3V，总电压 316.8V，蓄电池容量达 220A·h，可以使续驶里程达到 400km。

（2）**控制系统**　其主要作用是对动力蓄电池组进行管理和对电机进行控制。

对动力蓄电池组的管理包括对动力蓄电池组的充电与放电时的电流、电压、放电深度、再生制动反馈电流（汽车制动

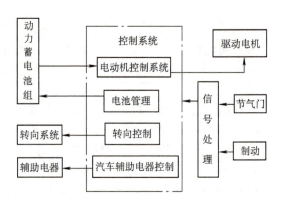

图 2-2　纯电动汽车结构组成

时，利用电机旋转零件转动或制动的惯性能量发电，经逆变器变交流为直流，对蓄电池组充电的电流）、蓄电池的自放电率、蓄电池温度等进行控制。

（3）**驱动系统**　驱动电机是电动汽车的动力装置，这也是电动汽车与内燃机汽车的根本不同之处。现代电动汽车所采用的驱动电机主要是交流异步电动机、永磁电动机、直流电动机等。

纯电动汽车的驱动系统有集中驱动系统和轮毂驱动系统两大类。图 2-3 所示为由两个永磁电动机组成的双电动机集中驱动系统，左右两个永磁电动机直接通过半轴带动车轮转动，左右两个电动机由中央控制器的电控差速模块控制，形成机电一体化的差速器。图 2-4 所示为由独立电动机驱动的轮毂驱动系统，电动机可以布置在两个前轮、两个后轮或 4 个车轮的轮毂中，成为前轮驱动、后轮驱动或四轮驱动的纯电动汽车。

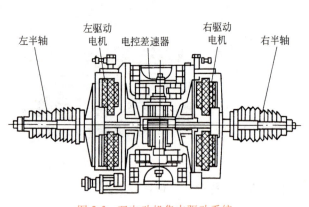

图 2-3　双电动机集中驱动系统

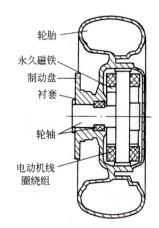

图 2-4　轮毂驱动系统

2. 工作原理

在 BEV 中保留了加速踏板、制动踏板和各种操纵手柄等，在纯电动汽车工作时，传感器将加速踏板、制动踏板机械位移的行程量转换为电信号，输入中央控制器。经中央控制器处理后发出驱动信号，控制逆变器的工作状态，从而达到对电动汽车工况的控制。当汽车行驶时，动力蓄电池组输出的直流电经逆变器变为交流电后供给交流电动机，电动机输出的转矩经传动系统驱动车轮。

BEV 行驶状态与要求如图 2-5 所示，主要有起步（低速）、正常行驶、急加速（上坡）、减速（制动）、倒车和停车等。起动、起步时，要求电动机供给大转矩，低速起步；平路正常行驶时，要求电动机提供足够的驱动力和速度，同时能耗最低；急加速和上坡时，要求电动机提供较大的驱动力，有较好的超载能力；减速制动时，要求电动机转化为发电机，回收减速制动的能量，向蓄电池组充电；汽车停车时，要求电动机自动停止。

起步(低速)	正常行驶	急加速(上坡)	减速(制动)	倒车	停车
行驶时主要依靠电动机			利用制动能量回收，给动力蓄电池充电	电动机反转	电动机自动停止

图 2-5　BEV 行驶状态与要求

BEV 动力蓄电池需要经常充电，目前常用的有普通充电（220V 家庭充电）和快速充电（充电站或充电桩充电）两种方式。

 【温馨提示】

纯电动汽车结构原理视频请扫教学资源 2.1 对应的二维码▧进行观看。

2.2　混合动力电动汽车（HEV）

知识点 1　混合动力电动汽车的基本结构与分类

1. 基本结构

混合动力电动汽车的基本结构主要由动力蓄电池组、控制系统、驱动系统、辅助动力系统（汽油机）等部分构成（图 2-6）。

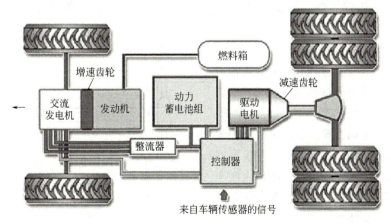

图 2-6　串联式混合动力电动汽车基本结构

2. 分类

（1）按照电动机功率占整车总功率的百分比大小分 可以分为弱混、中混和强混 3 种，其特征见表 2-1。

表 2-1 不同混合程度混合动力电动汽车主要特征

类型	主 要 特 征	节油率	典 型 实 例
弱混	具有 Start-Stop 功能和能量回收功能	5%～10%	丰田 Vitz、长安 CX30 混合动力电动汽车等
中混	具有 Start-Stop 功能、能量回收功能、智能充电和驱动电机助力	10%～25%	本田 Civic、上海荣威 750、上海通用君越混合动力电动汽车等
强混	具有 Start-Stop 功能、能量回收功能、智能充电和短距离纯电动行驶功能	25%～40%	丰田 Prius、比亚迪 F3DM、大众捷达、本田 Insight 混合动力电动汽车等

（2）按照能否外接充电分 可分为可外接充电式 HEV 和不可外接充电式 HEV。可外接充电式 HEV 在正常使用条件下可以从非车载装置中获得电能。插电式混合动力电动汽车属于此类，其动力蓄电池可以使用外部电源充电，容量比纯电动汽车的小，但大于普通油电混合动力汽车，发动机只是作为后备动力来源，在蓄电池电量耗尽时才启用。插电式混合动力汽车主要适合城市道路，作为一辆通勤车，可以达到节能减排的目的，是强混 HEV 的一种。不可外接充电式 HEV 在正常使用条件下从车载燃料中获取全部能量，其动力蓄电池容量很小，仅在起/停、加/减速的时候供应/回收能量，不能用纯电动模式较长距离行驶，其大部分时间是起动发动机运行，是一种弱混 HEV。

（3）按照发动机与电动机的连接分 可分为增程式 HEV 和普通式 HEV。增程式 HEV 在纯电动模式下可以达到汽车所有的动力性能，而当车载可充电储能系统无法满足续驶里程要求时，车载辅助供电装置会被启用，为动力系统提供电能，以延长续驶里程，且车载辅助供电装置与驱动系统没有传动轴（带）等传动连接。增程式 HEV 的发动机直接与电动机连接，直接驱动，使发动机一直处于最佳工作状态，排放小、效率高，而且结构简单，无离合器和变速器。普通式 HEV 采用了机械动力混合结构，保留了离合器、变速器等部件，结构较复杂，且发动机工作范围较宽，不可能一直运行在最佳工作状态，排放和油耗较高。

（4）按照混合动力电动汽车能量耦合方式分 可分为串联、并联和混联三种方式。串联式混合动力电动汽车（图 2-7）将发动机与动力蓄电池串联，共同驱动车辆。并联式混合动力电动汽车（图 2-8）中的发动机和驱动电机两套驱动系统以并联形式共同驱动车辆。混联式混合动力电动汽车（图 2-9）则综合了串联式和并联式混合动力电动汽车的结构特点。

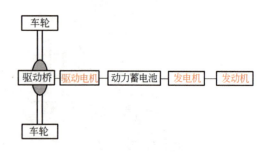

图 2-7 串联式混合动力电动汽车结构示意

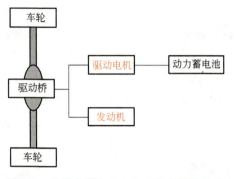

图 2-8 并联式混合动力电动汽车结构示意

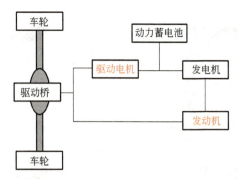

图 2-9 混联式混合动力电动汽车结构示意

知识点 2 混合动力电动汽车的工作原理

以比亚迪"唐"混合动力电动汽车为例，它是一款双模、混联插电式 SUV。

1. BEV 工作模式

在车辆行驶之初，动力蓄电池组处于电量饱满状态，其能量输出可以满足车辆要求，发动机不需要工作，动力蓄电池组输出的直流电经逆变器变为交流电后供入驱动电机，驱动电机输出的转矩经变速器及驱动桥驱动车轮（图 2-10）。

2. HEV 模式

当用户从 BEV 模式切换到 HEV 模式后，车辆由发动机和驱动电机共同驱动，实现了最佳的动力性和经济性（图 2-11）。

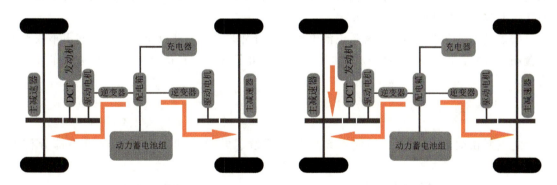

图 2-10 BEV 工作模式　　　　　图 2-11 HEV 工作模式

当电量不足时，系统从 BEV 模式自行切换到 HEV 模式，使用发动机驱动，在车辆以较稳定的速度行驶时，发动机输出的一部分转矩会驱动电机进行发电，对动力蓄电池进行充电（图 2-12）。

汽车在电动系统故障时，可单独使用发动机驱动，实现了电动系统的独立性（图 2-13）。

3. 能量回收工作模式

汽车减速制动时，电机转化为发电机，回收减速制动的能量，向蓄电池组充电。

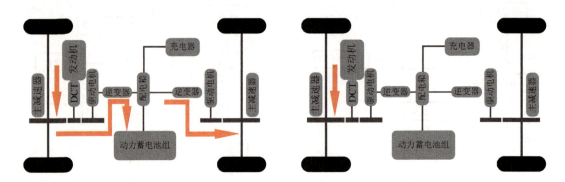

图 2-12　电量不足时的 HEV 模式　　　　　图 2-13　发动机单独驱动模式

【温馨提示】

混合动力电动汽车结构原理视频请扫教学资源 2.2 对应的二维码▨进行观看。

2.3　燃料电池电动汽车（FCEV）

　　将通过电化学反应将燃料的化学能直接转变为电能的高效率发电装置作为动力源的电动汽车称为燃料电池电动汽车（FCEV）。燃料电池拥有其他动力系统没有的独特优点：产生电能的过程不产生任何污染物，而且氢作为一种能源，来源广泛，取之不尽，这对于节约化石能源并减少二氧化碳排放十分重要。

　　按氢气供给方式的不同，燃料电池电动汽车分为改质型和非改质型两种。利用车载改质装置制造氢气，再供给燃料电池的称为改质型；由车载氢气直接供应燃料电池的称为非改质型。

知识点 1　燃料电池电动汽车的基本组成

　　它主要由燃料电池组、控制系统、驱动系统、燃料箱和动力蓄电池组等部分构成（图 2-14）。

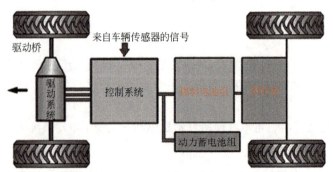

图 2-14　燃料电池电动汽车的组成

　　(1) 燃料电池组　它是 FCEV 的主要电流源，由多个 1V 以下的燃料电池串联组成，是一种将储存在燃料和氧化剂中的化学能通过电极反应直接转化为电能的发电装置。

　　燃料电池工作时，外界不断供给负极氢气，供给正极空气（图 2-15），在催化剂（铂、多孔石墨等）的作用下，产生如下反应：

　　负极　$2H_2 \longrightarrow 4H^+ + 4e^-$

　　正极　$O_2 + 4H^+ + 4e^- \longrightarrow 2H_2O$

　　负极经催化剂作用，氢原子中的电子被分离出来，在正极吸引下，在外电路形成电流。失去电子的氢离子，在正极与氧及电子结合为水。氧可从空气中获得，只要不断地供给氢气和带走水，燃料电池就可不断供给电能。

图 2-15　燃料电池工作原理

　　(2) 燃料电池控制系统　用于控制燃料电池的反应过程（起动、反应，输出电能的调整、停止等），一般用燃料电池管理系统模块对燃料电池状态进行监控和检查。

　　(3) 驱动系统　燃料电池的电流需要经过专用的大功率动力 DC-DC 变换器，将燃料电池产生的直流电变换为稳压的直流电流，然后经过逆变器变换为交流电输送给驱动电机，驱动车轮转动。

　　(4) 动力蓄电池组　通常在 FCEV 上还要装配一个动力蓄电池组作为辅助电源，其作用是：用于 FCEV 快速起动；用于储存 FCEV 在再生制动时反馈的电能；为电动汽车控制系统、照明系统等电气设备提供低压电源。

知识点 2　燃料电池电动汽车的工作原理

　　在电动汽车开始行驶时，动力蓄电池组处于电量饱满状态，其能量输出可以满足汽车起动要求，由其为驱动系统提供能量，并对燃料电池进行预热，燃料电池动力系统不需要工作；当氢气供给足够时，燃料电池动力系统启动，由燃料电池动力系统为驱动系统提供能量；当车辆能量需求较大时，燃料电池动力系统与动力蓄电池组同时为驱动系统提供能量；当车辆能量需求较小时，燃料电池动力系统为驱动系统提供能量的同时，还给动力蓄电池组进行充电。

2.4　燃气汽车

　　以燃气为燃料的汽车称为燃气汽车（图 2-16）。目前常用的燃气汽车有压缩天然气汽车（CNGV）和液化石油气汽车（LPGV），它们分别以压缩天然气和液化石油气为燃料。

知识点 1　CNGV 和 LPGV 的特点

　　1. 优点

　　(1) 有害气体排放低　天然气和液化石油气在常温下为气态，容易与空气混合形成均

匀的可燃混合气,燃烧完全,可以大幅度减少 CO、HC 和微粒的排放。另外,天然气和液化石油气的火焰温度低,因此 NO_x 的排放量也相应减少。

(2) **热效率高** 天然气辛烷值高达 130,液化石油气的辛烷值也在 100 左右,因此,燃用天然气或液化石油气可提高发动机的压缩比,从而获得较高的发动机热效率。

图 2-16 燃气汽车

(3) **冷起动性能和低温运转性能良好** 在暖机期间无须加浓混合气。

(4) **可以燃用稀混合气** 其燃烧界限宽,稀燃特性优越,可以减少 NO_x 的生成和改善燃料经济性。

(5) **延长润滑油更换周期** 因其不稀释润滑油,可以延长润滑油更换周期和发动机使用寿命。

2. 缺点

1) 储运性能差。因为天然气在常温、常压下是气体,所以体积大,储运性能差。目前广泛采用将天然气或石油气加压液化,充入车用气瓶内储运的办法,但这些气瓶既增加了汽车自重,又减少了载货空间。

2) 一次充气的续驶里程短。

3) 动力性能下降。CNG(压缩天然气)或 LPG(液化石油气)均呈气态进入气缸,使发动机充气系数降低;另外,与汽油或柴油相比,CNG 或 LPG 的理论混合气热值小,因此,燃用 CNG 或 LPG 将使发动机功率下降。

知识点 2 CNGV 和 LPGV 的基本结构与工作原理

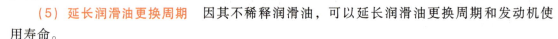

CNGV 或 LPGV 的发动机,多数是在原汽油机或柴油机的基础上改装而成的,其总体结构与化油器式汽油机基本相同,只是燃料供给系统有所不同,因此这里只讨论 CNG 和 LPG 燃料供给系统。

1. LPG 燃料供给系统

LPG 燃料供给系统主要由储液罐、燃料控制电磁阀、调节器、混合器等组成(图 2-17)。液化石油气以液态储存在储液罐中,发动机工作时,燃料控制电磁阀打开,由储液罐流出的液化石油气经调节器调压、计量后以气态输送到混合器,与空气混合后被吸入气缸,经火花塞点火燃烧。

储液罐是一般高压容器。轿车的储液罐常安装在后行李舱内。

燃料控制电磁阀的功用是:当发动机停止工作时自动切断燃料供给,而发动机工作时电磁阀打开,并可根据温度的变化自动实现气体或液体的切换。

调节器的功用是对输送给混合器的燃料进行减压和计量。它主要由初级气室和次级气室组成。发动机工作时,来自燃料控制电磁阀的燃料经主控制阀、初级气室、次级气室供给混合器。

混合器的功用是使调节器输送来的气态燃料与空气混合,并送往气缸。在调节器内,由

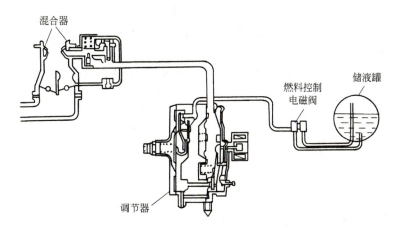

图 2-17　LPG 燃料供给系统

于主控制阀和次级气室控制阀的节流减压作用，使次级气室内的燃料压力等于甚至小于大气压力，这样可保证混合器主供给装置的燃料供给量随节气门开度变化而变化。

2. CNG 燃料供给系统

CNG 燃料供给系统与 LPG 燃料供给系统相近，只是系统的压力较高，可达 20MPa，因此对储气罐及管路阀门等的要求很高，系统高压检测压力要达到 25～30MPa，所以调压器部分相对复杂，分高压调节器和低压调节器。高压调节器使 CNG 压力降到 0.25MPa 左右，低压调节器再使气体压力调整到 0.097～0.098MPa。其余部分与 LPG 燃料供给系统相同。

CNG 燃料供给系统的基本组成如图 2-18 所示，CNG 储存于容量为 50L 的车用气瓶 1 内，压力为 20MPa，每个气瓶上的连通阀 2 及 CNG 高压管路 4 将各气瓶连通。CNG 从最后一个

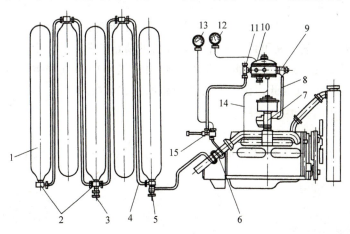

图 2-18　CNG 燃料供给系统的基本组成

1—车用气瓶　2—连通阀　3—充气阀　4—CNG 高压管路　5—输出阀
6—预热阀　7—混合器　8—CNG 低压管路　9—计量器　10—调节器
11—滤清器　12—低压表　13—高压表　14—真空软管　15—截止阀

气瓶上的输出阀 5 流出，经预热阀 6、截止阀 15 及滤清器 11 进入调节器 10。在调节器内，CNG 的压力下降到大气压力。低压的 CNG 经计量器 9 和 CNG 低压管路 8 进入混合器 7，在混合器 7 中与空气混合后进入气缸。

CNG 供给系统的调节器及混合器的结构和工作原理与 LPG 供给系统的调节器及混合器基本相同。

2.5　其他新能源汽车

知识点 1　醇类燃料汽车

醇类燃料是指甲醇（CH_3OH）及乙醇（C_2H_5OH），也包括丙醇、丁醇及其异构物等。原料极其丰富，生产工艺成熟。甲醇及乙醇的理化性质及燃烧性能能较好地适应汽车使用的要求。

醇类燃料汽车有奥托（Otto）型和狄塞尔（Diesel）型两种。在汽油机基础上改用醇类燃料的发动机称为奥托型醇类燃料发动机，在柴油机基础上改用醇类燃料的发动机称为狄塞尔型醇类燃料发动机。奥托型醇类燃料汽车技术成熟，排放气体和汽油机相当；狄塞尔型醇类燃料汽车和柴油车相比，NO_x 排放少、黑烟小，但冷起动性能差，可以添加甲醛予以改善。

汽油机使用醇类燃料时虽然可以使用其他装置使醇类燃料与空气形成混合气，然而现代汽油车改用醇类燃料时，大部分还是用喷油器向进气道或气缸内喷入醇类燃料；柴油机使用醇类燃料还是用原高压油泵及喷油器向缸内供给醇类燃料。

知识点 2　二甲醚（DME）汽车（图 2-19）

二甲醚是由 H_2 和 CO 通过化学反应合成的，可用煤、天然气、生物质或石油等作为原料生产，也可以在汽车上安装车载催化甲醇器，由甲醇转换成二甲醚。二甲醚既可以作为醇类燃料汽车的着火改善剂，又可以单独作为柴油机的清洁燃料使用。作为柴油车的燃料，二甲醚燃烧时排气烟度及微粒排放很低，并可以使用排气再循环（EGR）降低 NO_x，使用氧化催化剂时，CO 及 HC 也很低，比较容易达到超低排放标准。

知识点 3　灵活燃料汽车（FFV）（图 2-20）

灵活燃料汽车（Flexible Fuel Vehicle，FFV）也可以称为变燃料汽车（Variable Fuel Ve-

图 2-19　二甲醚汽车

图 2-20　灵活燃料汽车

hicle，VFV），主要是指能使用纯汽油、纯醇类燃料以及不同比例的汽油及醇类燃料的混合燃料汽车。试验研究结果表明，含有85%甲醇或乙醇及15%汽油的混合燃料（M85或E85）的综合性能较好。

除上述燃料外，人们还将桉树油、菜籽油、棉籽油、向日葵油、豆油、黑皂树油等作为发动机燃料进行了大量试验研究，并取得了一定成果。

知识点4 太阳能汽车

太阳能汽车（图2-21）是将太阳能转化为电能的汽车。太阳能的优点是取之不尽、价格低廉、零污染，是理想能源；缺点是要依赖天气，且能量转换效率低，造价高。

1. 太阳能汽车的基本组成

太阳能汽车主要由太阳电池组（板）、向日自动跟踪器、驱动系统、控制器等组成。

（1）太阳电池组（板） 太阳电池组（板）是太阳能汽车的核心，由一定数量的单体电池串联或并联组成电池方阵。

太阳单体电池由半导体材料制成，当太阳光照射该半导体材料时，半导体的电子-空穴对被激发，形成"势垒"，也就是P-N结（图2-22）。

图 2-21 太阳能汽车

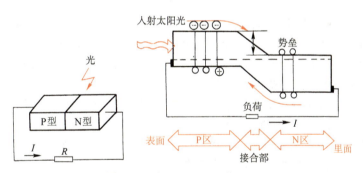

图 2-22 太阳电池的工作原理

由于势垒的存在，在P型层产生的电子向N型层移动而带正电，在N型层产生的空穴向P型层移动而带负电，于是在半导体元件的两端产生P型层为正的电压，即形成了太阳电池。

太阳电池的电流大小与太阳光照射强度的大小和太阳电池面积的大小成正比。车用太阳电池将很多太阳电池排列组合成太阳电池组（板）（图2-23），以产生所需要的大电流和高电压。

（2）向日自动跟踪器 太阳电池

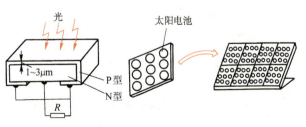

图 2-23 太阳电池和太阳电池组（板）

能量的多少取决于太阳电池板接收太阳辐射能量的多少，由于相对位置的不断变化，太阳电池板接收太阳辐射能量的多少也在不断变化。向日自动跟踪器的作用就是保持太阳电池板正对着太阳，最大限度地提高太阳电池板接收太阳辐射能量的能力。

（3）驱动系统　太阳能汽车采用的驱动电机主要有交流异步电动机、永磁电动机、直流电动机，其驱动系统与BEV基本相同。

（4）控制器　控制器主要实现对太阳电池组的管理和对驱动电机的控制，其作用与BEV控制系统相同。

2. 太阳能汽车的工作原理

太阳能汽车由太阳电池组（板）（在向日自动跟踪器的控制下始终正对着太阳）接收太阳光，并转换成电能向驱动电机供电，驱动汽车行驶。它实际上是一种电动汽车，其工作原理与串联式混合动力电动汽车（SHEV）基本相同。

由于太阳电池的能量较小，而且受天气的影响，在阴天、下雨时，太阳电池的转换效率降低或停止，所以太阳能汽车往往与动力蓄电池组共同组成太阳能混合动力电动汽车。当阳光强烈、转换电能充足时，由太阳电池组（板）将太阳能转换为电能后，通过充电器向动力蓄电池组充电，也可以由太阳电池组（板）直接提供电能，通过电流变换器将电流输送到驱动电机，驱动汽车行驶。其驱动模式相当于串联式混合动力电动汽车（SHEV），一般采用智能控制系统来控制其运行。当阳光较弱或阴天时，则靠动力蓄电池组对外供电。

📖 本章小结

1. 电动汽车（EV）是纯电动汽车、混合动力电动汽车和燃料电池电动汽车的总称。

2. 纯电动汽车（BEV）是指完全由可充电电池提供动力源的汽车。

3. 混合动力电动汽车（HEV）是指能够至少从可消耗的燃料和可再充电能/能量储存装置两类车载存储的能量中获得动力的汽车。

4. 燃料电池电动汽车（FCEV）是以燃料电池系统作为单一动力源或者是以燃料电池系统与可充电储能系统作为混合动力源的电动汽车。

5. 以压缩天然气和液化石油气作为燃料的汽车，称为压缩天然气汽车（CNGV）和液化石油气汽车（LPGV），它们是一种低污染汽车。

6. 其他代用燃料汽车主要有醇类燃料汽车、二甲醚（DME）汽车、灵活燃料汽车（FFV）等，其共同特点是能有效地降低汽车有害气体排放。

7. 太阳能汽车是将太阳能转化为电能的汽车，由太阳电池组成供电系统向驱动电机供电，驱动汽车行驶。

📖 习题与思考题

1. 名词解释：EV、BEV、HEV、FCEV、CNGV、LPGV、燃料电池、太阳电池、太阳能汽车。

2. 上网检索我国电动汽车的发展现状，并给出自己的观点。

3. 调查一下当地有否CNG和LPG燃气汽车，分析其运用前景。

第3章　智能网联汽车

【本章内容架构】

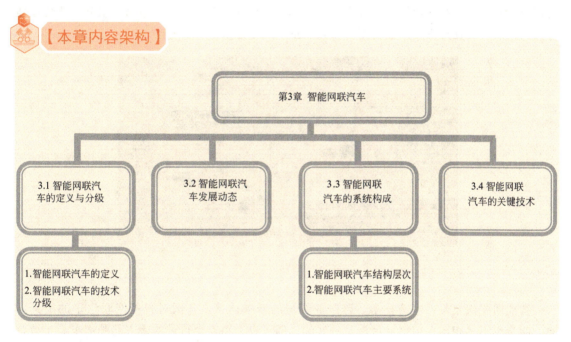

第3章 智能网联汽车

| 3.1 智能网联汽车的定义与分级 | 3.2 智能网联汽车发展动态 | 3.3 智能网联汽车的系统构成 | 3.4 智能网联汽车的关键技术 |

1.智能网联汽车的定义
2.智能网联汽车的技术分级

1.智能网联汽车结构层次
2.智能网联汽车主要系统

【学习目标要求、重点与难点】

序号	学习目标要求	学习重点	学习难点
1	掌握智能网联汽车的定义及分级	√	
2	了解智能网联汽车的发展动态		
3	掌握智能网联汽车的系统构成	√	√
4	了解智能网联汽车的关键技术	√	
5	能够现场识别智能网联汽车的主要部件	√	
6	培养学生崇尚科学、热爱专业和献身祖国的精神	√	√

【问题导入】

　　请上网检索我国智能网联汽车发展现状，并发表您的看法。

3.1　智能网联汽车的定义与分级

知识点1　智能网联汽车的定义

　　智能网联汽车（图3-1）是新一轮科技革命背景下的新兴产业，可显著改善交通安全、实现节能减排、减缓交通拥堵、提高交通效率，并拉动汽车、电子、通信、服务、社会管理等协同发展，对促进汽车产业转型升级具有重大战略意义。

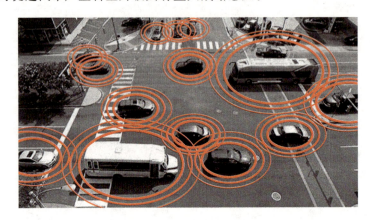

图3-1　智能网联汽车

　　智能网联汽车是一个跨技术、跨产业领域的新兴体系。各国对智能网联汽车的定义不同，叫法也不尽相同，但终极目标是一样的，即可以上路安全行驶的无人驾驶汽车。

　　从狭义上讲，智能网联汽车是搭载先进的车载传感器、控制器、执行器等装置，并融合现代通信与网络技术，实现车与X（车、道路、行人及后台等）智能信息交换共享，具备复杂的环境感知、智能决策、协同控制和执行等功能，可实现安全、舒适、节能、高效行驶，并最终可替代人来操作的新一代汽车。

　　从广义上讲，智能网联汽车是以车辆为主体和主要节点，融合现代通信和网络技术，使车辆与外部节点实现信息共享和协同控制，以达到车辆安全、有序、高效、节能行驶的新一代多车辆系统。

知识点2　智能网联汽车的技术分级

　　汽车从需要驾驶人全神贯注驾驶到不需要驾驶人就可以自行驾驶，要经历几个阶段。智能网联汽车技术分级各国家不完全相同的。美国智能网联汽车的分级见表3-1。从智能化维度和网联化维度，我国智能网联汽车的分级分别见表3-2和表3-3。

表 3-1　美国智能网联汽车的分级

自动化等级（SAE）	名称	定义	主体			
			驾驶人操作	周边监控	支援	系统作用域
0	无自动化	所有操作均由人完成，仅包含警告类系统的辅助功能	人类驾驶者	人类驾驶者	人类驾驶者	无
1	驾驶辅助	系统根据环境感知信息，执行转向或加减速中的某一项操作，其他驾驶都由人完成	人类驾驶者系统	人类驾驶者	人类驾驶者	部分
2	部分自动驾驶	系统根据环境感知信息，执行转向和加减速操作，其他驾驶操作都由人完成	系统	人类驾驶者	人类驾驶者	部分
3	有条件自动驾驶	系统完成所有驾驶操作，根据系统请求，驾驶人需要提供适当的干预	系统	系统	系统	部分
4	高度自动驾驶	系统完成所有驾驶操作，特定环境下系统会向驾驶人提出响应请求，驾驶人可以对系统请求不进行响应	系统	系统	系统	部分
5	完全自动驾驶	系统可以完成驾驶人能够完成的所有道路环境下的操作，不需要驾驶人介入	系统	系统	系统	全域

表 3-2　我国智能网联汽车的分级（从智能化维度分）

智能化等级	等级名称	等级定义	控制	监视	失效应对	典型工况
人监控驾驶环境						
1（DA）	驾驶辅助	系统根据环境信息执行转向和加减速中的一项操作，其他驾驶操作都由人完成	人与系统	人	人	车道内正常行驶，高速公路无车道干涉路段，泊车工况
2（PA）	部分自动驾驶	系统根据环境信息执行转向和加减速操作，其他驾驶操作都由人完成	人与系统	人	人	高速公路及市区无车道干涉路段，换道、环岛绕行、拥堵跟车等工况
自动驾驶系统（"系统"）监控驾驶环境						
3（CA）	有条件自动驾驶	系统完成所有驾驶操作，根据系统请求，驾驶人需要提供适当的干预	系统	系统	人	高速公路正常行驶工况，市区无车干涉路段
4（HA）	高度自动驾驶	系统完成所有驾驶操作，特定环境下系统会向驾驶人提出响应请求，驾驶人可以对系统请求不进行响应	系统	系统	系统	高速公路全部工况及市区有车道干涉路段
5（FA）	完全自动驾驶	系统可以完成驾驶人能够完成的所有道路环境下的操作不需要驾驶人介入	系统	系统	系统	所有行驶工况

表 3-3　我国智能网联汽车的分级（从网联化维度分）

网联化等级	等级名称	等级定义	控制	典型信息	传需要求
1	网联辅助信息交互	基于车-路、车-后台通信，实现导航等辅助信息的获取以及车辆行驶与驾驶人操作等数据的上传	人	地图、交通流量、交通标志、油耗、里程等信息	传输实时性、可靠性要求较低
2	网联协同感知	基于车-车、车-路、车-人、车-后台通信，实时获取车辆周边交通环境信息，与车载传感器的感知信息融合，作为自主决策与控制系统的输入	人与系统	周边车辆/行人/非机动车位置、信号灯相位、道路预警等信息	传输实时性、可靠性要求较高
3	网联协同决策与控制	基于车-车、车-路、车-人、车-后台通信，实时并可靠获取车辆周边交通环境信息及车辆决策信息，车-车、车-路等各交通参与者之间信息进行交互融合，形成车-车、车-路等各交通参与者之间的协同决策与控制	人与系统	车-车、车-路间的协同控制信息	传输实时性、可靠性要求最高

3.2　智能网联汽车发展动态

　　国外从 20 世纪 70 年代就开始系统布局和研究智能网联汽车。如 1984 年 9 月美国国防部与陆军合作发起的自主地面车辆（ALV）战略计划，欧盟 1984 年开始实施研发框架计划（Framework Program，FP），日本从 1991 年开始支持先进安全汽车（ASV）项目。

　　21 世纪初，各个国家及企业都制定了智能汽车发展战略及目标，投入了大量的资金及资源进行研发试制。如 2005 年美国谷歌研制的无人驾驶汽车（图 3-2）。2010 年，美国交通运输部提出《智能交通系统战略计划 2010—2014》，2018 年 10 月发布的《未来交通准备：自动驾驶 3.0》。欧盟 2012 年制定了《欧盟未来交通研究与创新计划》，提出在 2030

图 3-2　谷歌无人驾驶汽车

年进入完全自动驾驶社会。日本 2013 年提出了"世界最顶尖的 IT 国家创造宣言"，在 2017 年的官民 ITS 构想及线路图中，提出到 2025 年，将实现高速公路上的 L4 级自动驾驶。

【温馨提示】

　　智能网联汽车视频请扫教学资源 3 对应的二维码 进行观看。

　　目前智能网联汽车在国际范围内已经进入了快速发展阶段，智能化与网联化功能正在加速融合。从智能化与自动驾驶角度，L1 级（驾驶辅助）与 L2 级（部分自动驾驶）系统已经开始大规模装车量产，L3 级（有条件自动驾驶）与 L4 级（高度自动驾驶）系统正在进行研发

与测试，已部分开始小规模量产，L5级（完全自动驾驶）已在部分路段测试与试运行。

我国从20世纪90年代中期开始进行无人驾驶汽车的研究，如国防科技大学等在1992年研制出了我国第一辆无人驾驶汽车（图3-3）。

2015年国务院发布《中国制造2025》，提出中国智能网联汽车的目标是：2020年DA、PA、CA新车装备率超过50%；2025年DA、PA、CA新车装备率达到80%（其中PA、CA新车装备率达到25%），HA、FA开始进入市场；2030年DA、PA、CA新车装备率以及汽车网联率均接近100%，HA、FA新车装备率达到10%。

2016年工业和信息化部发布了《智能网联汽车技术路线图》（图3-4）。2018年1月，国家发展和改革委员会发布了《智能汽车创新发展战略》。2020年2月10日国家11部委联合发布了

图3-3 国防科技大学无人驾驶汽车

"关于印发《智能汽车创新发展战略》的通知"，提出到2025年，实现有条件自动驾驶的智能汽车达到规模化生产，2035—2050年，我国标准智能汽车体系全面建成。

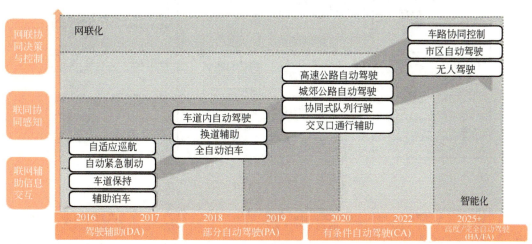

图3-4 中国智能网联汽车技术路线

国内的高校科研院所、整车企业、零部件企业、互联网企业也纷纷投入力量开展智能网联汽车先进技术研发与产业化应用。长安汽车在国内率先完成了重庆至北京的2000km长途自动驾驶测试。百度于2014年启动"A-pollo"自动驾驶汽车研发计划，并于2018年7月4日，发布了全球首款L4级自动驾驶巴士"阿波龙"，第100辆"阿波龙"量产下线如图3-5所示。

图3-5 百度第100辆"阿波龙"量产下线

华为大力布局 C-V2X 系统，与中国移动、公安部等合作，在无锡等地开展了 5G 自动驾驶应用示范。

智能网联汽车的系统构成

知识点 1　智能网联汽车结构层次

智能网联汽车以汽车为主体，利用环境感知技术实现多车辆有序安全行驶，通过无线通信网络等手段为用户提供多样化信息服务。智能网联汽车由环境感知层、智能决策层、控制和执行层组成，如图 3-6 所示。

图 3-6　智能网联汽车结构层次

1. 环境感知层

环境感知层的主要功能是通过车载环境感知技术、卫星定位技术、4G/5G 及 V2X 无线通信技术等，实现对车辆自身属性（如加速、减速、制动等）和车辆外在属性（如道路、车辆和行人等）静态信息及动态信息的提取和收集，并向智能决策层输送信息。

2. 智能决策层

智能决策层的主要功能是接收环境感知层的信息并进行融合，对道路、车辆、行人、交通标识和交通信号等进行识别，决策分析和判断车辆驾驶模式和将要执行的操作，并向控制和执行层输送指令。

3. 控制和执行层

控制和执行层的主要功能是按照智能决策层的指令，对车辆进行操作和协同控制（如转向控制、制动控制等），并为联网汽车提供道路交通信息、安全信息、娱乐信息、救援信息及商务办公、网上消费等，保障汽车安全行驶和舒适驾驶。

知识点2 智能网联汽车主要系统

从功能角度上讲，智能网联汽车与一般汽车相比，主要增加了环境感知与定位系统、无线通信系统、车载自组织网络系统和先进驾驶辅助系统等。

1. 环境感知与定位系统

环境感知与定位系统的主要功能是通过各种传感技术和定位技术感知车辆本身状况和车辆周围状况。传感器主要包括车轮转速传感器、加速度传感器、微机械陀螺仪、转向盘转角传感器、超声波传感器、激光雷达、毫米波雷达、视觉传感器等。通过这些传感器，感知车辆行驶速度、行驶方向、运动姿态、道路交通情况等。定位技术主要有全球定位系统（GPS）和中国北斗卫星导航系统等。

2. 无线通信系统

无线通信系统分为短距离无线通信技术和远距离无线通信技术，主要功能是传输各种数据和信息。短距离无线通信技术为车辆安全系统提供实时响应的保障并为基于位置信息的服务提供有效支持。用于智能网联汽车的短距离无线通信技术还没有统一标准，处于起步阶段，但短距离无线通信技术在其他领域应用比较广泛，如蓝牙技术、ZigBee技术、WiFi技术、UWB技术、60GHz技术、IrDA技术、RFID技术、NFC技术、专用短程通信技术等。远距离无线通信技术用于提供即时的互联网接入，主要有移动通信技术、微波通信技术、卫星通信技术等，在智能网联汽车上的应用主要是4G/5G技术。智能网联汽车无线通信技术标准有望世界统一。

3. 车载自组织网络系统

车载自组织网络依靠短距离无线通信技术实现V2X（车对外界）之间的通信，是在一定通信范围内可以实现V2V（车辆对车辆）、V2I（车辆对基础设施）、V2P（车辆对行人）之间相互交换各自的信息，并自动连接建立起一个移动的网络。其典型应用包括车辆行驶安全预警、辅助驾驶、分布式交通信息发布及基于通信的纵向车辆行驶控制等。

4. 先进驾驶辅助系统

先进驾驶辅助系统的主要功能是提前感知车辆及其周围情况，发现危险及时预警，保障车辆安全行驶，是预防交通事故的新一代前沿技术。先进驾驶辅助系统是智能网联汽车的重要组成部分，是无人驾驶汽车的关键技术。世界各大汽车公司纷纷开发各种驾驶辅助系统（名称不尽相同，但目标是一样的），有的已经量产开始装备使用，有的处于试验研究阶段。

3.4 智能网联汽车的关键技术

智能网联汽车的关键技术包含环境感知技术、无线通信技术、智能互联技术、车载网络技术、先进驾驶辅助技术、信息融合技术、信息安全与隐私保护技术、人机界面技术等。

1. 环境感知技术

环境感知包括车辆本身状态感知、道路感知、行人感知、交通信号感知、交通标识感

知、交通状况感知、周围车辆感知等（图 3-7）。车辆本身状态感知包括行驶速度、行驶方向、行驶状态、车辆位置等；道路感知包括道路类型检测、道路标线识别、道路状况判断、是否偏离行驶轨迹等；行人感知主要判断车辆行驶前方是否有行人，包括白天行人识别、夜晚行人识别、被障碍物遮挡的行人识别等；交通信号感知主要是自动识别交叉路口的信号灯、如何高效通过交叉路口等；交通标识感知主要是识别道路两侧的各种交通标识（如限速、弯道等），及时提醒驾驶人注意；交通状况感知主要是检测道路交通拥堵情况、是否发生交通事故等，以便车辆选择通畅的路线行驶；周围车辆感知主要检测车辆前方、后方、侧方的车辆情况，避免发生碰撞，也包括交叉路口被障碍物遮挡的车辆。在复杂路况的交通环境下，单一传感器无法完成环境感知的全部，必须整合各种类型的传感器，利用传感器融合技术，使其为智能网联汽车提供更加真实可靠的路况环境信息。

2. 无线通信技术

无线通信技术分为长距离无线通信技术和短距离无线通信技术。长距离无线通信技术用于提供即时的互联网接入，主要采用 4G/5G 技术，特别是 5G 技术有望成为车载长距离无线通信专用技术。短距离通信技术包括专用短程通信技术、蓝牙、WiFi 等，其中专用短程通信技术可以实现在特定区域内对高速运动下移动目标的识别和双向通信（如 V2V、V2I 双向通信），实时传输图像、语音和数据信息等，其重要性高且亟须发展（图 3-8）。

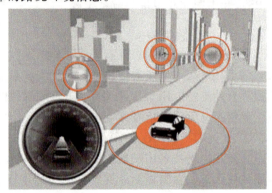

图 3-7　智能网联汽车环境感知技术

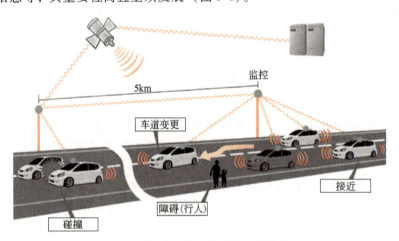

图 3-8　智能网联汽车无线通信技术

3. 智能互联技术

当两辆车距离较远或中间被障碍物遮挡，无法完成直接通信时，两辆车之间的通信可以通过路侧单元进行信息传递，构成一个无中心、完全自组织的车载自组织网络。车载自组织网络依靠短距离通信技术实现 V2V 通信和 V2I 通信，使在一定通信范围内的车辆可以相互交换各自的车速、位置等信息和车载传感器感知的数据，并自动连接建立起一个移动的网

络。其典型的应用包括行驶安全预警、交叉路口协助驾驶、交通信息发布及基于通信的纵向车辆控制等（图3-9）。

4. 车载网络技术

目前汽车上广泛应用的网络是CAN、LIN和MOST总线等，它们的特点是传输速率小、带宽窄。随着越来越多的高清视频应用嵌入汽车系统，如ADAS、360°全景泊车系统和蓝光DVD播放系统等，它们的传输速率和带宽已无法满足需要。以太网最有可能进入智能网联汽车环境下工作，它采用星形连接架构，每一个设备或每一条链路都可以专享100Mbit/s的带宽，而且传输速率达到万兆级。同时，以太网还可以顺应未来汽车行业的发展趋势，即具有开放性和兼容性，从而可以很容易将现有的应用嵌入新的系统中。

图3-9 智能网联汽车智能互联技术

5. 先进驾驶辅助技术

先进驾驶辅助技术是通过车辆环境感知技术和自组织网络技术对道路、车辆、行人、交通标识、交通信号等进行检测和识别，对识别信号进行分析处理然后传输给执行机构，保障车辆安全行驶。先进驾驶辅助技术是智能网联汽车重点发展的技术，其成熟程度和使用多少代表了智能网联汽车的技术水平，是其他关键技术的具体应用体现。目前已经成熟应用的先进驾驶辅助技术有自动辅助导航驾驶、自动辅助变道、自动紧急制动、自动泊车、自适应前照明、驾驶人疲劳预警等。

6. 信息融合技术

信息融合技术是指在一定准则下利用计算机技术对多源信息进行分析和综合以实现不同应用的分类任务而进行的处理过程。该技术主要用于对多源信息进行采集、传输、分析和综合，将不同数据源在时间和空间上的冗余信息或互补信息依据某种准则进行组合，进而整合出完整、准确、及时、有效的综合信息。智能网联汽车采集和传输的信息种类多、数量大，必须采用信息融合技术才能保障实时性和准确性。

7. 信息安全与隐私保护技术

智能网联汽车接入网络的同时也带来了信息安全的问题，在实际应用中，每辆车及其车主的信息都将随时随地的传输到网络中被感知。这种暴露在网络中的信息很容易被窃取、干扰甚至修改，从而直接影响智能网联汽车体系的安全，因此在智能网联汽车中，必须重视信息安全与隐私保护技术的研究。

8. 人机界面技术

目前，人机界面技术，尤其是语音控制、手势识别和触摸屏技术，在全球未来汽车市场上将被大量采用。智能网联汽车人机界面应集成车辆控制、功能设定、信息娱乐、导航系统、车载电话等多项功能，方便驾驶人快捷地从中查询、设置、切换车辆系统的各种信息，

从而使车辆达到理想的运行和操纵状态。未来车载信息显示系统和智能手机将无缝连接,人机界面提供的输入方式将会有多种选择,通过使用不同的技术允许消费者能够根据不同的操作、不同的功能进行自由切换。

本章小结

1. 智能网联汽车是搭载先进的车载传感器、控制器、执行器等装置,并融合现代通信与网络技术,实现车与X(车、道路、行人及后台等)智能信息交换共享,具备复杂的环境感知、智能决策、协同控制和执行等功能,可实现安全、舒适、节能、高效行驶,并最终可替代人来操作的新一代汽车。

2. 智能网联汽车按照智能化程度在我国分为5级,分别是1级(DA,驾驶辅助)、2级(PA,部分自动驾驶)、3级(CA,有条件自动驾驶)、4级(HA,高度自动驾驶)、5级(FA,全自动驾驶)。

3. 智能网联汽车以汽车为主体,利用环境感知技术实现多车辆有序安全行驶,通过无线通信网络等手段为用户提供多样化信息服务。智能网联汽车由环境感知层、智能决策层、控制和执行层组成。

4. 智能网联汽车的关键技术包含环境感知技术、无线通信技术、智能互联技术、车载网络技术、先进驾驶辅助技术、信息融合技术、信息安全与隐私保护技术、人机界面技术等。

习题与思考题

1. 检索资料,简析我国智能网联汽车的发展现状与方向。
2. 描述智能网联汽车的系统构成。
3. 简述智能网联汽车的关键技术。

第4章 汽车选购

【本章内容架构】

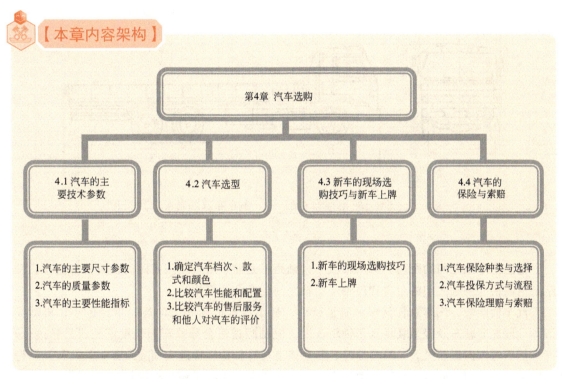

【学习目标要求、重点与难点】

序号	学习目标要求	学习重点	学习难点
1	熟悉汽车的主要性能指标	√	
2	掌握汽车选购的基本原则	√	
3	理解新车的挑选验收	√	
4	学会汽车的上牌程序	√	
5	学会汽车保险的主要险种	√	
6	掌握汽车投保险种的方案选择	√	
7	熟悉汽车理赔基本流程	√	
8	培养学生努力实践、提高技能的作风和献身祖国的精神	√	√

【问题导入】

你是老司机了，且买车多年。一位准备购车的朋友问你：我准备买车了，落地价格不超过 20 万元，你给我一些建议，买什么车好？交车时应注意哪些问题？车辆商业保险买哪些险种比较好？对此你会给出什么样的建议？

4.1 汽车的主要技术参数

知识点 1 汽车的主要尺寸参数

汽车的主要尺寸参数包括轴距、轮距、总长、总宽、总高、前悬、后悬等（图 4-1）。

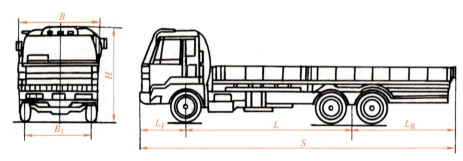

图 4-1　汽车主要尺寸参数

S—总长　B—总宽　H—总高　L—轴距　B_1—前轮距　L_F—前悬　L_R—后悬

1. 轴距 L

轴距指车轴之间的距离。对双轴汽车，轴距就是前、后轴之间的距离；对三轴汽车，轴距是指前轴与中轴之间的距离和前轴与后轴之间的距离的平均值。

汽车轴距短，汽车总长就短，质量就小，最小转弯半径和纵向通过半径也小，机动灵活，一般普通轿车及轻型载货汽车轴距较短。但轴距过短会导致车厢长度不足或后悬过长，汽车行驶时纵向振动过大，汽车加速、制动或上坡时轴荷转移过大而导致其制动性和操纵稳定性变差，以及万向节传动的夹角过大等。一般货车、中高级轿车轴距较长。

2. 前、后轮轮距 B_1、B_2

汽车轮距对总宽、总质量、横向稳定性和机动性都有较大影响。轮距越大，则悬架的角度越大，汽车的横向稳定性越好。但轮距过大，会使汽车的总宽和总质量过大。

3. 汽车的外廓尺寸

汽车的外廓尺寸指总长 S、总宽 B 和总高 H。我国对公路车辆的限制尺寸是：总高≤4m，总宽（不包括后视镜）≤2.55m，左、右后视镜等凸出部分的侧向尺寸总共≤250mm；总长对于不同类型汽车也有不同要求。

4. 汽车的前悬 L_F 和后悬 L_R

汽车前悬：汽车前端至前轮中心的悬置部分。前悬处要布置发动机（发动机前置汽车）、弹簧前支架、车身前部、保险杠和转向器等，要有足够的纵向布置空间。前悬也不宜过长，否则会使汽车的接近角过小而影响通过性。

汽车后悬：汽车后端至汽车后轮中心的悬置部分。后悬长度主要与货箱长度、轴距及轴荷分配有关。后悬也不宜过长，否则会使汽车的离去角过小而引起上、下坡时刮地，同时转弯也不灵活。

知识点 2　汽车的质量参数

汽车的质量参数主要指汽车的装载质量、整备质量、总质量、整备质量利用系数和轴荷分配等。

1. 汽车的装载质量

载客汽车：以座位数或载客量计。

载货汽车：以其在良好的硬路面上行驶时所装载货物质量的最大限额（t）计。超载将导致车辆早期损坏，制动距离变长，甚至造成交通事故。

2. 汽车的整备质量

汽车的整备质量指汽车在加满燃料、润滑油、工作液（如制动液）及发动机冷却液并装备（随车工具及备胎等）齐全后但未载人、载货时的总质量。整备质量越小的汽车，燃油消耗越少，经济性越好。

3. 汽车的总质量

汽车的总质量指已整备完好、装备齐全并按规定载满客、货时的汽车质量。

4. 汽车的整备质量利用系数

汽车的整备质量利用系数指载货汽车的装载量与其整备质量之比。它表明单位汽车整备质量所承受的汽车装载质量。此系数越大表明该车型的材料利用率及设计与工艺水平越高。

5. 汽车的轴荷分配

汽车的轴荷分配指汽车空载和满载时的整车质量分配到各个车轴上的百分比。它对汽车的牵引性、通过性、制动性、操纵性和稳定性等主要性能以及轮胎的寿命，都有很大的影响。

知识点 3　汽车的主要性能指标

汽车的主要性能指标有汽车的动力性能（最高车速、加速时间、爬坡性能）、经济性能（汽车的燃油消耗量）、制动性能（汽车的制动距离）、通过性能（最小转弯半径、汽车的最小离地间隙、接近角、离去角、纵向通过角）、操纵稳定性、汽车有害物排放、噪声和起动性能等。

1. 汽车的最高车速

汽车的最高车速指在水平良好路面（混凝土或沥青）上和规定装载质量条件下汽车所能达到的最高车速（km/h），它是汽车的一个重要动力性能指标。目前普通乘用车最高车速一般设计为 150~200km/h。

2. 汽车的加速时间

汽车的加速时间指汽车加速到一定车速所需要的时间，常用原地起步加速时间与超车加速时间表示，它也是汽车动力性能的重要指标。乘用车常用 0—100km/h 的换档加速时间来评价。

3. 汽车的爬坡性能

汽车的爬坡性能指汽车在良好路面满载等速行驶的最大爬坡度，一般要求在 30%（即 16.7°）左右。越野车要求更高，一般在 60%（即 31°）左右。

4. 发动机的有效功率

发动机曲轴输出的功率称为有效功率。

发动机制造厂按国家规定所标定的发动机有效功率称为标定功率。发动机铭牌上标明的功率就是标定功率。我国内燃机功率标定分为四级，见表 4-1。

表 4-1　我国内燃机功率标定

分　级	含　义	应　用
15min 功率	在标准环境条件下，内燃机能连续稳定运转 15min 时的最大有效功率	汽车等
1h 功率	在标准环境条件下，内燃机能连续稳定运转 1h 时的最大有效功率	工程机械、拖拉机等
12h 功率	在标准环境条件下，内燃机能连续稳定运转 12h 时的最大有效功率	部分拖拉机和电站等
持续功率	在标准环境条件下，内燃机能长期连续稳定运转的最大有效功率	铁路机车、船舶和发电机组等

对于相同排量的发动机，功率越大，动力性能越好。为了衡量不同发动机的动力性能，发动机还常采用升功率做比较。升功率是指发动机在标定工况下每升气缸工作容积所发出的有效功率。升功率越大，发动机动力性能越好。

5. 汽车的燃油消耗量

汽车的燃油消耗量通常以百公里油耗衡量，即汽车在良好的水平硬路面以一定载荷（乘用车半载、货车满载）及最高档等速行驶时的百公里燃油消耗量，单位为 L/100km。它是汽车的燃油经济性常用的评价指标。

6. 汽车的制动距离

汽车的制动距离指汽车在良好的试验跑道上以规定的车速紧急制动（紧急制动时踏板力对乘用车要求≤500N；对其他车要求≤700N）时，由踩制动踏板起到完全停车时的距离。按 GB 7258—2017 要求，乘用车空载时，50km/h 初速度的制动距离应≤19m，不同类型的汽车有不同的制动距离要求。

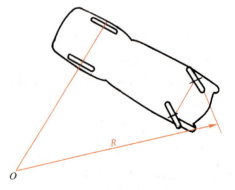

7. 最小转弯半径

当转向盘转到极限位置、汽车以最低稳定车速

图 4-2　汽车最小转弯半径

转向行驶时，外侧转向轮的中心平面在支承平面上滚过的轨迹圆半径 R 称为汽车最小转弯半径（图4-2）。它表征了汽车能够通过狭窄弯曲地面的能力。最小转弯半径越小，汽车的机动性越好。乘用车的最小转弯半径一般为轴距的 2~2.5 倍。

8. 汽车的最小离地间隙

汽车的最小离地间隙指汽车满载、静止时，平直地面与汽车上的中间区域最低点之间的距离 h（图4-3）。它反映了汽车无碰撞地通过地面凸起的能力。

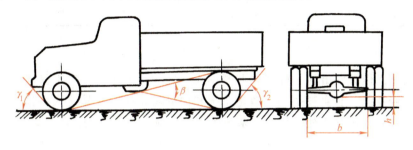

图4-3　汽车通过性指标

h—最小离地间隙　b—两侧轮胎内缘间距　γ_1—接近角　γ_2—离去角　β—纵向通过角

9. 接近角 γ_1

接近角 γ_1 指汽车满载、静止时，前端凸出点向前轮所引切线与地面间夹角（图4-3）。γ_1 越大，越不易发生汽车前端触及地面的情况，通过性越好。

10. 离去角 γ_2

离去角 γ_2 指汽车满载、静止时，后端凸出点向后轮所引切线与地面间的夹角（图4-3）。γ_2 越大，越不易发生汽车后端触及地面的情况，通过性越好。

11. 纵向通过角 β

纵向通过角 β 指汽车满载、静止时，垂直于汽车纵向中心平面，分别与前、后车轮轮胎相切后相交并与底盘刚性部件（除车轮）接触的两个平面形成的最小锐角（图4-3）。它决定了车辆所能通过的最陡坡度。β 越大，汽车通过性越好。

12. 汽车有害物排放

汽车有害物排放主要来自发动机，有一氧化碳（CO）、氮氧化物（NO_x）、碳氢化合物（HC）、光化学烟雾、醛类和微粒（含炭烟）、二氧化硫（SO_2）等，其主要危害见表4-2。

表4-2　发动机主要有害物排放及危害

有害物排放	有害物特征	危　害
CO	无色、无臭、有毒气体	使人出现恶心、头晕、疲劳等缺氧症状，严重时窒息死亡
NO_x	赤褐色带刺激性的气体	伤害心、肝、肾。光化学反应生成臭氧和醛等
HC	刺激性的气体	破坏造血机能，造成贫血、神经衰弱，降低肺对传染病的抵抗力。光化学反应生成臭氧和醛等

（续）

有害物排放	有害物特征	危　害
光化学烟雾	HC 与 NO_x 在阳光作用下所形成的烟雾,有刺激性	降低大气可见度,伤害眼睛、咽喉,影响植物生长
醛类	较强的刺激性臭味	伤害眼睛、上呼吸道、中枢神经
微粒	碳烟等	伤害肺组织
SO_2	无色、刺激性气体	刺激鼻喉,引起咳嗽、胸闷、支气管炎等

13. 噪声

噪声是汽车工作时发出的一种声强和频率无一定规律的声音。它不仅损害人的听觉器官，还伤害神经系统、心血管系统、消化系统和内分泌系统，容易使人心情烦躁，反应迟钝，甚至造成耳聋，诱发高血压和神经系统的疾病，应该给予控制。我国现行的标准（GB 1495—2002）规定，2005 年 1 月 1 日后生产的家用轿车（M1 类）加速行驶车外，噪声限值不得大于 74dB（A）。

14. 起动性能

起动性能是表征汽车发动机起动难易的指标。发动机起动性能好，便于汽车起步行驶，同时减少了起动时的功率消耗和发动机的磨损。

起动性能一般以一定条件下的起动时间长短来衡量。

15. 可靠性和耐久性

可靠性是指发动机在规定的运转条件下，具有持续工作、不会因为故障而影响正常运转的能力。可靠性一般以保证期内的不停车故障数、停车故障数、更换主要零件和重要零件数等具体指标来衡量。

耐久性是指发动机在规定的运转条件下，长期工作而不大修的性能。耐久性一般以发动机从开始使用到第一次大修前累计运转的时间表示。

4.2　汽车选型

随着我国家用汽车逐渐普及，购买到称心如意的汽车是广大车主的愿望，本书对选购家庭轿车的基本原则和方法提供一些意见和策略，供参考。

知识点 1　确定汽车档次、款式和颜色

1. 确定汽车档次

汽车档次分微型轿车、普通轿车、中级轿车、中高级轿车和高级轿车等，其对应的排量和参考价格见表 4-3。

购车时首先应考虑购车目的和家庭的经济条件，量力而行。在考虑汽车费用支出时，不仅要考虑汽车售价，还应综合考虑附加费（包括车辆购置税、牌证费、保险费、车船使用税、日常的使用费等）。高档车各方面的收费都较高。

表 4-3　汽车档次对应的排量和参考价格

汽车档次	发动机排量/L	参考价格/万元	车辆性能	购车目的	适用家庭
微型轿车	≤1	≤5	一般	代步	经济一般
普通轿车	1~1.6	5~10	较好	代步、公务	经济中等
中级轿车	1.6~2.5	10~15	好	公务、代步	经济较好
中高级轿车	2.5~4	15~25	豪华	公务、代步	经济好
高级轿车	≥4	≥25	超豪华	公务、享乐	经济很好

我国 2004 年颁布的"汽车产业发展政策"提出"引导汽车消费者购买和使用低能耗、低污染、小排量、新能源、新动力的汽车，加强环境保护"，对购买小排量汽车也有许多优惠政策，值得提倡。

有些购车者面临着进口车的选择问题。社会上流传有"日系车省油、德系车安全、法系车时尚、美系车大气"的说法，其有一定历史背景，可以参考。

一般而言，美国车系（通用、福特、克莱斯勒）材质优良、动力强劲、乘坐舒适、驾驶安全，但油耗偏高。近年美国汽车公司也吸收了日本车系的理念和技术，推出了一些针对中国消费特点的经济实用型轿车。

欧洲车系底盘扎实、悬架系统较好、注重操纵性、追求驾驶乐趣、制造工艺精良。德国汽车的刚劲沉稳、法国汽车超凡的操纵性、意大利汽车出色的性能，一直为世人称道。

日本车系轻巧美观、造型新颖、油耗低、使用效率高、注重经济性、装饰做工细腻，灌注了东方人精微细腻的心理特征，在为乘员着想方面做得无微不至。无论车门缝隙的大小、漆面的光滑平整度还是车厢的焊接工艺，日本汽车都非常出色。

相同排量和配置的进口车，由于关税原因，价格一般比国产车高，各种其他税费及日后的配件及使用费等都较高，应全面考虑。现在世界主要汽车大公司普遍与我国汽车公司合资，并根据我国实际情况引入或设计车型，生产出来的汽车质量都比较好。

2. 确定汽车款式

现代汽车根据不同人的要求，设计有不同的款式供选择，个性化强，用户可以根据自己喜欢的款式，随意选择。不同汽车款式特点如下。

（1）**三厢车**　三厢车的车尾有密封的行李舱，在空气调节及音响分布方面更有利于乘员，乘员之间交谈时也比较方便。其缺点是扁阔的行李舱放不下较大件的行李，而且乘员在行车时，也照顾不到放在行李舱的东西。

（2）**两厢车**　两厢车的车尾没有行李舱，所以摆放简单行李的位置是在后座位靠背的后面，使车身的长度缩短了很多，转向更加灵活；此外，在停车时不用估计行李舱的长度，所以容易预算位置，给初学驾驶者带来不少的方便。

（3）**MPV 和 SUV 汽车**　MPV（Multi-Purpose Vehicle）（图 4-4）就是"多用途客车"，它可以用作家用车，也可以用作商务车，还可以用作休闲旅行车，甚至可被当作小货车来使用，它兼具了轿车的舒适性和小型客车的较大空间，一般为单厢式结构，即俗称的"子弹头"。

SUV（Sport Utility Vehicle）汽车（图 4-5）是指造型新颖的多功能越野车，它不仅具有 MPV 的多功能性，而且还有越野车的越野性。

图 4-4　MPV

图 4-5　SUV

　　MPV 和 SUV 都具有车身较高、视野较广阔、座位较高的特点，坐在上面，就好像坐在客厅的椅子上一样，身体与腿部成 90°，令长途行车也不易感觉疲倦。

图 4-6　轿跑车

　　(4) **轿跑车**（图 4-6）　轿跑车兼有轿车和跑车的特点，一方面强调要善于奔跑、具有运动性，另一方面又不能丢掉轿车载人、实用的功能。

　　轿跑车可以在轿车基础上增添跑车元素（例如奔驰 CLS），也可以是跑车基础上套用轿车的实用性元素（例如马自达 RX-8、玛莎拉蒂 Quattroporte）。

3. 汽车颜色选择

　　(1) **颜色与心理感觉**　汽车的颜色五花八门，不同颜色给人的感觉不同。

　　银灰色是最能反映汽车本质的颜色，看见银灰色就想起了金属材料，整体感很强。美国杜邦公司的调查结果显示，银色汽车最具人气，也最具运动感。

　　白色给人以明快、活泼、清洁、朴实大方的感觉，容易与外界环境吻合协调。另外，白色是膨胀色，容易使小车显大。日本汽车在 20 世纪 80 年代有白色代表高级的说法，白色车的销量曾经占到过总销量的 70%。另外，白色车相对中性，男女都很适合驾驶。

　　黑色是一种矛盾的颜色，既代表保守和自尊，又代表新潮和性感，给人以庄重、尊贵、严肃的感觉。黑色也容易与外界环境相吻合。黑色一直是公务车最受青睐的颜色，高档汽车用黑色显得气派十足，但低档车最好不要选用黑色。

　　红色给人以跳跃、兴奋、欢乐的感觉。红色是膨胀色，同样可以使小车显大。阳光下感觉如同一团火焰，非常提神，用于跑车或运动型车非常适合。

　　蓝色给人感觉是清爽、清凉、冷静、豪华和气派。

　　黄色给人以欢快、温暖、活泼的感觉。黄色是膨胀色，在环境视野中很显眼，跑车选用黄色非常适合，小型车用黄色也非常适合。出租车和工程抢险车的黄色，一是便于管理，二是便于人们及早地发现，可与其他汽车区别。私用车选用黄色的不多。

　　绿色有较好的可视性，这是大自然中森林的色彩，也是春天的色彩。小型汽车选绿色很

有个性，但豪华型车如果选用绿色，有点不伦不类的感觉。

实际汽车生产企业一般都准备了很多种颜色可供选择，如捷达汽车颜色高达 16 种，有些高档车更是准备了几十种颜色。选车时可以向销售商索取该车的色彩样本，选择自己钟爱的颜色，据此向销售商订货。

(2) **颜色与行车安全**　国内外大量科学研究表明，不同外表颜色汽车发生撞车等交通事故的概率不同。如图 4-7 所示，黑色汽车交通事故概率最高，而白色最安全。

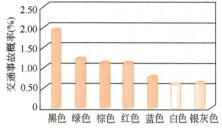

图 4-7　汽车颜色与行车安全

专家解析认为，首先，颜色是有进退性的，即所谓的前进色和后退色。例如，有红色、黄色、蓝色、黑色共 4 部轿车与你保持相同的距离，你就会觉得红色车和黄色车要离自己近一些，是前进色；而蓝色和黑色的轿车看上去较远，是后退色。前进色的视觉效果要比后退色好，看起来要近一些，驾驶人就会早一点时间察觉到危险情况。

其次，颜色有胀缩性，即膨胀色和收缩色。如将相同车身涂上不同的颜色，会产生体积大小不同的感觉。如黄色看起来感觉大一些，是膨胀色；而同样体积的黑色、蓝色感觉小一些，是收缩色。收缩色看起来比实际要小，尤其是傍晚和下雨天，常不为别的车辆和行人注意而诱发事故；黄色等为膨胀色，看起来比实际要大，不论远近都很容易引起注意。

知识点 2　比较汽车性能和配置

1. 比较汽车性能

汽车好坏的本质在于性能，应该从厂商提供的说明书，初步了解车辆的性能，汽车主要使用性能指标主要与如下汽车组成部分有关。

(1) **发动机**　发动机是汽车的"心脏"，它的性能决定了整车的动力性能、经济性能和排放性能。

一般发动机排量大，额定功率就大，牵引力就大，车速也会高，但百公里燃油消耗也高。从汽车说明书上可以直接看出上述指标，好的发动机应该要求"马儿跑得快，又要马儿少吃草"。

(2) **底盘**　汽车的底盘直接影响车辆的行驶安全、稳定性、舒适性和操作方便性，也影响汽车的动力经济性能。

汽车底盘的变速器有手动和自动两种类型可供选择。自动变速器的汽车少了一个离合器，可使驾驶人左脚完全解放出来，驾驶起来轻松多了，复杂路况不用分心去换档，思想集中，行车事故相对减少。对于驾驶经验不足者，采用自动变速器的汽车有很大的优越性。但使用自动变速器的汽车的价格要比使用手动变速器汽车的高，百公里油耗也稍高，加速要慢一些。

(3) **车身**　车身款式多样，可以从外观直接了解。车身总体尺寸（总长、总宽、总高、轴距、轮距等）在汽车说明书上都有标出。相同外形尺寸的车辆，轴距和轮距越大，车身稳定性越好，车内空间越大；缺点是占地面积大、转弯半径大、质量大、油耗高。

车身的设计还与油耗有很大关系，流线型越好的车空气阻力越小，越省油。

2. 比较汽车配置

一个系列的家用汽车，往往包括很多具体型号，它们之间可能外形没有很大区别，但内容却相差很多，价格也不尽相同。其价格区别在于汽车配置的不同。

这些配置主要包括：是否有空调装置、防抱制动装置（ABS）、安全气囊（SRS）、音响系统、全球定位系统（GPS、北斗卫星导航）、倒车雷达、铝合金轮毂、金属漆、转向助力装置、防撞侧杆、电动后视镜、电动门窗、天窗、防盗设施以及水杯托架、储物箱等，可以根据自己需要与条件选择。

安全配置要优先考虑。ABS、SRS 已经成为乘用车的必需配置。一些性格比较急躁的人，也应该充分考虑汽车的安全配置。

真皮座椅气派、美观、凉爽、透气性好、易于擦洗，适于南方炎热地区使用；北方人喜欢选用绒面或布面座椅。中国幅员辽阔，客观环境千差万别，挑选汽车时也要区别对待。

音响系统是必需的，但也不必要求太高。高保真音乐越动听，越容易分散驾驶时的注意力，增加出现事故的可能性。

知识点3　比较汽车的售后服务和他人对汽车的评价

1. 比较汽车的售后服务

车辆的售后服务是购车时应考虑的一个重要的环节，因为日后车辆的维护和维修要延续几年甚至十几年时间，良好的售后服务会给车主带来许多方便。

对比售后服务，一是要看所在的地区有多少确定购买的品牌汽车的专业维修点，维修点多，说明厂家重视售后服务，同时也可以有更多选择的余地；二是看这些专业维修点的维修水平、服务态度、价格标准。可以亲自前往专业维修点感受一下他们的服务，看看厂商给予他们何种授权及评价。

保修期长短是售后服务的重要内容。汽车在保修期内，厂家负责免费维修，只要不是人为因素，一般连维修配件都是免费的。

保修期分保修年数和行驶里程数两种，要分析比较。对于出租车、营运车来说，应按行驶里程数保修；而对私家车来说，应按保修年数保修。这也是选车时不能不考虑的一个因素。

2. 比较他人对汽车的评价

（1）请教专家　专家主要是指有经验的汽车修理工、驾驶员、销售人员、专业老师、管理人员等，他们常年与汽车打交道，所以最有发言权。

（2）请教身边购车者　可以向身边购车者咨询，如：最近跑长途了吗，路上时速多少，买来多久进的修理厂，修理厂的态度、性价比好吗，夏天开空调时凉快吗，开空调油耗多少，到野外去过吗，山道上跑得怎么样等。

（3）查询网上车友论坛　形形色色的有车族（包括无车的网民）在网站上发布了大量的帖子，语言生动、畅所欲言，信息量之大，任何媒体无可比拟，可以作为一个参照，当然，对于网上的信息必须注意筛选。

（4）留意新闻媒体的报道　近年来，新闻媒体对于汽车的报道越来越多，通常新闻媒体的报道正面为多，注意将不同媒体不同来源的消息放在一起分析，再得出结论。

还有一种方法，就是注意股市和股价的变化。我国主要的汽车制造企业都是上市公司，业绩会比较准确地反映到年报中，从而影响股价的变化。

4.3　新车的现场选购技巧与新车上牌

知识点 1　新车的现场选购技巧

选定了品牌、车型后，面临的应是怎样挑选和验收新车了，准车主们可参照以下步骤验收。

1. 查看出厂日期

出厂日期是该车从生产线上完成装配的日期，它往往被注明在发动机舱盖下面的一块小铝牌上。如果看到这个日期与买车的日期十分接近，说明该车较新。另外，新车的里程表上显示 10~20km 是正常的，可以认定为是"零公里"的新车。

2. 查看轮胎

零公里新车的轮胎是完全没有磨损的，包括轮胎制造过程中产生的细小痕迹以及刺状的凸起应保持完好。

3. 观察"跑冒滴漏"

打开发动机舱盖，观察发动机气缸体和气缸盖、油底壳之间有无润滑油渗漏，散热器周围有无水渍，蓄电池桩头附近有无污染和锈蚀，空调管路的接口处有无尘土黏连。

观察底盘，检查转向节附近有无渗油，驱动轴的防尘套是否完好，减振器周围有无尘土黏连，减振的橡胶零件有无变形，变速器和后桥的外壳是否有渗漏的油迹，或观察地面是否有滴油的痕迹。

4. 检查车门

试试车门开启是否灵活，听听车门开合时的声音。关门时，如果发出沉闷的砰砰声音，说明车门工艺精湛，密封性良好；如果关门时，发出清脆的啪啪声，说明车门工艺不好，密封性差。

5. 观察车身

应首先注意发动机舱盖、行李舱盖以及车门装配的几何尺寸是否准确，缝隙是否均匀，边角有无鼓包，线条是否清晰明快。观察时应在侧面迎着光线，这样可以了解车身的弧线是否圆滑、棱线是否笔直。

6. 车内检查

坐进驾驶室，试试门窗玻璃升降是否平顺，角落边缘有无锈迹，座位有无污垢。用手晃动转向盘，上下不能有窜动现象，左右转动转向盘，应该有一定自由行程，这个自由行程要符合使用说明书的要求，一般不超过 15°。检查仪表板及仪表装配是否工整，有没有歪斜现象；试试工具箱以及车内其他小装置的开合是否顺畅。

7. 检查汽车电器

检查蓄电池的液面高度和电解液密度是否符合规定。看看蓄电池的正、负极桩头是否

洁净。

打开点火开关钥匙的第一档，仪表板上所有的指示灯应该全亮。油量指针应该有上升的变化。检查灯光时，先打开故障报警开关，此时，所有的灯光均应有节奏地闪动；拨动转向灯开关和雾灯开关，检查灯光是否完好；挂倒档，倒档灯应该亮起；踩下制动踏板，制动灯应该亮。

检查刮水器，在中、低、高各速度上应工作正常，洗涤器出水应畅通。

按动喇叭，声音应该柔和动听。

打开音响系统，听音响效果。先开到最小声音，听音响对细小声音的分辨能力；然后，开到最大声音，听音响是否失真。

8. 试车

试车是购车的关键环节，包括察看、驾驶、检验等项目，请一名修理技师或有开车经验的人一同挑选最好。

1）静止状态下，检查一下加速踏板是否反应灵敏；离合器踏板是否过硬过沉；离合器踏板和制动踏板是否有一定的自由行程，这个自由行程是否符合使用说明书要求；踏下制动踏板到极限，有无继续向下的感觉，如果有，说明制动管路有问题。三个踏板均应回位迅速无卡滞的现象。

2）起动发动机，看看发动机在怠速时是否平稳，有无不规则颤动，转速表的指针是否上下晃动，若晃动厉害，说明怠速不稳。观察转速表指示的转速是否符合说明书要求；加大节气门开度，发动机的声音应该是由小到大的平稳轰鸣。其中如果有极细小的金属敲击声或沉闷的碰撞声，都可能是发动机致命的缺陷。可以多试几台车，互相区别一下它们发动机的声音，选一辆声音最小、最柔和的。

3）在颠簸的道路上打开窗户，倾听底盘、减振器是否出现异响。

4）突然加大节气门开度，看看发动机的反应快慢，车子是否有"推背感"，如果有，说明加速性能良好。

5）轻轻转动转向盘，其反应应该及时灵敏。如果感觉很沉，很费力，或者自由行程过大，反应迟缓，说明转向助力装置或转向机有问题。汽车行驶向左右转弯后，让它自己转回，看看是否朝正直方向前进，如果不能回到正直方向或者出现跑偏现象，说明转向机或前轮的前束有问题。

6）检查制动，轻轻踏下制动踏板，看看是否反应灵敏，反应迟缓或过于灵敏都不好。紧急制动后，方向应仍能保持正直。

 【温馨提示】

新车现场选购技巧视频请扫教学资源 4 对应的二维码▨进行观看。

知识点 2　新车上牌

许多新车主对汽车上牌不太了解，认为是很麻烦的事情，其实只要了解上牌程序，并不烦琐。一般 4S 店都提供上牌服务，收取一定的服务费。少数 4S 店允许购车人个人办理。图 4-8 所示为汽车牌照办理的一般流程。

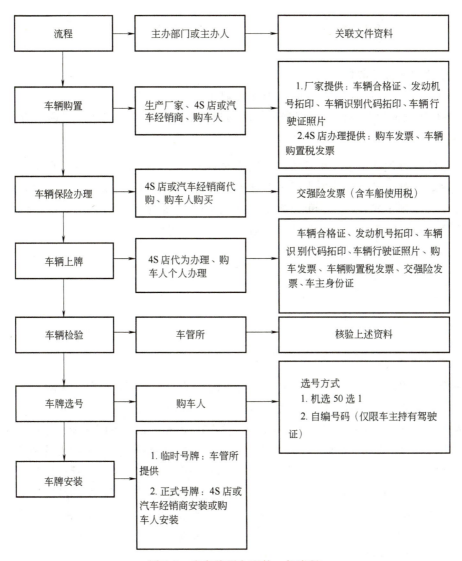

图 4-8 汽车牌照办理的一般流程

1. 准备资料

车辆上牌时应准备齐全以下资料：

1）车辆合格证、发动机号拓印、车辆识别代码拓印、车辆行驶证照片（购买车辆时厂家随车资料已经提供）。

2）购车发票、车辆购置税发票（购买车辆时 4S 店或汽车经销商已经提供）。

3）交强险发票（含车船使用税，购买保险时由保险公司提供）。

4）车主身份证。

2. 验车上牌

车辆上牌时，需要将车辆开至车辆管理所（简称车管所），车管所工作人员将进行以下检验程序：

1）进行以上准备资料的验证。

2）车辆进行外观、车辆尾气等检验，合格后由检测站总检交警签字。

3. 车牌选号

车辆号牌的取得有两种方式：

1）在机动车登记系统自动生成的 50 个号码中选一个号码。

2）持有驾驶证的车主也可以根据车管所的号码编排要求通过"自编自选"方式选号。

4. 车牌安装

以上手续均办理结束后，车管所会提供临时号牌，车辆行驶时需将两张临时号牌一张放置在前风窗玻璃处，另一张放置在后风窗玻璃处。待正式号牌制作完成后一般会以邮寄的形式寄给车主，收到正式号牌后，可以将正式号牌交由 4S 店或汽车经销商安装，因安装比较简单，车主也可自行安装。悬挂正式号牌后，取下临时号牌。

4.4　汽车的保险与索赔

知识点 1　汽车保险种类与选择

1. 汽车保险概述

汽车保险是以汽车本身及其第三者责任为保险标的的一种不定值财产保险。它是机动车辆保险的一种，它是我国财产保险业务中最大的保险险种。

随着社会经济的发展和人民生活水平的不断提高，汽车的数量不断增加，尤其是家庭拥有的小型轿车数量增长迅猛，交通事故频繁发生，给人类的生命财产造成了极大的威胁。汽车保险及第三者责任险使交通事故中受害者的正当权益得到有效保证，是现代社会处理风险的一种非常重要的手段，是风险转嫁的一种最重要、最有效的方法，是不可缺少的经济补偿制度。

机动车辆保险产生于 19 世纪末期，世界上第一张机动车辆保险保险单，是 1895 年由英国"法律意外保险公司"签发的。1919 年美国马萨诸塞州《赔偿能力担保法》的出台，标志着近代汽车保险的产生。

在我国，中国人民保险公司早在 1950 年开办了汽车保险，历经多次修改，2020 年 9 月 2 日，中国银行保险监督管理委员会（简称银保监会）正式发布《关于实施车险综合改革的指导意见》，决定于 2020 年 9 月 19 日开始实施。

目前在我国影响较大的三家保险公司：一是中国人民保险集团股份公司，成立于 1949 年 10 月 20 日，总部设在北京；二是中国太平洋保险（集团）股份有限公司，成立于 1991 年 4 月 26 日，总部设在上海；三是中国平安保险（集团）股份有限公司，成立于 1988 年 3 月 21 日，总部设在深圳。从整个汽车保险市场看，这三家保险公司占有我国近 90% 左右的市场份额，形成了"三足鼎立"的局面。

2. 汽车保险种类

我国机动车车辆保险一般包括强制车险和商业车险。强制车险专指机动车交通事故强制责任保险（简称交强险）；商业车险包括主险和附加险两部分，基本险（主险）分为机动车损失保险、机动车第三者责任保险（A 款）和机动车车上人员责任保险，附加险因保险公

司而异，一般不能独立承保。

（1）**交强险** 机动车交通事故责任强制保险（简称"交强险"）是我国 2020 年由国家法律规定实行的强制保险制度。《机动车交通事故责任强制保险条例》规定：交强险是由保险公司对被保险机动车发生交通事故造成第三方受害人（不包括本车人员和被保险人）的人身伤亡、财产损失，在责任限额内予以赔偿的强制性责任保险。

《机动车交通事故责任强制保险条例》规定：在中华人民共和国境内道路上行驶的机动车的所有人或管理人都应当投保交强险，机动车所有人、管理人未按规定投保交强险的，公安机关交通管理部门有权扣留机动车，通知机动车所有人、管理人依照规定投保，并处以应缴纳的保险费的 2 倍罚款。

交强险的内容包括：无人员伤亡仅财产损失事故 2000 元以内互撞自赔；酒后驾车管赔，醉酒驾车不赔；法院或医院证明的精神损伤在医疗费用责任限额内由保险公司负责赔偿。交强险实行分项理赔，按照 2020 年 9 月 19 日开始实施的新的车险费率，具体理赔限额如下。

当有责任时，第三方财产损失最高赔偿 2000 元，第三方医疗费用最高赔偿 18000 元，第三方死亡伤残最高赔偿 180000 元。

当无责任时，第三方财产损失最高赔偿 100 元，第三方医疗费用最高赔偿 1800 元，第三方死亡伤残最高赔偿 18000 元。

医疗费用包括：医药费、诊药费、住院费、住院伙食补助费、必要合理的后续治疗费、整容费、营养费。

死亡伤残费包括：丧葬费、死亡补偿费、办理丧葬事宜的交通费、残疾赔偿金、残疾辅助器具费、护理费、康复费、交通费、被扶养人生活费、住宿费、误工费、通过判决或调解产生的精神损害抚慰金。

（2）**商业车险**

1）主险。

① 机动车损失保险。机动车损失保险是指对由于保险责任范围内的自然灾害和意外事故造成投保机动车本身的损失由保险人负责赔偿的一种机动车保险。

机动车损失保险的保险责任包括：碰撞、倾覆、坠落；火灾、爆炸；外界物体坠落、倒塌；暴雨、暴风、龙卷风、洪水、泥石流、海啸、冰雹；地陷、冰陷、雷击、崖崩、雪崩；载运被保险车辆的渡船遭受自然灾害（限有驾驶人员随船照料）；全车盗抢、玻璃单独破碎、自燃、无法找到第三方特约、指定修理厂、不计免赔、发动机涉水。

② 机动车第三者责任保险。机动车第三者责任保险是指被保险人或其允许的驾驶人员在使用被保险车辆过程中发生意外事故，致使第三者遭受人身伤亡或财产直接损毁，依法应当由被保险人承担的赔偿责任，由保险公司负责赔偿。

③ 机动车车上人员责任保险。保险期间内，被保险人或其允许的合法驾驶人在使用被保险机动车过程中发生意外事故，致使车上人员遭受人身伤亡，依法应当对车上人员承担的损害赔偿责任，保险人依照保险合同的约定负责赔偿。

2）附加险。附加险条款的法律效力优于主险条款。附加险条款未尽事宜，以主险条款为准。除附加险条款另有约定外，主险中的责任免除、双方义务同样适用于附加险。主险保险责任终止的，其相应的附加险保险责任同时终止。

附加险包括：附加绝对免赔率特约条款、附加车轮单独损失险、附加新增加设备损失

险、附加车身划痕损失险、附加修理期间费用补偿险、附加发动机进水损坏除外特约条款、附加车上货物责任险、附加精神损害抚慰金责任险、附加法定节假日限额翻倍险、附加医保外医疗费用责任险、附加机动车增值服务特约条款等。

3. 汽车保险种类的选择

如今购买保险已成为许多购车人的共识，购买保险时，如何选择合适的保险至关重要，会影响日后的个人保险权益。

汽车保险种类按性质可以分为交强险与商业车险。交强险是国家规定强制购买的保险，商业车险是非强制购买的保险，车主可以根据自身的情况进行选择性投保。

（1）根据车的使用性质来选择保险

1）家庭自用汽车的投保。

① 险种选择。对家庭自用的新车来说，新车新手上路出险率相对较高，容易刮擦，因此在投保交强险的基础上，最好首选投保机动车损失保险、机动车第三者责任保险、机动车车上人员责任保险和绝对免赔险。

② 责任限额选择。如果车主喜欢开快车、夜车，或出车率较高，则建议机动车第三者责任保险的责任限额最好选择 100 万~300 万元作为交强险的补充。

③ 保险公司选择。如果车主经常跑长途，或经常到所在地以外的地区，则建议选择服务周到、信誉优良的保险公司投保，因为这样的公司营业网点多，且在全国范围内推行"异地出险，就地理赔"服务网络，对客户来说，投保、索赔都很方便。

2）非营业汽车的投保。

① 险种选择。作为党政机关和企事业单位，除投保交强险外，首选的险种是机动车损失保险、机动车第三者责任保险、机动车车上人员责任保险、绝对免赔险和不计免赔险，以保证基本风险的转嫁。

② 责任限额选择。作为单位用车，机动车第三者责任保险的责任限额最好选择 200 万元甚至更多，以获得更多的保障。

③ 保险公司选择。对于非营业汽车，购买汽车保险不能只看重价格，保障与服务才是最重要的。如有的保险公司报价低，但是它的保障可能也随之降低，理赔等服务也会相对较慢，某些险种条款甚至存在漏洞，真正出了险很有可能遭到拒赔。除保险费价格、险种条款外，保险公司推出的个性化服务也是选择保险公司的一个依据。

3）营业汽车的投保。

① 险种选择。作为营业汽车，使用频率较高且会经常跑长途，出险率比家庭自用汽车要高得多。因此，在投保交强险的基础上建议首选险种为机动车损失保险、机动车第三者责任保险、机动车车上人员责任保险、车上货物责任险、修理期间费用补偿险、绝对免赔险。这样，如果车辆发生保险事故，就可转嫁由此导致的风险。

② 责任限额选择。一般情况下，36 座以下的客车或 10t 以下的货车，其机动车第三者责任保险的责任限额最好选择 200 万元或 300 万元；而 36 座以上的客车或 10t 以上的货车，其机动车第三者责任保险的责任限额最好选择 300 万元或 500 万元。

③ 保险公司选择。各保险公司都对营业汽车保险的保险费做了调整，适度提高了保险费。建议选择服务网点较多的保险公司投保，这样就能满足跑长途的客车或货车的特殊要求。

4）特种车辆的投保。

① 保险公司选择。对于特种车辆来说，最大的风险就是操作过程中造成的损失和车内仪器的损失，此时就要注意投保的保险公司是否有特种车辆保险条款和扩展条款，是否能涵盖特种车辆所能发生的各种风险。

② 险种选择。特种车辆行驶区域比较固定，且一般用于工程施工，出险率相对较低；使用频率不是太高，但车内装有特殊仪器，且价值都较高，一旦发生保险事故，损失巨大。因此，建议投保特种车损失保险、特种车第三者责任保险，附加特种车辆固定设备、仪器损坏扩展条款和起重、装卸、挖掘车辆损失扩展条款，以及绝对免赔险。

③ 责任限额选择。应根据特种车辆的实际价值进行投保。

（2）根据需求来选择投保方案 根据车辆拥有人的具体情况，对汽车险种进行组合，设计合理恰当的投保方案，以较少的投保额获得最大程度的保障。在购买交强险的前提下，表4-4中所列机动车保险方案组合，可供选择。

表4-4 机动车保险方案组合

组合方案	险种组合	优点	缺点	适用对象
最低保障方案	机动车第三者责任保险	保险费用较低	一旦发生事故，自己车辆的损失无保障，只能自己负担	急于上牌照或通过年检的人
基本保障方案	机动车损失保险+机动车第三者责任保险	费用适当，能够提供基本的保障	不是最佳组合	有一定经济压力的车主
经济保险方案	机动车损失保险+机动车第三者责任保险+绝对免赔特约险	投保最必要、最有价值的险种	性价比最高，不是最完善的方案	是个人精打细算的最佳选择
最佳保障方案	机动车损失保险+机动车第三者责任保险+机动车车上人员责任保险+绝对免赔特约险	投保价值大的险种，物有所值	保费较高	一般公司或个人
完全保障方案	机动车损失保险+机动车第三者责任保险+机动车车上人员责任保险+绝对免赔特约险+新增加设备损失险	全部事故损失都能得到赔偿	保费高，某些险种出险的概率小	经济充裕的车主、机关、事业单位、大公司企业

知识点2 汽车投保方式与流程

1. 汽车投保方式、渠道与注意事项

购买新车时，汽车销售企业在售车的同时，还代办汽车保险业务。绝大多数汽车销售企业将购买保险与车辆捆绑销售。汽车销售顾问为购车客户提供合理的保险方案和办理周到的保险业务，既能体现企业服务意识，为顾客提供方便，又能为企业创造利润，提升企业形象。

对于再次购买保险，有多种方式与渠道进行选择。

（1）上门投保 上门投保是指投保人与所选择的保险公司联系，保险公司派业务员前往投保人处，提供风险分析、解释条款、设计投保方案、指导投保人填写投保单等服务。一般说来，保险公司对此种投保方式在费率上有优惠。

（2）到保险公司营业部门投保 即投保人亲自到保险公司的办公地点办理投保手续。

这种投保方式可使投保人全面了解保险公司，并可消除投保人对业务员的不信任感。一般来说，保险公司对此种投保方式在费率上一般也有优惠。

（3）**电话投保** 电话投保是指通过保险公司开通的服务电话办理投保业务。这种方式广受投保人欢迎。一般来说，保险公司对此种投保方式也给予费率优惠。

（4）**网上投保** 网上投保是指利用网络投保。目前许多公司提供了网上投保服务，这种方式可大大降低经营成本，因此，保险公司对此种投保方式一般给予较大的费率优惠。

（5）**通过保险代理人投保** 保险代理人根据保险人的委托，在保险人授权的范围内代为办理保险业务。但这种投保方式的费用稍高，并且个别保险代理人由于素质和业务水平不高，存在着不能为投保人合理设计投保方案或不能正确解释条款含义等现象。

（6）**通过保险经纪人投保** 保险经纪人是基于投保人利益，为投保人与保险人订立保险合同提供中介服务的。这种投保方式的费用稍高，但保险经纪人利用自身知识可为投保人全面分析风险，选择合适产品。

（7）**投保注意事项**

1）投保时应如实告知。投保人无论投保交强险还是投保商业车险都应当如实告知。否则，机动车发生保险事故时，保险公司将不负责赔偿。

2）投保后应及时交纳保险费。保险合同成立后，投保人应及时交付保险费，以保障自身权益。根据规定，保险费交付前发生的保险事故，保险人不承担赔偿责任。

3）不重复投保。重复投保出险时，各保险公司一般是按其保险金额与保险金额总和的比例承担赔偿责任，不存在重复投保重复赔偿的问题，只能是多付保费。

4）不超额投保。投保时，超过保险价值的，超过部分无效。因此投保人不要超额投保，避免浪费保费。

5）了解保险责任开始时间。保险责任开始时间应由双方在保险合同中约定。投保人必须清楚合同生效时间，合同生效才对自己有保障，否则，保险公司不承担赔偿责任。

2. 汽车投保流程

汽车投保是指经主管部门检验合格并领有牌照的机动车辆，其所有人或管理人向保险公司办理汽车保险手续。投保是被保险人与保险公司签订保险契约的过程。保险契约是具有法律效力的经济合同，涉及双方的权利与义务，一经签订，双方均必须执行。

（1）**合理选择保险公司** 投保人应选择具有合法资格的保险公司营业机构购买汽车保险。汽车保险的售后服务与产品本身一样重要，投保人在选择保险公司时，要了解各公司提供服务的内容及信誉度，以充分保障自己的利益。

（2）**了解汽车保险内容** 投保人应当询问所购买的汽车保险条款是否经过银保监会批准，认真了解条款内容，重点条款的保险责任、除外责任和特别约定，被保险人权利和义务，免赔额或免赔率的计算，申请赔偿的手续、退保和折旧等规定。此外还应当注意汽车保险的费率是否与银保监会批准的费率一致，了解保险公司的费率优惠规定和无赔款优待的规定。

（3）**根据实际需要购买险种** 投保人选择汽车保险时，应了解自身的风险和特征，根据实际情况选择个人所需的风险保障。对于汽车保险市场现有产品应进行充分了解，以便购买适合自身需要的汽车保险险种。

（4）**办理投保手续** 个人车辆办理投保时，应携带驾驶人本人的身份证、驾驶证、车

辆行驶证以及有关投保车辆相关的证件。若是从事个体营运的车辆还应携带营业执照、准运证等证件，到保险公司办理。经保险公司工作人员验明证件后填写车辆投保单，并将投保车辆开到指定地点进行必要的检查，符合保险条件后，由投保人确定起保时间，保险单生效时间从起保日的当天 0 时起，到约定期满日的 24 时止。保险有效期以一年为限，也可以少于一年，但不能超过一年。期满后可以续保，并重新办理手续。

单位车辆投保时，除携带必要的证件外，还须开列出投保车辆的型号、牌号、行驶证号等清单，保险公司将视情况对车辆进行检查，然后办理投保手续。

车辆的保险费是根据投保人所投保车辆的种类、使用性质及需要投保的险种等，按照险种分别计算相应的数额。

机动车损失保险保险费的构成为：

$$机动车损失保险保险费=基本保险费+保险金额×费率（\%）$$

机动车第三者责任保险则按照车辆种类及使用性质选择不同的赔偿限额档次收取固定保险费。

（5）**汽车投保的其他注意事项** 投保人在购买汽车保险时，应如实填写投保单上规定的各项内容，取得保险单后应核对其内容是否与投保单上的有关内容完全一致，对所有的保险单、保险卡、批单、保费发票等有关重要凭证应妥善保管，以便在保险期间出险时能及时提供理赔依据。

投保人在购买汽车保险时应履行如实告知义务，对与保险风险有直接关系的情况应当如实告知保险公司。

汽车保险即将到期之前，应及时续保并交纳保险费，避免"脱保"，尤其是交强险，以降低汽车运行风险。

知识点 3 汽车保险理赔与索赔

1. 汽车保险理赔

被保险汽车发生事故后，被保险人首先要保护好现场，出现人员受伤的情况下要主动抢救伤员，及时拨打 120 急救电话，并采取必要的施救措施最大限度地减少财产的损失。例如，保险车辆发生火灾的应向消防部门报案，同时，还要及时向公安交通管理部门和保险公司报案。

保险公司接到报案后，应立即开展汽车保险理赔的工作。图 4-9 所示为保险公司理赔的一般流程。

（1）**标的出险受理** 标的出险受理是指保险人接受被保险人的报案，并对相关事项做出安排。各保险公司均公布了报案受理部门、开通了多种报案方式，并对报案的内容进行详细记录。

（2）**现场查勘、估损** 现场查勘是指保险公司对车辆出险受理后，现场查勘人员运用科学的方法和现代技术手段，对保险事故现场进行实地勘察和查询，将事故现场、事故原因等内容完整而准确地记录下来的工作过程。现场查勘是查明保险事故真相的重要手段，是分析事故原因和认定事故责任的基本依据，也为事故损害赔偿提供了证据。所以，各保险公司均建立了合理的服务网络，配备了完善的查勘工具，有一定数量且经验丰富的查勘人员，保

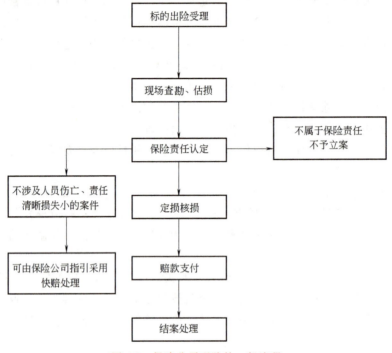

图 4-9 保险公司理赔的一般流程

证现场查勘工作的快速、有效。

估损是指现场查勘人员在现场对受损车辆损失进行现场评估，以防车辆运输过程中再次发生损失。

保险公司理赔人员在接到查勘任务后，要立即赴现场进行查勘，并要求客户提供有关单证。如果事故现场尚未得到控制或人员、车辆尚处在危险中，应立即协助客户和有关部门采取有效的施救和保护措施，避免损失扩大。客户填写有关索赔单证。原则上，查勘人员在接到保险公司内勤通知后1个工作日内完成现场查勘和检验工作（受损标的车辆在外地的检验，可委托当地保险公司在3个工作日内完成）。

（3）**保险责任认定**　对于不属于保险责任的不予立案，向被保险人出具拒赔通知书，并做出说明和解释。

对于属于保险责任的事故，如果不涉及人员伤亡、责任清晰且损失小的案件，可由保险公司指引采用快速理赔方式处理。涉及人员伤亡、损失较大的案件则不能采用快速理赔方式处理，应按照正常程序做好定损、核损工作。

（4）**定损核损**　查勘人员要确认保险事故所造成的各项损失，包括保险车辆和其他涉案车辆损失的核定、车辆修理费用的核定、事故车辆施救费用、货物损失核定、其他财物损失的核定、事故中人员伤亡损失核定、损余残值的处理等。

保险标的的损失，须经保险人定损（可到保险公司指定的修理厂或4S店，也可到具有定损资格的其他机构进行，但须保证三方人员全部在场），以核定损失的具体项目及金额，定损完毕后才可修理受损车辆。给第三人造成人身或者财产损害所需要支付的赔偿金，理赔前也要经保险公司核定赔偿项目和相关证据、数额。车辆定损的方式主要有：损失明显的小

额案件，一般由查勘人员现场查勘时定损；对于符合电话直赔的情况，由保险公司内勤人员根据客户上传的照片定损；对于事故责任明确、案情简单的车辆损失，可由客户把车开到修理厂后由修理厂人员完成定损；对于车辆损失复杂的情况，可以让客户把车开到修理厂后，由保险公司派定损人员定损。被保险汽车定损时需要注意以下事项：

1）事先确定车辆损失部位的维修方式。首先要明确被保险汽车哪些损失是本次事故造成的，非本次事故造成的损失不予赔偿。定损人员要坚持能修不换的定损原则，一般来说，保险公司对车辆损失部件的处理意见以修复为主，即损失部位可以修复使用，且修复后不影响该部件正常使用功能的，都应当修复处理。如果损失部件无法修复的，可以更换损失部件，通过更换零部件能恢复正常使用功能的，决不更换总成。所以，在对车辆损失部件进行定损时，被保险人首先就要与保险公司和维修单位确定所有损失部件中哪些是可以修复的，哪些是必须更换的，事先明确车辆损失部位的维修方式，避免被保险人和保险人对损失部件是维修还是更换而产生争议。

2）确定车辆维修费用金额。在被保险车辆的修复过程中，维修费用的高低也是被保险人和保险人之间比较常见的争议内容。保险公司对于车辆维修费用一般是按照维修单位的资质等级来核定的，对于更换的损失部件则是按照配件市场区域价格进行报价的。但是，对于部分维修单位，可能因为配件进货渠道等原因造成配件价格高出保险公司报价，或者其他原因造成维修工时费用较高。在这种情况下，保险公司定损人员核定的损失金额会低于维修所给出的维修金额。当客户对定损金额有异议时，可以与定损人员沟通，并由定损人员与维修厂方面进行沟通处理。因此，被保险人、保险公司定损人员、修理厂接待人员三方共同协商好修理费用金额很有必要。

3）保险标的定损和维修尽可能在同一地点。事故车辆的定损地点与维修地点要尽能在同一家维修单位。如果某事故车在4S店定损，确认好维修项目以及维修金额后又到社会修理厂维修，被保险人和保险人会因为维修金额产生问题，因为保险公司对于4S店与社会维修厂的定损价格标准一般会有区别，4S店的定损价格要高于社会维修厂的定损价格。

4）定损工作原则上一次完成，避免二次定损。事故车辆如果是一般损失，定损人员应一次完成定损工作。对于被保险车辆损失情况严重、复杂的，由于保险公司的查勘定损仅仅是对外观的检查，内部检查难以深入进行，可能会出现定损遗漏。如果受损车辆在修理厂解体后发现尚有属于本次事故造成的没有定损的损失，保险人应要求修理人员及时通知保险公司检验人员进行二次检验，在核实损失后，可追加修理项目和费用。

（5）**赔款支付** 赔款支付是保险公司按照法律和保险合同的有关规定，根据保险事故的实际情况，核定和计算应向被保险人赔付金额的过程。保险公司理赔人员应本着认真、负责的态度做好理算工作，确保既维护被保险人的利益，又维护保险公司的利益。赔款支付的开展需以被保险人提供的单证为基础，首先核对单证的真实性、合法性和合理性，然后理算人员对交强险、机动车车损保险、机动车第三者责任保险、附加险及施救费用等分别计算赔偿金额。计算完赔款后，要编制赔款计算书。赔款计算书应该分险种项目计算，并列明计算公式。赔款计算应做到项目齐全、计算准确。业务负责人员审核无误后，在赔偿计算书上签署意见和日期，然后送交核赔人员。核赔人员核定无误后进行赔付。

（6）**结案处理** 结案处理是指业务人员根据核赔的审批金额，向保险人支付赔款、对理赔的单据进行清分并对理赔案卷进行整理的工作。结案处理是理赔案件处理的最后一个环节。

2. 汽车保险索赔

（1）汽车保险索赔的流程 汽车保险理赔是从保险公司角度而言的，而索赔是从被保险人角度而言的。汽车保险索赔是指当保险标的出现保险事故后，被保险人就自己的事故损失向保险人提出的索赔要求，这是被保险人的权利。汽车保险索赔流程如图4-10所示。

图 4-10　汽车保险索赔流程

1）标的出险后及时报案。保险标的发生保险事故后，被保险人应及时通知保险公司，否则，造成损失无法确定或扩大的部分，保险公司将不予赔偿。报案有上门、电话、传真等方式。其中，电话报案快捷方便，使用最多，中国人民保险（集团）股份有限公司、中国太平洋保险（集团）股份有限公司、中国平安保险（集团）股份有限公司等大公司的全国统一报案电话分别为95518、95500、95512。报案时需说明的内容包括保单号码、被保险人姓名、车型、牌照号码、出险时间、出险地点、出险原因、事故类型、受损情况、报案人姓名、联系电话、驾驶人姓名等，如涉及第三者，还需说明第三方车辆的车型、牌照号码等信息。如果超过规定的报案时间，保险人可以拒绝赔偿。如果被保险人对索赔流程不了解，可以向保险人咨询相关理赔流程，以及索赔需要提交的资料。

2）配合查勘确认损失。保险人接到投保人或被保险人报案后，会通知理赔查勘人员进行现场查勘定损。投保人或被保险人需要协助理赔查勘人员对事故现场进行勘查，填写索赔申请书，确定修理项目、方式和费用。如果损失较大，现场不能定损，可以将事故车辆拖至4S店或修理厂进行定损维修。

3）提交索赔资料进行审核。投保人或被保险人按照保险人的要求提交索赔所需全部资料。保险人收到索赔资料后会对其真实性和完备性进行审核，审核通过保险人会根据保险合同的约定进行赔款的计算。

4）付款结案。投保人或被保险人提供的索赔资料审核通过后，保险人依据合同约定计算赔偿金，然后通过与被保险人商定的赔款方式在规定的工作日内给付赔偿金并结案。为简化程序，对于事故仅造成车辆损失的，保险人一般直接与维修厂结算，免去了被保险人先行支付维修费用再由保险人付款给被保险人的麻烦。

5）出具权益转让书。所谓"出具权益转让书"是指事故由第三方引起的，保险公司可先向被保险人赔偿，但被保险人需将向第三方索赔的权利转让给保险公司，再由保险公司向第三方追偿。

（2）汽车保险索赔的注意事项

1）在索赔阶段，被保险人未经保险公司认可不要擅自修复受损车辆，否则，保险公司有权重新核定或拒绝赔偿。

2）被保险人不要对第三者自行承诺赔偿金额。

3）被保险人不要在保险公司赔偿前放弃向第三者索赔的权利。

4）被保险人索赔时应实事求是。如有隐瞒事实、伪造单证、制造假案等行为发生，被保险人除将有可能遭到保险公司拒赔外，还有可能因此而受到法律制裁。

3. 汽车赔偿计算

汽车出现事故种类繁多，涉及面广，赔偿计算复杂，尤其是汽车的各种商业保险，各保险公司条款有所不同，其计算的基本依据是 2020 年 9 月 2 日银保监会正式发布的《关于实施车险综合改革的指导意见》。汽车赔偿具体计算可检索相关文件。

【拓展阅读】　　　　　　　乘客下车后受伤索赔案例

1. 案情简介

某年 2 月 1 日，某市客运公司将其一辆客车投保了机动车损失保险和机动车第三者责任保险，未购买机动车车上人员责任保险。在 4 月 7 日，该车满载着旅客向某风景区驶去。到达目的地后，旅客下了车，正当驾驶人准备起动车辆倒车时，将一名旅客撞成重伤，经送医院抢救，旅客虽脱险，医疗费用却花费 27900 余元。事后，交通监理部门裁定，该旅客的医疗费用应由客运公司负责。于是，该客运公司向保险人提出机动车第三者责任保险索赔，遭到拒绝，因此形成纠纷。

2. 对本案的不同观点

1）客运公司认为，既然投保了机动车保险，并交纳了近万元保险费，被保险车辆所造成的损失应由保险人赔偿，否则，等于没上保险。

2）保险人认为，保险人只能承担被保险车辆造成的第三者人身伤亡和财产损失的赔偿责任，而本案中被撞伤的人是该车的乘客，不属于机动车第三者责任保险中的"第三者"，因此，保险人没有赔偿的义务。

3. 分析

客运公司索赔正确，但持理失当，保险人拒赔纯属错误。分析如下：

第一，机动车第三者责任保险承保的是因被保险车辆肇事而应由被保险人依法对第三者的人身伤亡和财产损失所负的赔偿责任。所谓第三者，是指被保险人及其家庭成员和驾驶人，以及发生事故时载乘的旅客及一切车上人员之外的任何第三者。因此，机动车第三者责任保险原则上不对旅客的人身伤亡和财产损失负赔偿责任。

第二，旅客到达目的地下了车后应视为第三者，旅客是一个特定的概念，它是指购买车票并乘坐车辆的人员，如果已到目的地，其特定身份就变了。本案中的伤者，是在到了目的地下车后被撞伤的，被撞伤时已不再是该车的乘客，而是成为普通的第三者了，因为车辆已完成了承运任务，乘客也到达了目的地。因此，伤者的第三者身份是明确的。

第三，客运公司对伤者负有全部责任。驾驶人匆忙倒车导致撞伤旅客，虽属意外，仍可视为过失行为，依据《中华人民共和国民法通则》第 119 条规定：侵害公民身体造成伤害的，应当赔偿医疗费、误工收入、残疾者生活补助费等。据此，客运公司支付了伤者的医疗费用。

第四，既然伤者是第三者，客运公司依法应赔偿伤者的医疗费用，而该公司又投保了机动车第三者责任保险，那么，本案显然属于机动车第三者责任保险的保险责任范围，根据《机动车辆保险条款》关于"保险车辆致使第三者承担的经济赔偿责任，保险人按照本条款的有关规定负责赔偿"的规定，保险人应负赔偿责任。

4. 结论

客运公司索赔正确，客运公司有权从保险人处获取 27900 元赔偿。

本章小结

1. 汽车的主要技术参数包括尺寸参数、质量参数和主要性能指标（动力性能、制动性能、通过性能、操纵稳定性、汽车有害物排放、噪声和起动性能等）。

2. 汽车选购应根据购车目的、家庭经济条件、个人爱好和环境特征等综合考虑。

3. 新车挑选验收应请有经验的汽车修理工、驾驶人等，进行新车的全面检查和试车。

4. 汽车保险是以汽车本身及第三者责任等为保险标的的一种不定值财产保险，是保护人身财产安全的重要举措。我国机动车车辆保险包括交强险和商业车险。在道路上行驶的机动车的所有人或管理人都应当投保交强险。

5. 投保人在汽车出现事故后，应按照规定的程序及注意事项及时向保险公司进行索赔要求，保险公司应及时受理，进行细致的现场查勘和正确处理赔付。

习题与思考题

1. 如何从汽车使用说明书看出汽车的动力、经济等性能？

2. 跟随一个购车者，看别人是如何选购汽车的。

3. 目前您最喜欢的一款汽车是什么？讲讲理由。

4. 调查一辆中等排量的轿车，在一年中的各种使用费用是多少？

5. 调查一位驾驶人，看看他都买了哪些保险，各险种有什么作用？

6. 调查一个保险公司，看看他们是如何进行汽车理赔的？

7. 调查一个汽车 4S 店，看看他们是如何进行汽车索赔的？

第5章 汽车驾驶与考证

【本章内容架构】

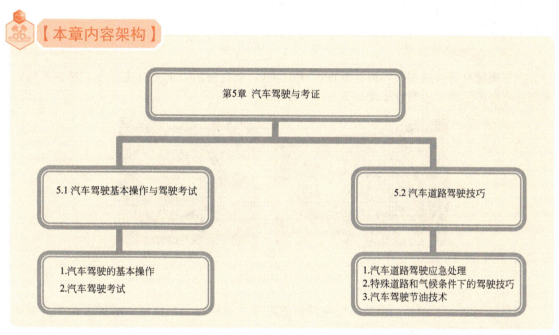

【学习目标要求、重点与难点】

序号	学习目标要求	学习重点	学习难点
1	学会汽车主要操纵机构使用	√	
2	熟悉汽车驾驶基本操作	√	√
3	了解汽车驾驶考证要求和过程		
4	熟悉小型汽车驾驶人科目二考试要求	√	
5	理解汽车驾驶节油技术	√	
6	熟悉汽车道路驾驶应急处理		√
7	熟悉特殊道路或气候下的安全驾驶技巧		√
8	培养学生努力实践、提高技能的作风和献身祖国的精神	√	√

5.1　汽车驾驶基本操作与驾驶考试

知识点 1　汽车驾驶的基本操作

不同型号汽车的操纵机构及其使用有所不同，这里以乘用车为例，介绍汽车主要操纵机构的使用方法。

1. 汽车座椅的使用操作

汽车座椅可以通过相关的拨杆或按钮（图 5-1）进行前后、上下及角度等调整，使驾驶感到舒适轻松。其一般调整步骤如下：

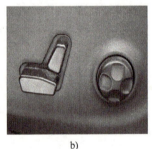

a)　　　　　　　　　　b)

图 5-1　座椅的调整

（1）座椅的前后调整　调整座椅与踏板的距离，使脚向下踩住制动踏板至最深处时腿部仍要有一定的弯曲，感到自然轻松。

（2）座椅的上下调整　上下调整座椅，使驾驶人的目光平视时视线能够落在前风窗玻璃的中线上。同时，注意头部离车顶部要有一个拳头左右的距离，手握转向盘的高度低于肩部 10cm 左右为宜。

（3）座椅靠背角度调整　调整靠背倾斜度，注意不可过于倾斜，否则影响汽车操控。

（4）腰部支撑调整　腰部支撑调整的标准是：让座椅支撑住腰，向后靠时不要让腰部悬空，这样可以减少驾驶过程中的疲劳。有些座椅没有腰部支撑的功能，可以垫个小垫子支在腰后。

（5）头枕调整　头枕的最佳位置是头枕的中心线恰好与眼眉在一条线上，尽可能地让后脑勺和头枕完全接触。

2. 汽车安全带的使用操作（图 5-2）

（1）系上安全带　缓慢拉出安全带舌片，将其通过胸前，然后将其插入座椅侧的锁止机构，直至听到啮合声（啮合后拉动检查）。

（2）**取下安全带**　按下锁止机构上的红色按钮，舌片会弹出，用手将舌片送向车门使回位器卷起安全带。挡板会将舌片保持在合适的位置。

图 5-2　汽车安全带的
使用操作

3. **驻车制动器的使用操作**（图 5-3）

（1）**手制动器的使用操作**

1）形成制动。将手柄向上拉，必须紧紧地拉到最高位置，以防汽车自动滑移。如果在接通点火开关时使用驻车制动器，制动警告信号灯会点亮。

2）解除制动。将手柄略朝上拉，按下锁钮并将手柄向下推到底。

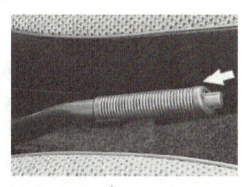

a)

b)

图 5-3　驻车制动器的使用操作

a）手制动器的使用操作　b）电子制动器的使用操作

（2）**电子制动器的使用操作**（图 5-3b）　其使用与手制动器相类似，按键往上则中间显示灯亮起，此时制动器工作；按键往下则中间显示灯熄灭，此时制动器处于不工作状态。

4. **离合器踏板的使用操作**

离合器踏板位置如图 5-4 所示，它由左脚控制。要求踩离合器踏板时要踩到底，松离合器踏板时要缓慢，以免汽车起步冲击。对于配置自动变速器的汽车，则没有离合器踏板。

5. **制动踏板的使用操作**

制动踏板用来制动，由右脚控制。非紧急情况下，不要进行紧急制动，一般采用点制动。

6. **加速踏板的使用操作**

加速踏板用来控制发动机节气门开度（发动机转速），由右脚控制（右脚掌轻放于加速踏板 2/3 处）。驾驶人应根据道路、车载及环境情况确定节气门开度的大小。

图 5-4　汽车离合器、制动及加速踏板

7. 转向盘的使用操作

转向盘用于转向,使用时,左手轻握转向盘左上方,右手轻握转向盘右上方,左手和右手大拇指自然伸直靠于转向盘轮缘上部,其余4指应由外向内轻握(图5-5)。

在平直的道路上使用转向盘时,应避免不必要的晃动;转向盘受路面凸凹的影响时,应紧握转向盘,以免转向盘受车辆的猛烈振动而回转,击伤手指或手腕;车头向左(右)偏斜时,应向右(左)修正方向,待车头接近回到行驶线时,再逐渐将转向盘回正。此时应牢记打回方向的原则:打多少回多少,少打少回,慢打慢回,大打大回,快打快回。

8. 点火开关的使用操作

(1) 钥匙起动 一般汽车的点火开关有3个位置(图5-6)。

当处于位置1时,点火开关断开。拔出点火开关钥匙并转动转向盘直到听见锁紧销的啮合声,即可锁住转向盘。

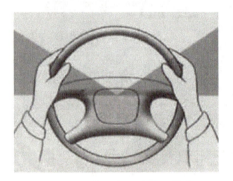

图5-5 汽车转向盘的使用操作

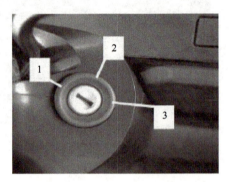

图5-6 汽车点火开关的使用操作
1—点火开关断开 2—点火开关接通
3—起动发动机

当处于位置2时,点火开关接通。如果点火开关钥匙在匙孔内不易转动或根本不能转动,应将转向盘轻轻地往复转动以放开锁紧销。

当处于位置3时,可以起动发动机。在此位置,前照灯、刮水器、风窗加热装置开关均被接通。

在重新起动发动机前,应将点火开关钥匙转到位置1。

(2) 一键起动 一键起动点火开关如图5-7所示。

9. 变速杆的使用操作

变速器用于改变传动比,分手动和自动变速器两种类型。

(1) 手动变速器 汽车手动变速杆如图5-8所示,有5个前进档和1个倒档。

手动变速器换档动作依次为:踩离合器踏板同时松加速踏板→从原档位经空档拨入另一档位→适当踩加速踏板→松离合器踏板。挂入倒档时,应在车辆静止时将变速杆按下,再挂入倒档。

汽车行驶时,不应将手始终放在变速杆上,否则手上的压力会传到变速器内换档拨叉上,造成拨叉过早磨损。

图 5-7　一键起动点火开关

图 5-8　汽车手动变速杆
1—1档　2—2档　3—3档
4—4档　5—5档　R—倒档

（2）自动变速器　自动变速器一般有6~7个档位，从前到后依次排列，分别为：P位（驻车档）、R位（倒档）、N位（空档）、D位（前进档），而有的前进档中包括D、3、2、1档位（图5-9），有的车型前进档只有3个档位（D、2、1）；若装备四档变速器，则另有一个超速选择开关（O/D）接通超速档。

P位和N位都可使发动机和车轮传动系统脱离运转。所不同的是在发动机停止运转的时候，挂N位可以随意推动车辆；挂P位时，机械锁销把传动轴锁固在变速器壳上，起制动车辆的作用，此时不能随意推动

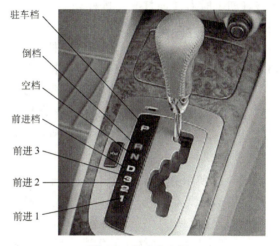

图 5-9　自动变速杆

车辆，而且车辆只有在P位时才能拔出点火开关钥匙。P位起动是经常使用的模式，N位起动用于行驶中熄火后起动。

前进档的设置规律是：高档位向下兼容，低档位不能自动向上换档。即：若选择D位，变速器可在1档位与4档位之间根据车辆的速度与使用条件自动选择合理档位，自动升档、降档；若选择2档位，就只能在1档位与2档位间自动变换，而不能升到2档位以上，1档位、2档位有发动机制动功能。

自动档汽车正确的驾驶方法是将变速杆放在P位后起动发动机，需要踩下制动踏板，才可由P位转入其他档位；起步时要将变速杆推到较低档位（即2、1或3档位），待车速提高到一定程度后，再转入D位进入正常行驶，这时车辆能自动选择理想档位，不需要驾驶者操心。

车辆行驶中可以手动从低速档向高速档换档，但从高速档往低速档换档则要在一定速度范围内进行。

在高速公路上车辆开启自动巡航时，可选用O/D档，以节省燃油。

驾驶车辆时还应注意：

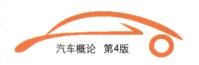

1）对于手动变速器汽车，当车辆下长坡时，严禁空档滑行，应换入 2 档或 1 档，借用发动机制动，可避免制动器过热失效，也容易控制车速，避免事故。

2）倒档与前进档的转换一定要在车辆停止状态下进行，绝对不能在车轮转动时挂入倒档。

10. 转向信号灯及变光拨杆的使用操作

汽车转向信号灯及变光拨杆用于接通左、右转向信号灯，指示汽车转弯方向，或进行汽车前照灯近光/远光变换、发出变换车道信号、停车指示等，给路上行人和车辆提供警示，以有效地避免交通事故的发生。常见汽车转向信号灯及变光拨杆如图 5-10 所示。

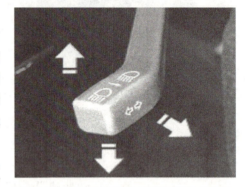

图 5-10　常见汽车转向信号灯及变光拨杆

（1）转向信号灯的使用　在点火开关接通后，当拨杆朝上时右转向灯亮，拨杆朝下时左转向灯亮。转向后，转向灯自动熄灭。

（2）前照灯近光、远光变换　拨杆朝右抬起，可以进行前照灯近光、远光变换。拨杆朝右轻轻抬起，前照灯远光闪烁，当作用力解除后拨杆自动回到零位。

（3）变换车道信号　可根据车辆需要变换的车道操作拨杆，其操作方法与转向灯操作相同，但不必到底，当作用力排除后，拨杆自动回位。

（4）停车灯　在点火开关关闭之后，拨杆向上，右停车灯亮；拨杆向下，左停车灯亮。

11. 风窗刮水及洗涤系统的使用操作

图 5-11 所示为汽车风窗刮水及洗涤系统共用拨杆，用于操纵风窗刮水器运动和洗窗装置。

（1）风窗刮水系统的使用操作　汽车设有 0、1、2、3 四个档位，手柄处于 0 档时刮水器停止运动；处于 1 档时，刮水器点动刮水；处于 2 档时，快速刮水；处于 3 档时，间隙刮水（每 6s 工作一次）。冰冻季节起动刮水器开关前，应检查刮水片是否与玻璃冻在一起。

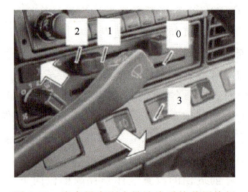

图 5-11　汽车风窗刮水及洗涤系统共用拨杆
0—刮水器停止　1—刮水器点动
2—快速刮水　3—间隙刮水

（2）自动洗窗装置的使用操作　朝上抬起刮水开关拨杆，刮水器及洗窗器即开始工作。复原拨杆，洗窗装置停止而刮水器继续工作约 4s。

12. 暖风、通风及空调的使用操作

现代汽车都安装有暖风、通风及空调装置，用于清洁空气和调节汽车内部温度。图 5-12 所示为汽车暖风、通风及空调控制装置，使用操作方法如下：

1）打开开关 E，空调开始工作。

2）旋转开关 D，可以调节鼓风机的转速。

3）左右拨动拨杆 A 和 B，可以开闭各出风口，调节空气在车厢里的分布。

4）左右拨动拨杆 C，可以进行温度调节。向右拨动拨杆 C，温度提高；向左拨动拨杆 C，温度降低。

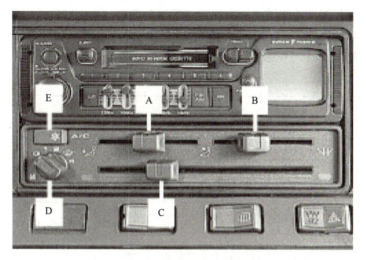

图 5-12　汽车暖风、通风及空调控制装置

A、B—调节空气分布　C—温度调节

D—鼓风机转速调节旋钮　E—空调（A/C）开关

 【温馨提示】

汽车主要操纵机构使用操作视频请扫教学资源 5.1 对应的二维码进行观看。

13. 汽车驾驶基本操作步骤

（1）起步　手动档汽车起步动作依次为踩离合器踏板→挂空档→发动汽车→踩离合器踏板→挂一档→打左转向灯→按喇叭→适当踩加速踏板→缓松离合器踏板→松驻车制动器（俗称手刹）手柄。

自动档汽车依次为踩制动踏板→挂驻车档→起动汽车→挂前进档→打左转向灯→按喇叭→适当踩加速踏板→松驻车制动器。

（2）换档　手动档汽车换档动作依次为踩离合器踏板同时松加速踏板→从原档位经空档拨入另一档位→适当踩加速踏板加速→松离合器踏板。

自动档汽车只需松开加速踏板后从原档位拨入另一档位（汽车前进运动时不允许拨入倒档和驻车档）。

（3）停车　手动档汽车停车动作依次为打右转向灯→按喇叭→踩离合器踏板同时松加速踏板→踩制动踏板→拉驻车制动器手柄→挂空档→松离合器、制动踏板。

自动档汽车依次为打右转向灯→按喇叭→踩制动踏板→拉驻车制动器手柄→挂驻车档。

知识点 2　汽车驾驶考试

1. 汽车驾驶考试概述

根据公安部颁布实施的《机动车驾驶证申领和使用规定》（中华人民共和国公安部令〔第 162 号〕）规定，驾驶机动车，应当依法取得机动车驾驶证。申请机动车驾驶证，应当

符合国务院公安部门规定的驾驶许可条件；经考试合格后，由公安机关交通管理部门发给相应类别的机动车驾驶证。

我国汽车准驾车型及代号见表5-1。

表5-1　我国汽车准驾车型及代号

准驾车型	代号	准驾的车辆	准予驾驶的其他准驾车型
大型客车	A1	大型载客汽车	A3、B1、B2、C1、C2、C3、C4、M
重型牵引挂车	A2	总质量大于4500kg的汽车列车	B1、B2、C1、C2、C3、C4、C6、M
城市公交车	A3	核载10人以上的城市公共汽车	C1、C2、C3、C4
中型客车	B1	中型载客汽车（含核载10人以上、19人以下的城市公共汽车）	C1、C2、C3、C4、M
大型货车	B2	重型、中型载货汽车；重型、中型专项作业车	
小型汽车	C1	小型、微型载客汽车以及轻型、微型载货汽车；轻型、微型专项作业车	C2、C3、C4
小型自动档汽车	C2	小型、微型自动档载客汽车以及轻型、微型自动档载货汽车；轻型、微型自动档专项作业车；上肢残疾人专用小型自动档载客汽车	
低速载货汽车	C3	低速载货汽车	C4
三轮汽车	C4	三轮汽车	
残疾人专用小型自动档载客汽车	C5	残疾人专用小型、微型自动档载客汽车（允许上肢、右下肢或者双下肢残疾人驾驶）	
轻型牵引挂车	C6	总质量小于（不包含等于）4500kg的汽车列车	
普通三轮摩托车	D	发动机排量大于50mL或者最大设计车速大于50km/h的三轮摩托车	E、F
普通二轮摩托车	E	发动机排量大于50mL或者最大设计车速大于50km/h的二轮摩托车	F
轻便摩托车	F	发动机排量小于等于50mL，最大设计车速小于等于50km/h的摩托车	
轮式专用机械车	M	轮式专用机械车	
无轨电车	N	无轨电车	
有轨电车	P	有轨电车	

驾驶人考试及发证由公安交警部门负责，考试共分三部分，即：道路交通安全法律、法规和相关知识考试科目（简称"科目一"）、场地驾驶技能考试科目（简称"科目二"）、道路驾驶技能和安全文明驾驶常识考试科目（简称"科目三"）。

（1）**科目一考试**　内容包括：道路通行、交通信号、道路交通安全违法行为和交通事故处理、机动车驾驶证申领和使用、机动车登记等规定以及其他道路交通安全法律、法规和规章。

（2）**科目二考试**　内容包括：

1）大型客车、重型牵引挂车、城市公交车、中型客车、大型货车考试桩考、坡道定点停车和起步、侧方停车、通过单边桥、曲线行驶、直角转弯、通过限宽门、窄路掉头，以及

模拟高速公路、连续急弯山区路、隧道、雨（雾）天、湿滑路、紧急情况处置。对大型客车、重型牵引挂车，省级公安机关交通管理部门可以根据实际增加考试内容。

2）小型汽车、低速载货汽车考试倒车入库、坡道定点停车和起步、侧方停车、曲线行驶、直角转弯。

3）小型自动档汽车、残疾人专用小型自动档载客汽车考试倒车入库、侧方停车、曲线行驶、直角转弯。

4）轻型牵引挂车考试桩考、曲线行驶、直角转弯。

5）三轮汽车、普通三轮摩托车、普通二轮摩托车和轻便摩托车考试桩考、坡道定点停车和起步、通过单边桥。

6）轮式专用机械车、无轨电车、有轨电车的考试内容由省级公安机关交通管理部门确定。

（3）科目三考试 内容包括道路驾驶技能考试和安全文明驾驶常识考试。

1）道路驾驶技能考试内容包括：大型客车、重型牵引挂车、城市公交车、中型客车、大型货车、小型汽车、小型自动档汽车、低速载货汽车和残疾人专用小型自动档载客汽车考试上车准备、起步、直线行驶、加减档位操作、变更车道、靠边停车、直行通过路口、路口左转弯、路口右转弯、通过人行横道线、通过学校区域、通过公共汽车站、会车、超车、掉头、夜间行驶；其他准驾车型的考试内容，由省级公安机关交通管理部门确定。

大型客车、重型牵引挂车、城市公交车、中型客车、大型货车考试里程不少于 10km，其中初次申领城市公交车、大型货车准驾车型的，白天考试里程不少于 5km，夜间考试里程不少于 3km。小型汽车、小型自动档汽车、低速载货汽车、残疾人专用小型自动档载客汽车考试里程不少于 3km。不进行夜间考试的，应当进行模拟夜间灯光考试。

对大型客车、重型牵引挂车、城市公交车、中型客车、大型货车准驾车型，省级公安机关交通管理部门应当根据实际增加山区、隧道、陡坡等复杂道路驾驶考试内容。对其他汽车准驾车型，省级公安机关交通管理部门可以根据实际增加考试内容。

2）安全文明驾驶常识考试内容包括：安全文明驾驶操作要求、恶劣气象和复杂道路条件下的安全驾驶知识、爆胎等紧急情况下的临危处置方法、防范次生事故处置知识、伤员急救知识等。

（4）各科目考试的合格标准

1）科目一考试满分为 100 分，成绩达到 90 分的为合格。

2）科目二考试满分为 100 分，考试大型客车、重型牵引挂车、城市公交车、中型客车、大型货车、轻型牵引挂车准驾车型的，成绩达到 90 分的为合格，其他准驾车型的成绩达到 80 分的为合格。

3）科目三道路驾驶技能和安全文明驾驶常识考试满分别为 100 分，成绩分别达到 90 分的为合格。

2. 小型汽车驾驶人科目二考试简介

根据公安部《机动车驾驶证申领和使用规定》，小型汽车科目二考试项目共 5 项，分别为倒车入库、坡道定点停车和起步、侧方停车、曲线行驶和直角转弯。

科目二应当按照报考的准驾车型，选定对应考试场地和考试车辆，在考试员的现场监督下，由考生按照规定的考试线路、操作要求和考试员的考试指令独立完成驾驶。

（1）项目1——倒车入库 倒车入库的目的是考核驾驶人操控车辆完成倒车入库和正确判断车身空间位置的能力。

1）道路设计（图5-13）。库宽：车身宽（不含后视镜）加60cm；库位长：车身长加70cm；车道宽：车身长的1.5倍；车库距控制线：车身长的1.5倍。

2）通过要求。从道路一端控制线（车身压控制线）倒入车库停车，再前进出库向另一端驶过控制线后再次倒入车库停车，最后前进驶出车库。考试过程中，车辆进退途中不得停车、不得压边线。

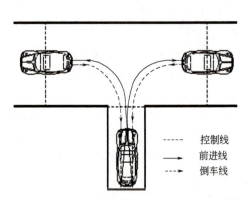

图5-13 汽车倒车入库道路设计

（2）项目2——坡道定点停车与起步 坡道定点停车与起步的目的是考核驾驶人上坡路段驾驭车辆的能力，以及正确地在固定地点靠边停稳车辆并准确使用变速器档位和离合器的能力，以适应在上坡路段等候放行时的操作需要。

1）道路设计（图5-14）。定点停车桩杆距坡底距离>1.5倍车长，全坡长>30m。

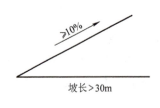 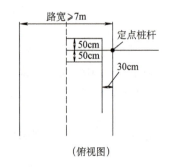

图5-14 汽车坡道定点停车与起步道路设计

2）通过要求。驾驶人通过视觉和感觉及时判断坡道陡度、长短及路宽等道路情况，采取恰当的操作方法，控制车辆准确停车和平稳起步（车辆不得后溜）。驾驶人应做到转向正确，换档迅速，操控转向盘、制动踏板、离合器踏板三者时准确协调。

【温馨提示】

坡道定点停车与起步视频请扫教学资源 5.4 对应的二维码进行观看。

（3）项目3——曲线行驶 曲线行驶的目的是考核驾驶人转向盘的运用与控制车轮运行轨迹的能力。

1）道路设计（图 5-15）。路宽：小型车辆为 3.5m；半径：小型车辆为 8.5m；弧长：3/8 个圆周。

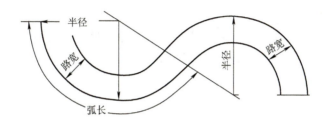

图 5-15 汽车曲线行驶道路设计

2）通过要求。车辆从弯道的一端前进驶入，应减速换档，以低档低速从另一端驶出。行驶中车轮不得压道路边缘线，中途不得停车，转向盘应运用自如。

（4）项目4——直角转弯 直角转弯的目的是考核驾驶人在急弯路段迅速运用转向盘并对车辆内、外轮差距进行正确判断的能力。

1）道路设计（图 5-16）。路长≥1.5 倍车长；路宽：小型车辆为 1 个轴距加 100cm。

2）通过要求。应用低速按规定的线路行驶，一次不停车完成，车辆可以由左向右或由右向左直角转弯通过。

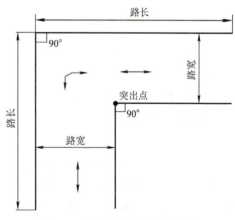

图 5-16 汽车直角转弯道路设计

【温馨提示】

汽车曲线行驶与直角拐弯视频请扫教学资源 5.5 对应的二维码进行观看。

（5）项目5——侧方停车 侧方停车的目的是考核驾驶人是否掌握将整车正确停于道路右侧车位（库）中的技能，以适应日常驾驶中临时停车的需要。

1）道路设计（图 5-17）。车位（库）长：小型车辆为 1.5 倍车长加 1m，其他车辆为 1.5 倍车长；车位（库）宽为车宽加 80cm；车道宽为 1.5 倍车宽加 80cm。

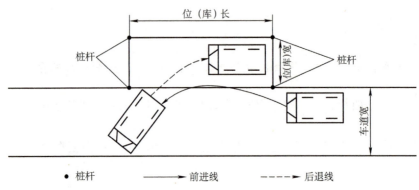

　　● 桩杆　　　——→ 前进线　　　----→ 后退线

图 5-17　汽车侧方停车道路设计

　　2）通过要求。驾驶人应驾驶车辆在库前方靠右停稳后，车轮不压碰车道边线、车位边线的情况下，通过一次倒车的方式将整车移入右侧库位中。

 【温馨提示】

　　侧方停车视频请扫教学资源 5.6 对应的二维码 ▨ 进行观看。

5.2　汽车道路驾驶技巧

知识点 1　汽车道路驾驶应急处理

　　汽车驾驶过程中，可能会发生一些意想不到的事件，作为驾驶人应掌握先避人后避物的处理原则和一些应急处理措施。

1. 高速爆胎应急处理

　　1）马上把危险警告闪光灯打开，让后车知道出现紧急情况。

　　2）不要急踩制动踏板，应逐级退档减速并配合点踩制动踏板，点踩时一定要轻，车速降到 60km/h 后，可适当增加制动力度，靠路边停车。

　　3）在做退档减速的同时，一定要把住转向盘，爆胎后，车辆会出现方向跑偏、甩尾的情况，这时一定不能猛打转向盘，因为车速很快时，高速猛打转向盘会造成车辆失控。

2. 制动失灵应急处理

　　1）当路况风险较小时，可逐级迅速从高档换入低档，用发动机内部阻力拖慢车速到 30km/h 以下时采用驻车制动。

　　2）当下坡而路况不好时，应尽量跳档换入低档后配合驻车制动。

　　3）高速时不要采用驻车制动，尽可能不采用靠蹭路边障碍物的方法使车辆停止，除非不得已。

3. 车辆着火应急措施

　　1）立即停车，打开危险警告闪光灯。

2）尽快取下车载灭火器灭火，若无灭火器可用湿棉被、衣服、毛巾灭火。

3）若无法灭火应立即拨打 119 和 122 报警。

4）竖立警告标志，疏散过往车辆和行人，避免发生意外爆炸时危及他人。

4. 交通事故应急处理

1）马上停车保持现场，并打开危险警告闪光灯、竖立警告标志。

2）有人受伤较重时应立即拨打 120 急救，并尽可能就地施救。

3）拨打 122 电话报警并通知保险公司前来处理。

4）疏散过往车辆和行人，避免造成交通堵塞。

5. 转向突然不灵、失控的应急处理

1）装有转向助力装置的车辆出现转向不灵或转向困难时，应尽快减速，选择安全地点停车，查明原因；若出现转向突然不灵，但还可实现转向，应挂低速档将汽车开到附近修理厂修好再行驶。

2）发现车辆转向失控时，应采取平衡制动的方法控制车辆，切不可对转向失控的高速行驶的车辆使用紧急制动，这样很容易造成翻车。

6. 车辆侧滑的应急处理

1）紧急制动导致车辆发生侧滑时，应立即放松制动踏板，同时向侧滑的方向转动转向盘，并及时回转进行调整，修正方向后再继续行驶。

2）车辆在泥泞路上发生侧滑时，应向侧滑的一侧转动转向盘适量修止；紧急制动或猛转转向盘易导致失控，甚至造成翻车、坠车或碰撞事故。

3）若车辆因转向或擦撞引起侧滑，应先控制车辆前进方向后制动。

7. 发动机突然熄火的应急处理

汽车行驶中发动机突然熄火时，若不能再次起动，应打开右转向灯，将车缓慢滑行到路边停车检查熄火原因。

8. 车辆落水的应急处理

驾驶车辆不慎意外落水，车门受到水的压力难以打开时，应迅速开启车窗（天窗）或用粗重的物体敲碎车窗玻璃（必要时可用脚踹），快速逃生。不要采用关闭车窗阻挡车内进水或打急救电话告知救援人员等错误方法，不要过于惊惶，意外落水通常会有 3~5min 的时间逃生。

9. 高速公路应急处理

1）车辆在高速公路行驶时，除遇异常情况外，不准停车，上、下人员或者装卸货物。当汽车发生故障必须停车检查时，应逐渐向右变更车道，在紧急停车带停车，并打开危险警告闪光灯、竖立警告标志。

2）车辆在高速公路上行驶，发现突然有人或动物横穿时，应果断采取损失小的避让措施。紧急避险措施不应超过必要的限度，因避险不当造成损害时，紧急避险人要承担民事责任。

3）车辆在高速公路上急转向极易造成侧滑碰撞或在离心力作用下翻倾的事故，因此，在高速公路上发生紧急情况时应首先采取制动减速。车辆在高速公路意外撞击护栏时，应稳住方向，适当修正，切忌猛转转向盘。

4）雨天在高速公路上行车时，为避免发生"水滑"现象而造成方向失控，应保持较低的车速。发生"水滑"现象时，应握稳转向盘，逐渐降低车速，不得迅速转向或急踩制动踏板减速。

5）雾天行车应打开防雾灯和车尾雾天信号灯。大雾天在高速公路遇事故不能继续行驶时，须打开危险警告闪光灯和尾灯，按规定设置警告标志，驾乘人员尽快从右侧离开车辆并尽量站到防护栏以外，不得在高速公路上行走。

6）车辆在高速公路上行至隧道出口或凿开的山谷出口处时，可能遇到横风。当驾驶人感到车辆行驶方向不稳时，应双手稳握转向盘，进行微量修正，适当减速。

知识点2　特殊道路和气候条件下的驾驶技巧

1. 山区急弯陡坡道路

山区道路多为顺地势修筑而成，坡长而陡，盘山绕行，弯道多而急，路而狭窄，隧道桥多，气候多变，危险路段多。车行山区路前，应尽量多了解一些地势山形、气温、气象等情况，对车况要适当检查，做好必要的准备。

减速靠右慢行，切勿压中线或盲目超车。

1）过急弯时多鸣喇叭或夜间交替使用远、近光灯提醒对向来车或行人，避免转弯时换档。

2）上陡坡时，必须根据坡道情况选择适当的档位行驶，使发动机保持足够的动力。

3）下陡而长的坡道时，一般选择低档位，以便利用发动机的牵阻作用控制车速，避免使用频繁制动以使效能急剧降低甚至失效；严禁熄火、空档或踏下离合器踏板滑行。

2. 泥泞道路

在土路遇到大雨或较长时间的雨后，路面会变得非常泥泞，汽车容易打滑甩尾或陷轮。

1）握好方向，保持低速通过。

2）选择有胎迹或硬底的路面行车。

3）尽量不停车或换档。

4）车辆若侧滑，不要急制动，应降低车速，缓修方向，驶回正路。

5）若车轮空转打滑，可退出打滑路段再择路面前行。

3. 雨雾天气

1）开前照灯和雾灯，用近光灯。

2）多鸣喇叭或夜间交替使用远、近光灯提醒对向来车或行人。

3）控制车速和车距。

4）尽量不要急制动，避免追尾。

5）保持车窗视线良好，不要太靠边行车。

4. 冰雪天气

1）使用冬季轮胎并准备好防滑链等设备，以备应急。

2）起步要慢，可适当高档起步。

3）保持安全车速和距离。

4）尽量不要急制动，防侧滑或追尾。

5. 人畜密集道路

1）保证前后左右安全距离，减速通过。
2）注意行人和动物的动态，提早判断。
3）不强行加塞或随意变道。

知识点3 汽车驾驶节油技术

汽车油耗高低很大程度上与驾驶人的驾驶技术有关，同一辆车，不同驾驶人驾驶，耗油量的差别可达8%～15%。汽车驾驶应注意的主要问题如下：

1. 适宜的发动机冷却液温度

在汽车行驶过程中，要注意看温度表，发动机正常的冷却液温度应保持在80～90℃之间，过高或过低都会使油耗增加。特别要注意的是，如果散热器中冷却液不足时，很容易导致冷却液温度快速攀升，油耗增加，并且会很容易导致机件磨损和损坏。

2. 合适的轮胎气压

时常检查保持轮胎气压在最佳状态，气压不足会增加耗油量，还会增加轮胎磨损。

3. 暖车起步

汽车冷起动时，应使发动机原地怠速运行（或较低转速行驶）一段时间（俗称暖车），再使汽车起步，由低档到高档，逐渐转入正常工作状态，可达到有效节油和延长汽车寿命的目的。

4. 经济车速运行

汽车说明书提供了最省油的速度区间，行驶时，在遵守高速限速的前提下，利用发动机节气门开度和汽车档位配合，使汽车尽量在经济车速下行驶。

5. 驾驶习惯

驾驶汽车要养成良好的驾驶习惯，在安全驾驶的同时又达到节能环保的要求。尽量避免增加车辆油耗的行为，如：频繁地起停、长时间怠速停车、大力踩加速踏板、猛然松开加速踏板、紧急制动、不停地变速行驶、长时间低档行车、高速开窗行驶、长期装载不必要的重物等。

本章小结

1. 驾驶汽车必须熟练掌握各种操纵机构的使用。

2. 驾驶汽车应当按公安部门规定，符合驾驶人条件，并经培训、考试合格后，依法取得驾驶证。

3. 驾驶人考试共分三部分，依次经过道路交通安全法律、法规和相关知识考试、场地驾驶技能考试、道路驾驶技能和安全文明驾驶常识考试。

4. 汽车驾驶节油技术应注意轮胎气压、暖车起步、适宜的发动机冷却液温度、经济车速运行和空档滑行节油等事项。

5. 驾驶汽车要特别注意雾天、雨天、冰雪天及山区等特殊环境的行车安全。应善于应

急处理爆胎、制动失灵、车辆侧滑、车辆落水、车辆着火、交通事故等。

习题与思考题 ••••••••••••••••••••••••••••••••••

1. 在汽车（或模拟器）上练习各种操纵机构的使用。

2. 我国对考取驾驶证有哪些规定和要求？

3. 调研一下当地交通常见信号和标志有哪些？各自的含义是什么？

4. 观察他人汽车路考，了解一下他们有什么技巧？

5. 咨询有丰富经验的驾驶人，汽车驾驶节油技术除本书提出的内容外，还有哪些经验？

6. 咨询有丰富经验的驾驶人，在特殊环境或天气下如何注意行车安全？

7. 咨询有丰富经验的驾驶人，在行车中曾经遇到什么紧急情况？他们是如何处理的？

第6章 汽车维护

【本章内容架构】

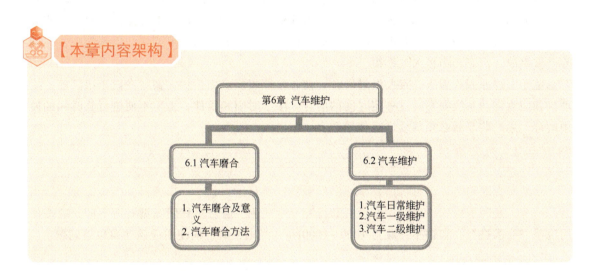

【学习目标要求、重点与难点】

序号	学习目标要求	学习重点	学习难点
1	理解汽车磨合的意义、原则与方法	√	
2	学会汽车日常维护	√	√
3	了解汽车一级维护和二级维护基本内容		√
4	培养学生努力实践、提高技能的作风和献身祖国的精神	√	√

【问题导入】

你对家用交通工具有哪些方面的保养心得体会？

汽车维护对保证汽车性能的充分发挥、减少故障、延长使用寿命都具有极其重要的意义，它主要包括新车磨合、日常维护和定期维护等内容。

6.1　汽车磨合

知识点 1　汽车磨合及意义

汽车磨合是指新购的汽车或大修后的汽车在投入满负荷工作前，按一定的规程所进行的适应性运转。

汽车磨合对减轻汽车磨损、延长汽车寿命、提高汽车功率、降低汽车油耗、减少汽车排污以及保证行车安全意义极大。新出厂或大修的汽车，虽然主要配合件都是新的，运动件表面也很光滑（如缸套与活塞、曲轴与轴瓦），但从显微镜上看，却是凸凹不平的。研究发现，它们摩擦接触面积总和仅为全部面积的 0.1%~1%，如果汽车一开始就大负荷工作或高速行车，势必使这些接触点摩擦温度过高或载荷过大，造成拉伤甚至熔化，出现拉缸、抱轴等严重事故，汽车寿命极大地缩短。

鉴于上述原因，新车一定要经过磨合，使各摩擦表面全面接触。实际在汽车出厂前，发动机和底盘传动系统等都经过一定时间的磨合，限于时间和条件，工厂不便进行长时间的使用磨合，用户购车后必须继续进行使用磨合。

知识点 2　汽车磨合方法

总的磨合原则是发动机转速及车速由低到高，负荷由小到大，变速器各档位应进行适当时间磨合，及时更换润滑油，注意发现和排除异常现象。磨合里程随车型有所不同，应按使用说明书要求进行，如轿车一般为 1000~1500km。汽车在磨合期使用应该注意以下问题。

1. 正确驾驶操作

发动机在起动后，应急速原地升温，待冷却液温度达到起步要求后再行起步。起步时要做到平稳、无冲击。加速时，要缓踩加速踏板，不可急加速。减速时不可越级减档，以减少对传动装置的冲击。在行驶中尽量避免紧急制动，如上海通用别克汽车规定，在第一个350km 内，不要紧急制动。新车不宜用来做"教练车"，避免持续以低速档行驶和长时间定速行驶。

2. 减轻负荷

新车应适当地减轻负荷，使汽车在磨合期内的磨损减少，延长汽车使用寿命。在新车开始使用的 1000km 内，不能超过汽车额定载重量的 80%。当行驶阻力增大时，应及时换入低速档，不能勉强用高速档行驶，以免发动机负荷过大。

3. 限制车速

车辆行驶速度增高时，行驶阻力增大，机件运转速度加快，温度升高，润滑油膜被破坏，致使机件磨损增加。因此，在车辆磨合期间，应严格控制车速，防止发动机转速过高。一般车辆各档行驶速度对应的发动机转速不得超过发动机最高转速的 80%。如上海通用别克汽车在新车开始使用的 1000km 内，车速不得超过 120km/h，不允许把加速踏板踩到底，不要使发动机转速急剧增加。新车不能用来跑长途。

4. 选择道路

车辆在磨合期间，应尽量选择平坦良好的道路行驶，避免在崎岖、陡坡和泥泞等不良的道路上行驶，以减少行驶阻力，从而减轻发动机的负荷。

5. 注意及时发现和排除故障

行驶中应注意聆听发动机的声音，观察各仪表的工作状态，若有异常，应停车检查。注意紧固松动的螺钉，及时排除故障。

6. 更换润滑油

新车在磨合期内，各摩擦副之间配合粗糙，磨损较大，润滑油中金属屑粒较多，因此在新车磨合期内（1000km 左右），应及时更换发动机润滑油、自动变速器油和齿轮油，更换滤清器。

6.2　汽车维护

汽车在使用中，必然造成零件磨损、参数变化或螺钉松动等问题，如果不及时维护，可能造成不应有的经济损失和安全事故。定期维护，可以使汽车的维修费用降到最低，汽车维护与修理"三分修、七分养"，说明了汽车平时维护的重要性。

汽车维护的时间与内容，随不同车型而不同，应按照使用说明书进行定期维护。依据《道路运输车辆技术管理规定》，我国汽车维护分日常维护、一级维护、二级维护三个等级。

知识点 1　汽车日常维护

1. 日常维护时间

汽车日常维护在每天出车前、行车中和收车后进行。

2. 日常维护内容

日常维护以清洁、补给和安全检视为作业中心内容，由驾驶人负责执行。

日常维护的具体内容有：

1）对汽车外观、发动机外表进行清洁，保持车容整洁。若车辆表面有轻微的划痕可用牙膏修复，白色车效果尤为明显。

2）对汽车发动机润滑油（图 6-1）、汽车各部润滑油（脂）、燃油、冷却液（图 6-2）、制动液（图 6-3）、各种工作介质进行检查补给。

3）清除轮胎外表杂物（图 6-4），检查轮胎气压（图 6-5）。

4）对汽车制动、转向、传动、悬架、灯光、信号等安全部位和位置以及发动机运转状态进行检视、校紧，确保行车安全。

【温馨提示】

汽车日常维护部分操作视频请扫教学资源 6.1～6.7 对应的二维码 进行观看。

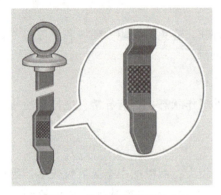

图 6-1　发动机润滑油检查

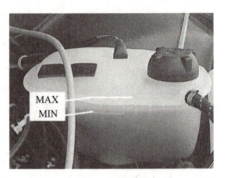

图 6-2　冷却液检查

图 6-3　制动液检查

图 6-4　清除轮胎外表杂物

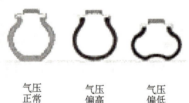

气压正常　　气压偏高　　气压偏低

图 6-5　轮胎气压检查

知识点 2　汽车一级维护

1. 一级维护的时间

汽车一级维护时间应以汽车行驶里程为基本依据，可按使用说明书要求进行，如轿车一般在行驶 5000～7500km 后进行。同时，还应该根据汽车使用条件的不同有所区别，如汽车经常在较差路面行驶或经常大负荷工作，则应提前进行维护。

2. 一级维护的内容

汽车一级维护除日常维护作业外，以清洁、润滑、紧固为作业中心内容，并检查制动、操纵等安全部件，由维修企业负责执行。

汽车一级维护具体内容有：

1）点火系统检查、调整：要求点火系统工作正常。

2）滤清器的清洁或更换：包括发动机空气滤清器、空气压缩机空气滤清器、曲轴箱通风系统空气滤清器、机油滤清器和燃油滤清器的清洁或更换，要求各滤芯应清洁无破损，上下衬垫无残缺，密封良好；滤清器应清洁，安装牢固。

3）油面、液面检查：包括曲轴箱油面、冷却液液面、制动液液面高度检查，应符合规定要求。

4）曲轴箱通风装置、三元催化转化装置外观检查：要求各装置齐全、无损坏。

5）散热器、油底壳、发动机前后支垫、水泵、空气压缩机、进排气歧管、燃油喷射系统各部件连接螺栓的检查校紧：要求各连接部位螺栓、螺母应紧固，锁销、垫圈及胶垫应完好有效。

6）空气压缩机、发电机、空调传动带检查：检查传动带磨损、老化程度，调整传动带松紧度至符合规定要求。

7）转向器检查：检查转向器液面及密封状况，润滑万向节十字轴、横直拉杆、球头销、转向节等部位。

8）离合器检查调整：离合器操纵机构应灵敏可靠；踏板自由行程应符合规定要求。

9）变速器、差速器检查：变速器、差速器液面及密封状况正常，润滑传动轴万向节十字轴、中间轴承，校紧各部连接螺栓，清洁各通气塞。

10）制动系统检查：检查紧固各制动管路、检查调整制动踏板自由行程，要求制动管路接头不漏气，支架螺栓紧固可靠。制动联动机构应灵敏可靠，储气筒无积水、制动踏板自由行程符合规定。

11）车架、车身及各附件检查紧固：各部螺栓及拖钩、挂钩应紧固可靠，无裂损，无窜动，齐全有效。

12）轮胎检查：检查轮辋及压条挡圈应无裂损、变形；检查轮胎气压（包括备胎）应符合规定，气门嘴帽齐全；检查轮毂轴承间隙应无明显松旷。

13）悬架机构检查：要求无损坏、连接可靠。

14）蓄电池检查：电解液液面高度应符合规定，通气孔畅通，电桩夹头清洁、牢固。

15）灯光、仪表、信号装置检查：要求齐全有效，安装牢固。

16）全车润滑点：要求润滑各润滑点，检查润滑嘴应安装正确，齐全有效。

17）全车检查：全车不漏油、不漏水、不漏气、不漏电、不漏尘，各种防尘罩齐全有效。

知识点3　汽车二级维护

1. 二级维护的时间

汽车二级维护时间也是以汽车行驶里程为基本依据的，可按使用说明书要求进行，如轿车一般在行驶 10000~15000km 后进行。同时还应该根据汽车使用条件的不同有所区别，如汽车经常在较差路面行驶或经常大负荷工作，则应提前进行维护。

2. 二级维护的内容

二级维护是除一级维护作业外的主要维护作业，以检查、调整转向节、转向摇臂、制动

蹄片、悬架等安全部件为主，并拆检轮胎，进行轮胎换位，检查调整发动机工作状况和排气污染控制装置等，由维修企业负责执行。

汽车二级维护具体内容较多，应采用专用检测仪器进行检查，汽车主要二级维护检测项目见表6-1。根据检测结果及车辆实际技术状况进行故障诊断，确定附加作业内容。

表 6-1 汽车主要二级维护检测项目

序号	检测项目	序号	检测项目
1	发动机功率,气缸压力	8	前照灯
2	汽车排气污染物,三元催化转化装置的作用	9	操纵稳定性,有无跑偏、发抖、摆头
3	电控燃油喷射系统	10	变速器,有无泄漏、异响、松脱、裂纹等现象,换档是否轻便灵活
4	柴油车检查供油提前角、供油间隔角和喷油泵供油压力		
5	检查制动性能	11	离合器,有无打滑、发抖现象,分离是否彻底,接合是否平稳
6	转向轮定位,主要检查前轮定位角和转向盘自由行程	12	传动轴,有异响、松脱、裂纹等现象
7	车轮动平衡	13	后桥,主减速器有无泄漏、异响、松动、过热等现象

【拓展阅读1】　　　　　　　　汽车换季维护

换季维护是指为了使汽车适应季节的变化而实施的特殊的保护性维护，一般是在入冬和入夏前气温变化较大时进行。其主要作业内容如下：

（1）更换防冻液　按照生产厂商规定的防冻液类型，加注到发动机中。在加注防冻液之前，应对发动机冷却系统进行清洗。

（2）清洁燃油系统　入冬前应对燃油系统进行彻底的清洁，寒冷冬季排除燃油系统故障比较艰难。换季保养时，应彻底清洗（更换）所有滤网，更换燃油滤芯，并清洗油水分离器。

（3）换润滑油　如果使用的是单级油（只适应夏天或冬天），在换季保养时，必须更换符合季节温度要求的润滑油；如果使用的是适应冬夏的多级油，只需要根据换油间隔里程更换润滑油即可。

（4）维护蓄电池　入冬前应对蓄电池进行清洁并补充蒸馏水、调整电解液密度，用充电机进行充电，保证蓄电池状态良好。

（5）检查、清洁和紧固有关部件　如清洁散热器的外部、消除通风阻碍，检查、调整风扇传动带状态，检查节温器工作是否良好，入冬前对发动机散热器适当采取保温措施，冰雪路上行车轮胎花纹不能太浅，尽量使用防滑轮胎。

（6）车身的保护　采用打蜡或者封釉，防止漆面褪色老化。

【拓展阅读2】　　　　　　　　汽车保养妙招

1. 洗车的最佳时间是早晨或是傍晚，千万不要在烈日下洗车，这样车漆会受损。

2. 不宜频繁洗车。由于空调需要干燥，经常洗车会缩短空调寿命。

本章小结

1. 汽车磨合是指新购的汽车或大修后的汽车在投入满负荷工作前，按一定的规程所进行的适应性运转。汽车磨合对减轻汽车磨损、延长汽车寿命、提高汽车功率、降低汽车油耗、减少汽车排污关系极大，汽车在磨合期间运行时应该按照使用说明书要求进行。

2. 汽车维护对保持汽车动力性能、经济性能和安全性能意义重大，应按使用说明书要求严格进行。我国汽车维护分日常维护、一级维护、二级维护三个等级。

习题与思考题

1. 调研一台汽车，了解车主刚买车时是否进行了磨合？如何进行磨合？

2. 调研一辆汽车的日常维护的内容。

3. 调研一个汽车维修厂，了解他们如何进行汽车的一级维护和二级维护？

第7章 汽车设计与制造简介

【本章内容架构】

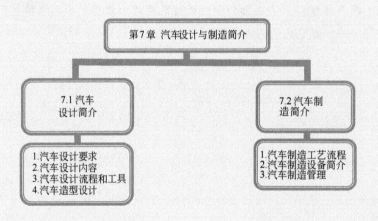

【学习目标要求、重点与难点】

序号	学习目标要求	学习重点	学习难点
1	了解汽车设计要求		
2	了解汽车设计内容	√	
3	了解汽车设计流程		
4	了解汽车设计工具	√	
5	了解汽车造型设计		
6	了解汽车制造工艺流程	√	
7	了解汽车制造设备	√	
8	了解汽车制造管理		√
9	培养学生崇尚科学、热爱专业和献身祖国的精神	√	√

【问题导入】

　　现在我国的汽车工业已经上了一个大台阶，年产量位居世界第一，在城市、高速公路、乡村小道到处是轿车、货车。有人问：汽车是如何生产制造出来的呢，制造之前又是如何设计的呢？本章将对汽车设计和制造进行介绍。

　　"汽车工程学"定义为"系统地探索如何运用人类围绕着汽车所开展的全部活动造福于全人类的学科"。汽车设计和汽车制造处于汽车工程活动的核心地位，没有好的汽车设计，就没有好的汽车产品，没有强大的制造能力，好的设计也不能制造出汽车精品。本章重点介绍汽车设计和汽车制造相关内容，使读者对汽车设计和制造有基本了解。

7.1　汽车设计简介

知识点1　汽车设计要求

1. 功能性要求

　　汽车设计首先要根据车型的使用功能进行设计。比如汽车按照用途进行分类，可分为轿车、客车、载货汽车、牵引汽车、自卸汽车、农用汽车、专用汽车、改装车等，设计时应根据其使用场合、使用特点等进行设计。

2. 法规性要求

　　汽车设计应该在有关标准和法规指导下进行，应符合国家标准，出口产品应符合当地使用国家或地区的标准。

3. 经济性、环保性要求

　　汽车设计时应考虑汽车运行的经济性和环保性，有时这两者不能同时满足，应综合权衡，找到一种符合实际的方案。比如有时为了环保性，牺牲一些经济性，发动机理论空燃比控制就是这种情况。目前的纯电动汽车环保性似乎非常好，但其经济性暂时没有优势，车型设计时选用内燃机或电池驱动电机做动力或混合动力就需要综合考虑。

4. 安全可靠性

　　汽车设计时必须考虑其安全性，包括主动安全和被动安全性能。设计的汽车应可靠耐用，以赢得用户信赖。

5. 车身造型

　　车身造型应符合当代使用者审美要求，同时满足力学性能等工程要求。

6. 轻量化设计要求

　　在保证可靠性的前提下尽量减小汽车的自身质量，可节约材料，降低生产成本，为汽车工业和社会化营运带来经济效益。

7. 系列化要求

　　零件标准化、部件同用化可简化生产，提高功效，同时保证质量。

8. 综合工程需求

汽车设计需符合人机工程、交通工程、制造工程、运营工程、管理工程等工程需求。

知识点2　汽车设计内容

汽车设计分为多个阶段，每个阶段都有各自的设计内容。按先后顺序大致可分为以下几个阶段：汽车产品平台及架构开发、车型战略研究及产品提案、车型立项及技术规范确定、车辆及零件造型设计、零件及系统设计及验证、工程样车试制、整车设计验证、生产过程验证、批量生产。

1. 汽车产品平台及架构开发

汽车企业产品规划及战略部门根据企业愿景及发展战略，搭建不同的汽车产品平台，在各平台上规划不同车型及其开发进度，形成产品型谱。汽车产品平台是指使用相同或相似的动力系统、底盘和下车身等系统以及生产工艺，形成具备一定带宽、可以衍生出不同形态车型的载体。平台化设计方法可以通过资源及经验的共享，实现缩短开发周期、降低开发成本、减少产品质量问题等目的。搭建汽车产品平台是目前全球汽车企业广泛采用的设计开发方法，但对于汽车设计开发来说不是必需的。图7-1所示为某汽车产品平台及型谱。

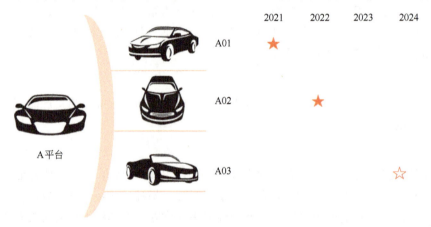

图 7-1　某汽车产品平台及型谱

一般情况下，由整车集成开发部门根据平台及产品型谱的规划，完成产品平台架构开发。架构是指相同的工程解决方案和模块化制造工艺的综合，是平台概念物理上的"同零件"，扩展到设计过程的"同方法"和开发制造过程的模块化，是一种深层次的协同。平台构建包括但不限于以下内容：

1）提出平台架构构思及战略定位。

2）说明平台架构的机遇及范围（细分市场定位、市场销量预测、具体车型规划等）。

3）确定架构的带宽。

4）初步确定汽车形式。

5）初始的架构系统工程策略。

6）架构动力总成生命周期规划。

7）架构初始质量目标。

架构带宽举例见表 7-1。

表 7-1　架构带宽举例

序号	内容	架构带宽范围
1	长 S/mm	$4455 \leqslant S \leqslant 4800$
2	宽 B/mm	$1835 \leqslant B \leqslant 1865$
3	高 H/mm	$1550 \leqslant H \leqslant 1650$
4	轴距 L/mm	$2615 \leqslant L \leqslant 2755$
5	前轮距 B_1/mm	$1548 \leqslant B_1 \leqslant 1560$
6	后轮距 B_2/mm	$1555 \leqslant B_2 \leqslant 1570$
7	满载离地间隙/mm	$\geqslant 130$
8	空载离地间隙/mm	$\geqslant 145$
9	前轮直径/mm	$\leqslant 683$
10	后轮直径/mm	$\leqslant 683$
11	转弯直径/m	$\leqslant 11.2$
12	整备质量/kg	$\leqslant 1850$
13	前轴荷分配(%)（整备）	$50 \sim 57$
14	最大总质量/kg	$\leqslant 2210$
15	驱动形式	前驱+四驱
16	前悬架	麦弗逊
17	后悬架	扭力梁
18	最高车速/(km/h)	$\leqslant 170$
19	0—100km/h 加速时间/s	$\leqslant 8.5$
20	电池包满载离地间隙/mm	$\geqslant 135$
21	自动驾驶级别	$\geqslant L2$

2. 车型战略研究及产品提案

整车集成部门在已经批准的产品型谱的基础上，通过持续的型谱分析和早期架构开发的策略意图，提出具体车型产品提案（含关键系统属性、关键系统布置、关键总成及零件布置、人机布置等）。图 7-2 所示为北汽 EV160 关键零件及总成布置示意图。

通过前期可行性研究确定项目的边界条件，并形成某具体车型初步的产品设计任务书。设计任务书一般包含以下内容：

1）开发目标（细分市场、主要卖点、核心竞品、销售区域、使用环境）。

2）整车及关键系统开发内容（造型开发、整车布置、三电系统、底盘系统、车身及开闭件、温控系统、电子电器系统、智能系统）。

3）量产计划纲领（生命周期、销量目标）。

4）质量目标［整车质保、核心零件质保、3MIS（投入使用 3 个月）］。

5）整车主要技术指标（整车配置结构、整车主要尺寸、内部空间、主要性能）。

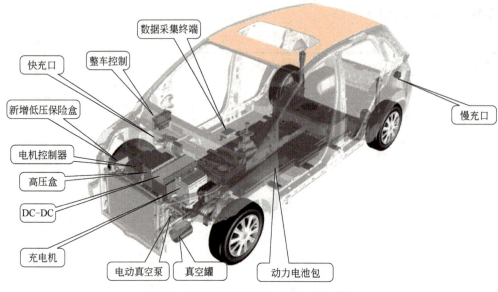

图 7-2 北汽 EV160 关键零件及总成布置

3. 车型立项及技术规范确定

通过可行性分析及评审，推动具体车型项目立项，并对设计任务书中提出的技术要求做进一步调整、细化，形成具体车型的整车技术规范。表 7-2 为整车技术规范举例。

4. 车辆及零件造型设计

造型开发团队根据批准的造型方向，初步设计出多款造型的汽车模型（一般 8 款），经过多轮评审及修改，最后选定 1 款造型作为汽车最终造型方案（8 进 4，4 进 2，2 进 1）。最终造型确定后，如图 7-3 所示，造型团队发布首版汽车数据，作为车身、内外饰、底盘、动力总成等部门的设计输入。

图 7-3 汽车造型设计照片

5. 零件及系统设计及验证

动力总成、底盘、电子电器、车身、内外饰等部门承接整车技术规范的设计要求，分解形成系统技术规范，经车型项目批准，作为设计开发目标，设计开发工作进入详细设计阶段。

表 7-2　整车技术规范举例

序号	项目	序号	项目	序号	项目
1	NVH(噪声、振动、声振粗糙度)	9.1	外观	16.4	电平衡
1.1	通过噪声	9.2	内饰	17	EMC(电磁兼容)
1.2	主观评价	10	重量	17.1	电磁骚扰
1.3	电驱系统噪声	10.1	整备状态	17.2	电磁抗干扰
1.4	路噪	10.2	满载状态	18	安全性能
1.5	风噪	11	水管理	18.1	C-NCAP（2021）
1.6	空调静态客观评价	11.1	用户使用水环境	18.2	C-IASI（2020）
1.7	关门声品质	12	防灾	18.3	E-NCAP（2023）
1.8	电子电器噪声	12.1	保安防灾静态评分	19	活动件操作便利性
2	R&H(操纵稳定性和乘坐舒适性)	12.2	保安防灾动态评分	19.1	车外部件
2.1	主观评价	13	防腐	19.2	车辆部件
2.2	客观测试	13.1	防腐年限（外观）	19.3	电子电器部件
3	制动性能	13.2	防腐年限（功能）	20	自动驾驶
3.1	制动性能主观评价	13.3	防腐年限（安全）	20.1	前向碰撞预警-车速区间
3.2	制动性能客观测试	13.4	车身钣金外观	20.2	自动紧急制动
4	热管理性能	13.5	车身钣金穿孔	20.3	行人保护-车速区间
4.1	空调主观评价	13.6	零件防腐年限（功能）	20.4	车道偏离报警
4.2	空调性能	14	空气质量	20.5	自适应巡航
4.3	整车热平衡及热害	14.1	气味	20.6	车道居中辅助
5	耐久性	14.2	整车 VOC(挥发性有机物)	20.7	自动变道辅助
5.1	使用寿命	15	环保	20.8	自适应弯道巡航
5.2	三电系统耐久里程	15.1	整车回收	20.9	自动限速控制
6	驾驶性	15.2	ELV(整车寿命结束/报废)	20.10	交通标识识别
7	能量管理	15.3	石棉	20.11	智能远光灯控制
7.1	百公里能量消耗率	15.4	多环芳烃	20.12	自动泊车系统
7.2	续驶里程	15.5	REACH 法规	20.13	自主泊车
7.3	动力性	15.6	包装指令	20.14	疲劳分神预警
7.4	充电性能	15.7	POPs 法规	21	互联网
8	人机尺寸	16	电性能	21.1	主观评价
8.1	主观评价	16.1	整车暗电流	21.2	客观测试
8.2	整车尺寸	16.2	感性负载电压/电流性能-正脉冲	21.3	车联安全
9	感知质量	16.3	感性负载电压/电流性能-负脉冲	21.4	AI(人工智能)语音

图 7-4 所示为汽车电子电器架构示意图。

　　汽车企业各专业部门联合零件及系统供应商进行详细的软件、硬件设计开发，并对设计方案进行设计验证，并保留验证试验报告作为达成零件及系统设计要求的证据。

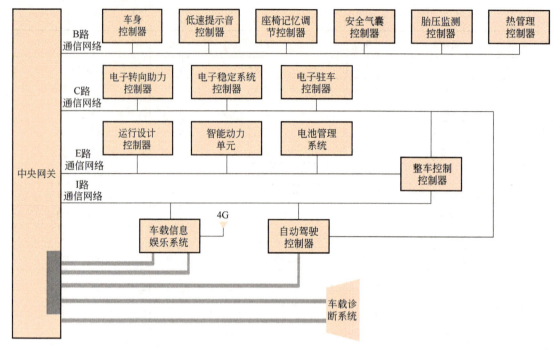

图 7-4　汽车电子电器架构示意图

6. 工程样车试制

系统设计开发工作基本完成后，设计工作进入工程样车试制阶段。车身、底盘、电子电器、内外饰、动力总成等部门提供零件、子系统样件，由试制部门装配成工程样车。工程样车用于验证设计方案的合理性，并识别存在的问题进行整改。工程样车的试制一般在单独试制车间或试制生产线上完成，与将来批量生产的产线不共用。图 7-5 所示为某型号工程样车。

图 7-5　某型号工程样车

7. 整车设计验证

整车试验团队使用工程样车开展整车设计验证试验，以确认当前技术方案能否满足汽车技术规范的要求，并保留试验报告作为达成要求的证据。

根据设计验证试验发现的问题，各部门对设计方案展开整改及整改后再验证。当不同领域间的设计方案存在冲突时，由整车集成部门统筹调整。

设计方案经验证达成设计要求后，设计冻结，并发布冻结后的设计数据。零件供应商依据冻结的设计方案开发正式模具及工装，为批量生产零件做准备。

若设计冻结后发现需对设计方案进行调整的，需发起设计变更流程，经相关专业部门评审会签，项目组同意后变更设计方案。表7-3为整车设计验证内容举例。

表 7-3　整车设计验证内容举例

序　号	项　　目	序　号	项　　目
1	可靠性耐久验证	7.4	路谱采集
1.1	整车综合耐久试验	7.5	悬架系统多通道试验
1.2	整车强度试验	8	制动性能试验
1.3	驱动系统耐久试验	8.1	制动性能匹配试验
1.4	用户环境适应试验	8.2	制动系统使用寿命试验
1.5	四门两盖耐久试验	8.3	防抱制动标定
2	三高（高温、高寒、高原）标定	8.4	电子驻车标定
2.1	高温标定	9	商品性评价
2.2	高寒标定	9.1	商品性总体评价
2.3	高原标定	9.2	整车性能主观评价
3	动力性经济性验证	10	NVH（噪声、振动和振动粗糙度）测试
3.1	道路滑行阻力试验	10.1	NVH 性能主观评价
3.2	动力性能试验	10.2	电驱系统噪声测试
3.3	能量消耗率及续驶里程试验	10.3	空调系统噪声测试
4	电驱动标定	10.4	整车气密性测试
4.1	智能动力单元标定	10.5	关门声品质测试
5	动力电池标定	10.6	电子电器噪声测试
5.1	电池管理系统标定	10.7	整车路噪测试
5.2	高寒标定	10.8	整车风噪测试
5.3	高温标定	10.9	整车异响测试
6	整车控制器测试和标定	10.10	低速行驶提示音试验
6.1	试验场标定	10.11	加速行驶车外噪声试验
6.2	转毂标定	11	安全性能试验
6.3	高温标定	11.1	正面碰撞试验
6.4	高寒标定	11.2	侧面碰撞试验
6.5	软件功能测试	11.3	后面碰撞试验
7	R&H（驾驶性和操控性）调校	11.4	正面中心柱碰试验
7.1	悬架转向调校	11.5	侧面柱碰试验
7.2	操稳平顺性客观测试	11.6	行人保护试验
7.3	轮胎冲击试验	12	CFD（计算流体动力学）

（续）

序　号	项　目	序　号	项　目
12.1	实车风洞试验	17.1	整车淋雨试验
13	热管理试验	17.2	整车涉水试验
13.1	空调系统加注量试验	17.3	整车腐蚀试验
13.2	夏季道路标定	18	人机尺寸
13.3	冬季道路标定	18.1	整车尺寸和人机硬点验证
13.4	整车降温性能试验	19	重量
13.5	整车采暖性能试验	19.1	整车质心测量
13.6	整车玻璃除霜除雾性能试验	20	智能驾驶
13.7	整车冷却及热管理性能试验	20.1	雷达匹配标定
14	电子电器	20.2	视觉感知模块标定
14.1	集成测试和软件发布	20.3	紧急制动系统数据采集
14.2	车身电控系统功能标定	20.4	自动泊车测试
14.3	电磁兼容试验	21	车联网
14.4	整车电性能试验	21.1	导航应用测试
15	空气质量	21.2	组合仪表调试
15.1	空气质量主观评价	22	嵌入式
16	保安防灾	22.1	大屏测试
16.1	保安防灾静态评价	22.2	天线调试
16.2	保安防灾动态试验	23	活动件操作便利性
17	水管理	23.1	活动件操作便利性评价

　　为使读者对整车试验有一个较深刻的印象，下面重点对汽车碰撞安全性能、汽车整车性能试验和汽车风洞试验进行介绍。

　　（1）汽车碰撞安全性能试验　汽车在使用过程中，难免会发生各种各样的碰撞事故，因此，在开发汽车产品时，汽车的碰撞安全性能显得非常重要，其中在发生剧烈碰撞后，要求乘员空间相对保持完好，以免给乘员造成致命伤害。一个重要手段就是实车碰撞试验，汽车以一定速度冲向障碍物，记录假人的受力情况、车身等部位的变形参数等，以评估该车的碰撞性能。

　　目前国内汽车制造商对汽车安全性能评价的依据主要参照中国新车评价规程，简称C-NCAP，经过多次修订，现行最新版为2021版的C-NCAP，试验内容分为乘员保护、行人保护、主动安全、总体评价，评价结果有星级要求，最高五星，最低两星，如图7-6所示。

　　（2）汽车整车性能试验　汽车整车性能试验包括动力性能试验、燃料经济性试验、制动性能试验、操纵稳定性试验、平顺性试验、通过性试验等，其可靠性试验往往在汽车试验场和特定地域环境试验等，另外汽车着火试验对安全性能也非常重要。车辆火灾是指机动车

本身以外的火源引起的、在时间或空间上失去控制的燃烧（即有热、有光、有火焰的剧烈的氧化反应）所造成的灾害。按照起火原因，汽车火灾可以分为自燃、引燃、碰撞起火、雷击和爆炸五种类型。汽车着火试验主要评价着火前是否可提前预防，着火后温度、火势蔓延速度，是否爆炸，逃生时间是否足够等。常见的汽车整车性能试验项目见表7-4。

（3）汽车风洞试验　一辆汽车在正常行驶过程中都需要面对三种阻力，分别是机械阻力、轮胎阻力、空气阻力。而空气阻力数值就是经常说的风阻系数，其数值越小受到的阻力也就越小。风阻系数的大小跟车辆体积有着直接的关系，体积越大则风阻系数越大。因为三厢车有着流线型的外表和较低的车身结构，所以它的风阻系数最小，而SUV和MPV等车型因为有一个高大的车身，

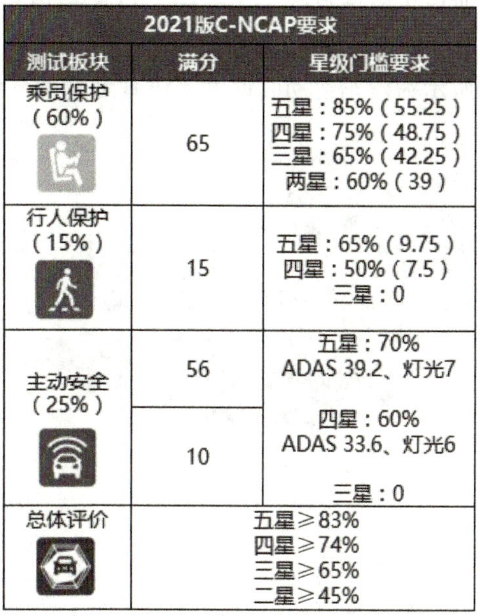

2021版C-NCAP要求		
测试板块	满分	星级门槛要求
乘员保护（60%）	65	五星：85%（55.25） 四星：75%（48.75） 三星：65%（42.25） 两星：60%（39）
行人保护（15%）	15	五星：65%（9.75） 四星：50%（7.5） 三星：0
主动安全（25%）	56	五星：70% ADAS 39.2、灯光7
	10	四星：60% ADAS 33.6、灯光6 三星：0
总体评价		五星≥83% 四星≥74% 三星≥65% 二星≥45%

图7-6　2021版的C-NCAP星级评价要求

表7-4　常见的汽车整车性能试验项目

序号	整车性能试验项目		试验方向	试验参考照片
	领域	试验项目		
1	可靠耐久试验	综合耐久	技术开发角度	综合耐久试验 冬季试验 夏季试验 道路适应性
2		驱动耐久		
3		高强耐久		
4		制动耐久		
5		四门立柱耐久		
6		24通道耐久		
7		全国道路适应性-16万km	用户角度	
8	环境与热管理	夏季试验		
9		冬季试验		
10		高原试验（气压，空气稀薄对电动车影响小）		
11		环模试验		
12		道路路谱采集、底盘调教、操稳专项	技术开发角度	
13	标定类试验	ECU、VCU、TCU、ESP、EPB、电子电器、辅助驾驶		
14		发动机、变速器标定		
15		BMS、电机标定		
16	其他专项	整车性能，制动、电子试验、台架、涉水等		
17		新能源专项		
18		强化腐蚀		

所以风阻系数则要大一些。现代乘用车的风阻系数为 0.2~0.5。测算方式则主要来自汽车"风洞试验"，借由风速来模拟汽车行驶时的速度，用以测算其准确的空气阻力数值。图 7-7 所示为汽车运动时的气流仿真示意图。图 7-8 所示为某风洞试验实验室。

图 7-7　汽车运动时的气流仿真示意图　　　　图 7-8　某风洞试验实验室

8. 生产过程验证

汽车产品设计的同时，生产工艺团队根据汽车设计方案开展生产过程设计同步工程。工程样车试制过程为汽车批量生产过程提供了参考。正式模具及工装零件到货后，使用批量生产汽车的生产线设备进行汽车试装。此轮试装主要目的是验证装配方案的可行性，并识别装配过程存在的问题并整改，以确保汽车能在生产线上按设定的节拍批量生产。

9. 批量生产

生产过程验证试装活动结束，相关问题基本整改完成后，汽车达到了批量生产的条件。至此，汽车设计工作全部结束，可以整理归纳设计资料，完成最终设计报告等。

知识点 3　汽车设计流程和工具

1. 汽车设计流程和工具简介

一台汽车由 2~3 万个零部件构成，如图 7-9 所示，从商品规划到量产上市，一般需要 5

图 7-9　汽车零件组成示意图

年以上，其复杂性和工作量迫使人们借助各种各样的设计工具，以提高新车开发效率。汽车设计工具包括辅助设计硬件和软件系统，计算机制图软件如 CAD，建模分析软件如 ANSYS等。有时这些软件的使用还结合硬件控制杆等部件，就像游戏机的控制按键杆等一样。广义上讲，一些设计试验设备也可以看作是设计工具。图 7-10 所示为汽车设计流程及其可能使用的开发工具示意图。

图 7-10　汽车设计流程及其开发工具示意图

下面以汽车悬架弹簧设计为例，简述汽车设计工具的应用。悬架弹簧作为汽油车或者电动车都要用到的零部件，其设计已逐渐实现标准化。图 7-11 所示为常见的汽车前悬架示意图。设计悬架弹簧时可能分别采用了 ANSYS 有限元分析软件、ABAQUS 仿真软件、CATIA 等软件，分述如下。

步骤 1：根据 OEM（原始设备制造商）提供的部品设计开发依据（如丰田 RDDP），根据输入要求，理论计算出弹簧的参数（如线径、弹簧中径、阈值等），如图 7-12所示。

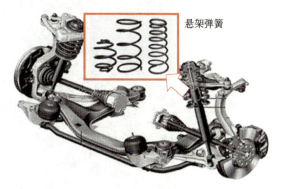

图 7-11　汽车前悬架示意图

步骤 2：使用 ABAQUS 仿真软件，根据弹簧参数创建弹簧数模，分别进行应力分析和干涉分析，经过多轮调整得到弹簧最优方案；另外基于 ABAQUS 软件，还可以编程分析悬架弹簧设计，大大减少设计时间，操作简单，如图 7-13 所示。

步骤 3：使用 CATIA，将弹簧最优方案作成正式图，如图 7-14 所示。试作和设计验证环节可使用 3D 尺寸测量仪，扫描调试的样件，与设计数模对比，使样件与设计不断趋近相同。通过动态应变检测仪实际确认样件的应力水平，可判断理论设计与实际结果的差异。

前簧设计输入（客户提供）

序号	参数
1	车身端内径
2	车桥端内径
3	弹簧中间外径,或周边干涉区域尺寸
4	设计高度
5	设计高度对应的负荷
6	弹簧刚度
7	侧向力位移,或减振器及周边件的硬点坐标
8	上极限高度
9	下极限高度
10	上托盘倾斜角度
11	下托盘偏心距
12	下托盘倾斜角度
13	下托盘数模,或轮廓参数
14	耐久寿命标准
15	蠕变试验标准

注:客户需注意橡胶垫的变形量

			Criteria	Judgement
Forming		Hot	-	-
SP method		e-ISP+SP	-	-
Wahl stress		1256	≤1260[MPa]※	OK
Size		13.1	-	-
Coil Inner Diameter		147.0	-	-
Total turns		4.35	-	-
Mass		2.17	-	-
Reaction force at FRB		2800	≥400[N]	OK
FEM Result	Stress amplitude	395	≤500[MPa]※	OK
	Coil to coil gap	4.1	≥4.0[mm]※	OK
	interference gap	Next page	≥4.0[mm]※	OK
	Load axis (UX,UY) @STD	(-1.8,5.8)	(0.0±5.0, 6.1±5.0)	OK
	Load axis (LX,LY) @STD	(-2.3,41.9)	(0.0±5.0, 41.9±5.0)	OK

@STD

@FBD

图 7-12　ANSYS 有限元分析软件进行悬架弹簧设计示例

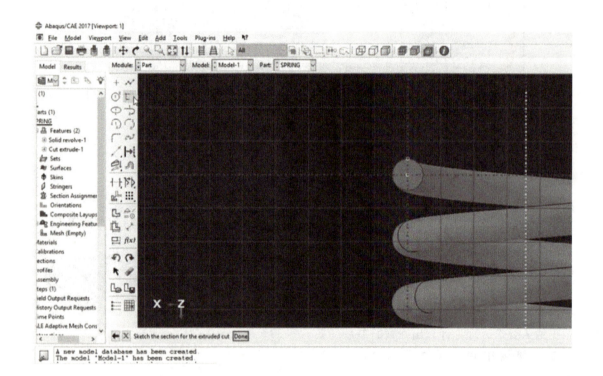

图 7-13　应用 ABAQUS 仿真软件进行悬架弹簧设计示例

2. 车辆互联网设计技术工具

车辆网联，即车内和车辆之间的信息交互，有时还包括车辆与外部设施以及管理部门的信息交互。仿真工具是车载网络性能评估不可分割的组成部分，包括网络仿真工具、道路交通仿真工具以及 IVC（车辆间通信）仿真框架。常见网络仿真工具见表 7-5。

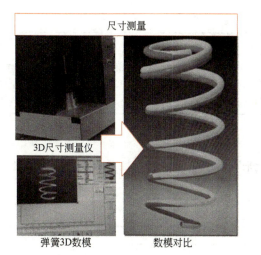

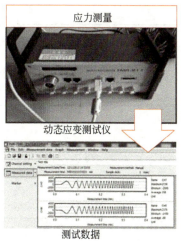

图 7-14　应用 CATIA 软件进行悬架弹簧设计示例

表 7-5　常见网络仿真工具

仿真工具	程序语言	默认模型库	编程语言
ns-2	C++	ns-2	Objective
ns-3	C++	ns-3	Python
OMNeT++	C++	INET	C++
JiST	Java	SWANS	Java

　　常见可生成综合车辆行为的道路交通仿真工具包括 SUMO 仿真环境和 Vissim。网络和道路交通模拟的仿真工具经过双向耦合形成的 IVC 仿真扩建，最成功的例子有 Veins 仿真框架、ITetris 仿真框架、VSIMRTI 仿真框架等。

3. 氢燃料电池设计工具

　　目前氢燃料电池应用于商用车尤其是大型客货车已越来越成为可行的做法。应用一些设计工具可以辅助氢燃料电池的设计。表 7-6 列出了常见的氢燃料电池设计工具。

表 7-6　氢燃料电池设计工具

序号	用途	软件名	属地	公司	图示
1	电堆仿真软件	ABAQUS	法国	达索	Abaqus/CAE 6.10
2	流体系统设计系统流程图	Visio	美国	微软	Visio Professional 2013
3	流体系统仿真计算	Flowmaster2	英国	Flowmaster	Flowmaster

（续）

序号	用途	软件名	属地	公司	图示
4	流体系统建模软件	AVL-CRUISE M	奥地利	李斯特（AVL）	

4. 性能试验工具

另外，汽车产品将通过各种性能试验来确认满足设计可靠性要求。一些相关性能试验工具见表7-7。

表 7-7 性能试验工具

序号	性能试验	试验工具
1	盐雾试验	盐雾箱
2	腐蚀耐久试验	CCT 循环试验箱
3	大气耐久试验	疲劳试验机
4	刚度负荷	弹簧测力机
5	负荷异响	弹簧测力机+橡胶锤

5. 汽车设计品质管理工具

如何保证设计品质呢？通常可采用一些设计品质管理工具进行调控。这里所提到的品质指的是顾客期待与产品性能（安全、耐久性、易用性和感性等）的一致程度。为创造出品质，防患于未然是必要的，即预测将来可能发生的问题，应对于未然。设计者未然防止常用的管理工具包括 DRBFM（Design Review Based on Failure Modes，故障模式的设计评审）和 FMEA（Failure Mode and Effect Analysis，故障模式与影响分析），贯穿设计到量产整个过程。这两个工具的区别见表7-8。

表 7-8 设计品质管理工具对照

类型	故障模式的抽出方法	特征
DRBFM	变更点及变化点带来的故障模式	1. 基础部品的变更时有效 2. 工时短
FMEA	对全部机能提取所有故障模式	1. 新规部品的开发时有效 2. 工时长

实际上，即使做了很多未然防止措施，新车型开发过程中还是会发生各种问题，解决问题需要具备必要的 QC（Quality Control，质量管理）观察方式和思考方式，如 PDCA 循环、SDCA 循环、过程重现、标准化、源头管理、实地实物主义等，运用 QC 手法、偏差管理等方法暴露问题，并使用工具分析和解决问题，比如丰田汽车公司的 TBP、8D 报告等。

知识点 4　汽车造型设计

汽车造型设计往往需要对汽车外在形态、内部形态进行设计，包括色彩和质感等。好的造型设计能使消费者对产品有非常好的第一印象，为进一步购买使用"创造条件"。一些超前的设计往往在车身造型上先下功夫，当然也包括各种新结构和新技术的应用。本知识点介

绍汽车造型设计。

(1) 草图绘制　汽车造型表面可以看作无数条曲线的组合，同时可以找到若干最重要的曲线，它们的形态直接影响整车的最终造型。草图绘制就是把这些关键曲线绘制出来，再加上其他曲线，可构成二维的视图，包括正前视图、正后视图、正侧视图、顶视图这四个视图，这些视图早期可以无须严格的尺寸，但需要把握住一些最为重要的基本造型尺寸，如果再添加决定性尺寸，则这四个视图可修改成三视图（正视图、左/右视图、俯视图），如图7-15所示。三视图一般具有较为严格的尺寸要求，经过反复比较修改或集体评审后，三视图可作为油泥模型制作的依据，为此还需要有法规专家、工艺师、美工师等专业设计人员一起参加，集思广益。

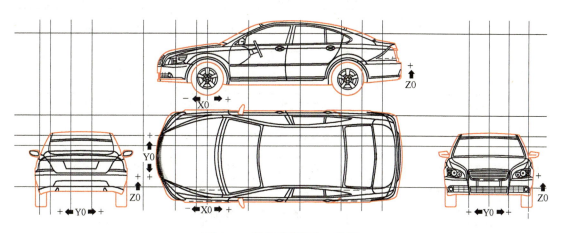

图 7-15　某设计草图之三视图

根据二维视图也可以生成三维视图，以增强立体感，方便讨论和评审。这些二维视图和三维视图也可以借助计算机来完成，如图7-16所示。

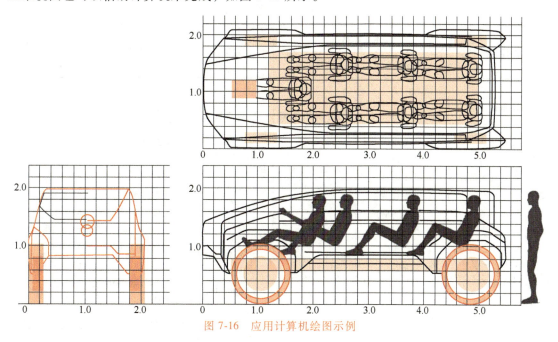

图 7-16　应用计算机绘图示例

（2）油泥模型制作　　前面介绍了草图绘制，甚至可以使用计算机进行三维造型设计、虚拟设计等，但毕竟是图形展示，与实际作品仍有差距，所以，为了设计出更加完美的造型，往往还需要制作实体模型，使用油泥作为表面材料是非常普遍的做法，称之为油泥模型。制作油泥模型时，一般可先按1∶4比例来做，即缩小实体到1/4，也可以按1∶5或1∶10来做。如果需要，还可以按1∶1比例来做，这个模型与实际产品几乎一样，可为产品定型提供较丰富的决策依据，但成本高，费时费力。油泥模型制作程序可参考表7-9，所需工具可参考表7-10，所需材料见表7-11。

表 7-9　油泥模型制作程序

序号	制作程序	序号	制作程序	序号	制作程序
1	模型制作前三视图的会审及打印	9	模型制作时怎样利用卡板	17	前后保险杠制作
2	小平台的布置	10	把X、Y、Z方向的坐标线复制到模型上	18	轮口及轮罩制作
3	卡板的制作方法	11	车顶的制作	19	模型构缝的方法
4	样板和现场样板的制作方法	12	制作前后风窗玻璃	20	模型倒角的方法
5	比例模型骨架设计及制作	13	台肩以上侧面玻璃的制作	21	模型最后一遍精修过程
6	骨架与平台的衔接	14	车身的制作	22	比例模型车轮的制作
7	坯胎的制作	15	发动机舱盖的制作（包括格栅及车灯）	23	后视镜的制作
8	敷油泥的整个过程	16	行李舱的制作（包括牌照口）	24	门拉手的制作

表 7-10　制作油泥模型所需工具

油泥工具	木工工具		测量工具	研磨工具	其他工具
	小型电动工具	手动工具			
1. 直角油泥刮刀（大、中、小） 2. 弧度油泥刮刀（大、中、小） 3. 直线弧度油泥刮刀 4. 精细油泥刮刀（大、中、小） 5. 圆角油泥刮刀 6. 弧面油泥刮刀 7. 三角油泥刮刀 8. 蛋形油泥刮刀	1. 小型电锯 2. 小型电刨 3. 小型电钻 4. 小型曲线锯 5. 小型角磨机 6. 小型打磨机 7. 气钉枪 8. 拉铆枪	1. 木工手锯（大、中、小） 2. 刀锯 3. 曲线手锯 4. 木工刨（大、中、小） 5. 螃蟹刨 6. 錾子（各种规格） 7. 异形錾子 8. 铲刀	1. 钢直尺（长、短） 2. 三角板（一套） 3. 水平尺 4. 游标卡尺 5. 卷尺 6. 高度尺 7. 红外线激光水平仪 8. 定型束针尺	1. 磨石（粗细各一种） 2. 三角锉 3. 平板锉 4. 整形锉 5. 半圆锉 6. 自制卡板、样板锉打磨工具 7. 砂布（F80～F120） 8. 水砂纸（F400～F1200）	1. 吸尘器 2. 剪刀 3. 美工刀 4. 批灰刀 5. 钢锯 6. 钳子 7. 刷子 8. 气泵

（续）

油泥工具	木工工具		测量工具	研磨工具	其他工具
	小型电动工具	手动工具			
9. 单头凸面刮削工具(大、中、小) 10. 导缝槽刀(各种规格) 11. 一刀一齿钢制刮片(各种规格) 12. 钢制刮刀(各种规格) 13. 钢制异形刮片(各种规格) 14. 油泥刀 15. 油泥刨刀 16. 油泥整形刀 17. 弧形钢制大刮片(各种规格:适用于1:1模型)		9. 斜刀 10. 斧子 11. 半角锤 12. 木锯 13. 墨斗	9. 弧形轨道尺 10. 圆规 11. 方箱 12. 丁字铁 13. 划线尺		9. 喷漆枪 10. 油水分离器 11. 台虎钳 12. 热熔硅胶枪

表 7-11 制作油泥模型所需材料

木材类	模型外表用材	各类贴膜	辅助用材	化学板类	贴接类	胶带类	油漆类
1. 红白松 2. 细木工板 3. 多层板 4. 三合板	1. 油泥 2. 石膏粉 3. 腻子粉 4. 代木	1. 整车用贴膜 2. 内饰贴膜 3. 车窗贴膜 4. 镀铬贴膜	1. 抛光粉 2. 滑石粉 3. 原子灰 4. 各种金属钉	1. 聚氨酯泡沫板 2. 聚苯乙烯泡沫板 3. 聚氨酯保温板 4. 有机玻璃胶 5. 塑料板 6. 纤维板 7. KT板 8. 纸板 9. 铝合金板	1. 白乳胶 2. 泡沫胶 3. 501、502胶 4. 塑料胶 5. 泡沫填充剂	1. 彩色纸胶带 2. 黑色纸胶带 3. 镀铬胶带 4. 双面胶带 5. 透明胶带 6. 纸胶带	1. 硝基各种外用漆 2. 醇酸各种外用漆 3. 硝基稀释剂 4. 醇酸稀释剂 5. 各种底漆 6. 防锈漆

图 7-17 所示为某车型油泥模型的侧视图（未装饰），具体的制作过程可参考相关书籍。最后需要提醒一下，模型除外形模型外，还包括内饰模型，如图 7-18 所示。

图 7-17 某车型油泥模型的侧视图（未装饰）

图 7-18 某车型内饰模型

7.2　汽车制造简介

知识点 1　汽车制造工艺流程

　　汽车制造工艺通常包括铸造、锻造、冲压、机械加工、焊接、涂装和总装工艺。其中，冲压、焊装、涂装和总装称为汽车制造四大工艺流程。常见的汽车制造工艺流程示意图如图7-19 所示。

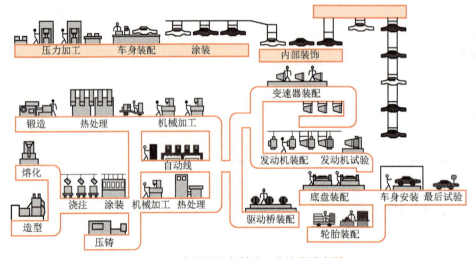

图 7-19　常见的汽车制造工艺流程示意图

1. 铸造工艺

　　铸造是一种通过零件空腔模型充满金属液然后冷却成形的零件生产工艺，应用非常广泛，汽车的发动机缸体、凸轮轴、排气歧管、差速器外壳、汽车卡钳、制动片、叉形臂等都可以通过铸造来生产，铸造后的零件一般也需要进行适当的机械加工等工序变成产品；某些产品在冷却成形过程中施加压力则成为压铸工艺，压力可以到达 1000MPa 以上。铸造用的金属材料可以是铁、铝、铜等。图 7-20 所示为砂型铸造示意图。图 7-21 所示为某制动片铸造车间照片。图 7-22 所示为某轮毂压铸生产线。

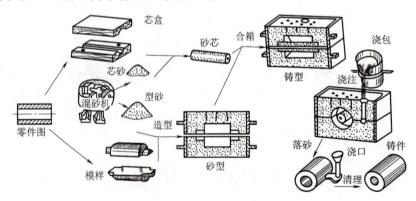

图 7-20　砂型铸造示意图

图 7-21　某制动片铸造车间照片

图 7-22　某轮毂压铸生产线

2. 锻造工艺

锻造利用设备对金属胚料施加压力，一般需要多次重复，以优化金属内部结构，获得良好的力学性能。汽车的轮毂轴承、中间轴、驱动半轴、下接球头、外接球头、内接球头、曲轴、活塞连杆、变速器齿轮等都可以通过锻造来进行加工。同样，锻造后的零件一般仍需要增加一些加工流程，才能成为最终产品。图 7-23 所示为锻造生产。

图 7-23　锻造生产

3. 冲压工艺

冲压利用金属的塑性变形，采用模具和冲压设备对板料施加冲击力，以获得具有一定形状和尺寸的零件，一般在冷态进行加工。现阶段也有采用热压工艺对某些零件进行加工。汽车车身、钣金件等适合采用冲压加工方法制造。图 7-24 所示为冲压车间示意图。图 7-25 所

示为某工厂多功能冲压生产线。

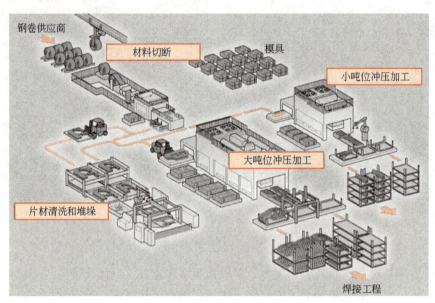

图 7-24　冲压车间示意图

图 7-25　某工厂多功能冲压生产线

4. 机械加工工艺

机械加工是改变待加工零件的尺寸和形状的一种加工工艺，包括冷加工和热加工。这里一般指冷加工，包括车削、钻削、铣削、镗削、刨削、磨削、拉削等。汽车的许多零件如轮毂轴承、差速器、传动轴、变速器、驱动半轴、发动机支架、发动机、轴向系统等都需要进行一系列的机械加工工艺才能成为产品。图 7-26 所示为滚齿加工工艺示意图。

5. 焊接工艺

焊接是一种采用高温或高压的手段将两件分开的相同材料的零件接合在一

图 7-26　滚齿加工工艺示意图

起的加工工艺。根据焊接能量的不同可分为电弧焊、激光焊等多种焊接方式，其中电弧焊应用广泛。进行焊接时必须采取可靠的防护措施。图 7-27 所示为焊接场地示意图。图 7-28 所示为汽车地板焊接生产线场景。图 7-29 所示为车身焊接总拼生产线场景。

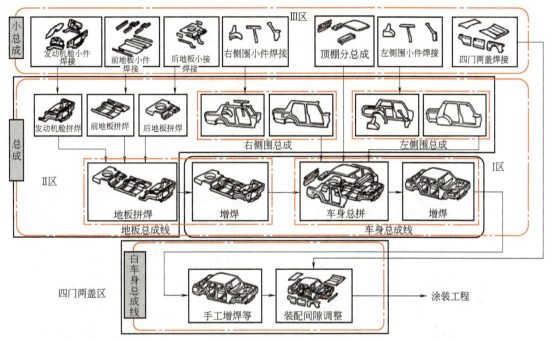

图 7-27 焊接场地示意图

图 7-28 汽车地板焊接生产线场景

图 7-29 车身焊接总拼生产线场景

6. 涂装工艺

为了保护金属件免受腐蚀，可以在其表面喷涂保护膜，比如油漆，这种工艺称为涂装，显然其他材料也可以进行喷涂。因此涂装可以使零件更耐用、更美观，同时可以通过控制喷涂颜色来做区别标识。如不同颜色的车牌代表不同类型的车辆。涂装之前必须进行表面处理，以保证工艺质量。图 7-30 所示为涂装车间示意图。图 7-31 所示为全自动机械手涂密封胶作业场景。图 7-32 所示为防石击喷涂作业场景。图 7-33 所示为车身外部喷涂作业场景。图 7-34 所示为车身内部喷涂作业场景。

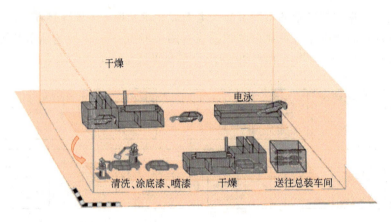

图 7-30　涂装车间示意图

图 7-31　全自动机械手涂密封胶作业场景

图 7-32　防石击喷涂作业场景

图 7-33　车身外部喷涂作业场景

图 7-34　车身内部喷涂作业场景

7. 总装工艺

　　将所有汽车零部件组装成完整汽车全部工艺的总称就是总装工艺。目前总装工艺一般都在机械化和智能化的流水生产线上完成。图 7-35 所示为某车型总装工艺流程示意图。图 7-36 所示为某车型仪表装配线场景。图 7-37 所示为某车型车轮装配线场景。图 7-38 所示为某车型底盘装配生产线场景。图 7-39 所示为某车型底盘分装线场景。图 7-40 所示为某车型电池包装配线场景。

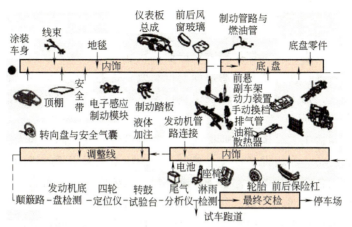

图 7-35 某车型总装工艺流程示意图

图 7-36 某车型仪表装配线场景

图 7-37 某车型车轮装配线场景

图 7-38 某车型底盘装配生产线场景

图 7-39 某车型底盘分装线场景

图 7-40 某车型电池包装配线场景

知识点 2 汽车制造设备简介

汽车行业自诞生以来，一直都是先进制造业的代表之一。汽车制造设备中广泛采用自动化、智能化等先进技术，使得汽车制造过程变得高效、智能、品质优越。特别是近几年逐渐兴起的智能制造概念，加入自动化、图像识别技术、物联网技术等，使得制造过程更为智能先进。

前面介绍汽车制造工艺时也相应地提到了其制造设备。汽车制造四大工艺流程分别对应有冲压设备、焊装设备、涂装设备以及总装设备。冲压工艺采用千吨级的冲压机床配合高精度的模具，将车身上各部位的钣金件制造出来；焊装工艺则通过一台台全自动的激光焊接机器人，将各钣金件拼焊成四门两盖、前后地板等总成件，并最终焊接成为"白车身"；涂装工艺先将白车身通过电泳设备对白车身进行电泳处理，使车身达到可靠的防锈效果，并再通过喷涂机器人对电泳车身进行底涂、中涂、面漆，最终制造出色彩艳丽的车身；总装工艺则采用各种搭载设备将各种零部件装配到车身上，采用各种拧紧设备来保证各零部件间的连接可靠性，最后采用液注设备对车辆进行各类液体的加注，最终一辆完成的车辆从总装车间下线。

汽车制造业作为一种重工业，广泛采用技术先进的制造设备来有效地提高制造效率、产品品质及生产安全。自 1913 年美国福特汽车公司开创流水线生产模式以来，当今所有批量生产模式的汽车企业无一例外地均采用自动化生产线的模式来进行生产。生产线的效率以 JPH（Job per Hour）来衡量，即每小时生产汽车的台数。如日本丰田汽车公司的生产线均能达到 60JPH 以上。图 7-41 所示为汽车制造生产线示意图。

工业机器人的广泛采用是汽车厂提高生产率的一个重要因素。焊装车间采用基于工业机器人与激光焊接技术结合的自动化装备，机器人在工件的搬运、定位、焊接过程中均更为精准、高效。轿车车身激光焊接自动化工装设备在国际上各知名汽车制造公司

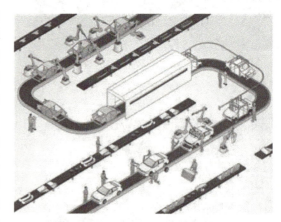

图 7-41　汽车制造生产线示意图

已得到广泛应用，美国三大汽车集团及日韩汽车制造公司的生产线上均采用了大量的激光焊接机器人。总装车间的轮胎安装岗位搭载的拧紧一体化机器人，能够实现轮胎的抓取、安装、拧紧作业一步到位，同样极大地缩短了轮胎装配的工时。图 7-42 所示为工业机器人现场作业场景。

高精度的设备能够很好地保证汽车的制造品质。在汽车的生产过程中存在大量的螺栓拧紧作业，关键的拧紧部位如发动机的固定螺栓、悬架固定螺栓及轮胎固定螺栓等，绝大多数采用电动拧紧轴，能够保证螺栓的扭力值达到理论值精度的 5%，且扭力数据能够记录存档并可追溯；又如汽车风窗玻璃的装配，主流汽车企业均采用机器人自动涂胶，能够保证玻璃上涂胶轨迹、尺寸精度在 ±1mm 以内，确保玻璃装配后密封性合格率在 99.9% 以上。可见，生产设备通过保证生产过程中的一致性，使得汽车的制作品质得到保证。

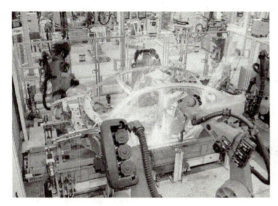

图 7-42 工业机器人现场作业场景

生产设备在保证制造过程中的效率和品质的同时，也必须确保生产作业者的安全。生产设备在运转过程中，必然存在一定的危险性，如搭载设备的动作部位存在夹伤风险，吊装设备存在工件掉落砸伤风险等。生产设备在设计、制造时就必须考虑安全风险并实施规避措施。生产设备主要通过以下几种方法规避安全危险：将设备的危险源隔离在人接触不到的范围内，如将输送线的驱动部位设置在护栏、护网内，彻底隔离使人无法触碰到；若无法将危险源彻底隔离，则采用安全传感器如安全光幕、安全门锁等，当作业者靠近危险源时触发到安全传感器，设备立即停止避免危险发生；在一些存在掉落砸伤的空中设备中，采用二次保护装置，如钢丝绳、铁链等，当发生意外掉落时能起到保护作用。

工业4.0概念面世以来，数字化、智能化工厂就是其中一个发展方向，制造工厂将大数据、物联网等新兴信息技术与制造设备相结合，促使设备制造向智造的转变。尤其是近几年新能源汽车的兴起，推动了汽车行业智能制造的发展进步。数字化工厂最大的特点是高度集成的生产制造系统（MES）。MES通过对各类生产信息数据进行分析处理，实现过程控制、质量追溯、物料配送等功能，MES还能将生产制造状况生成各类报表，供企业管理者分析研究。汽车智能制造的另一个重点是智能物流配送。传统的物流配送都是由工人将相应的零部件送往生产线边以供生产需要。而现在，工厂内的零部件配送则由一辆辆自动导引小车（AGV）将物料区的零部件自动运输到生产线边，而这一连串配送作业，均由一个高度智能化的 AGV 管理系统调度实现。图7-43所示为AGV现场作业示意图。

图 7-43 AGV 现场作业示意图

知识点3 汽车制造管理

1. 汽车制造管理概述

汽车制造，要符合生产计划，在规定的时间内完成车辆的制造，实现产品车的交付达到100%；同时要实现交付出去的汽车质量合格率达到100%，就需要对制造过程进行管理控

制，包括汽车生产企业内部的管理，也包括供应商的管理。图 7-44 所示为汽车制造管理流程示意图。

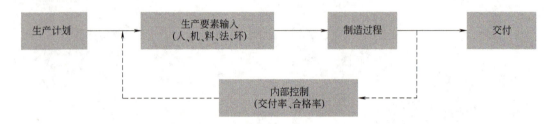

图 7-44　汽车制造管理流程示意图

首先是汽车制造设备的管理，通常涉及整条生产线。其次是零部件管理，这是非常重要的环节，将决定工厂能否按时生产出合格产品对客户按时交货，比如汽车芯片短缺就影响了主机厂的产能，这同时影响下游分销厂的销售计划。另外，一辆汽车由上万个独立的零部件组装生产而成，这些零部件部分由汽车生产企业自己生产（自制），一般车身钣金总成（白车身）为自制，部分由供应商生产提供（外购），动力底盘件、电子电器件、内外饰件等大部分为外购。供应商遍布全国各地，甚至还可能由国外供应商供件，如何能将零件、物料有序按时按量配送至各工位，是一个必须解决的问题。通常汽车生产企业周边配套有外购件物流中转仓，而内部的物流一般有两种：①线边件，作业者自己按需取件安装；②排序件，按生产顺序依次送件装车。

2. 汽车制造管理控制

汽车制造管理控制环节主要包括以下几个项目。

首先是交付率管理，目标交付率 100%，要求实时管理生产计划与实绩，按年、月、周、日、班次，实现精细化管理。

其次为合格率管理。"质量不是检验出来的，而是制造出来的"，这是质量控制的基本原理。正因为如此，要求各车间、各过程执行自工序完结，执行"止呼待"（即停止、呼叫、等待）管理。要实现自工序完结，需要完成一系列良品条件的整备，其中重点要有好的作业标准，使员工能够判断自己工作成果的好坏，不将不良品流到下一工序，同时培训作业者有异常时，落实"止呼待"；另外要针对高风险工序增加防错、防呆设施。除了各车间的过程管理，另外还有质量部门检查，即按照整车品质标准，由检查员对各车辆进行检查，检查范围分别有外观配合、电器机能、动态走形、淋雨密封。对于检查不合格的车辆，需由对应车间返修好后再交付。

最后是供应商管理。由于汽车零部件多，而且大部分由供应商提供，根据统计，汽车质量问题中有 60% 以上属于零部件的质量问题，因此对供应商的管理是各汽车生产企业必须足够重视的一项管理任务。传统汽车生产企业大多采取零部件到货后，由检验班组对某些项目进行质量检验，判断产品质量是否合格。现在很多汽车企业，也把零部件的管理前移至零部件的制造过程进行质量管控，识别关键特性、关键参数、关键工序、关键设备等，对供应商进行定时监控管理；并开展供应商现场监察，从"人、机、料、法、环"指导供应商改善提高。

3. 智能制造简介

汽车制造智能化是指，将工厂制造自动化和数字化，以智能系统为主要手段，融合工业大数据技术，通过底层信息跟踪（AVI）等，数字化技术实现设备参数、工艺参数、质量信息、生产过程信息的全面收集，高效支撑多品种、小批量的柔性化制造模式。智能制造一般尽可能多地采用机器人作业，以提高生产率和制造质量，保证产品的一致性。例如焊接机器人、底盘合装、风窗玻璃搭载、轮胎安装等。对于焊接车间，传统为人工焊接，需要大量的人力、物力，现在的机器人焊接车间全部进行机器人焊接，实现了100%自动焊接，大大提高了生产率，同时焊接质量得到保证，减少管理成本。

智能制造过程能实现智能控制，过程信息全面数字化并贯通，实现精细化管理；质量数据贯通，实现各参数实时监控，趋势化管理得到有效强化；物流数据贯通，各过程节点使用扫描枪进行扫描采集数据，实现物流的精细化管控，实现先进先出，避免混料；产品能够实现自动化检查，汽车企业大部分质量检查的手段都是目视感知，随着视觉数字图像识别技术的发展，现在已经有越来越多的汽车企业开始尝试将检查工序中的目视检查用机器来代替人眼做测量和判断，图像和机器视觉技术在美、欧、日等发达国家的应用已经非常普及。

典型智能制造系统组成示意图如图 7-45 所示。

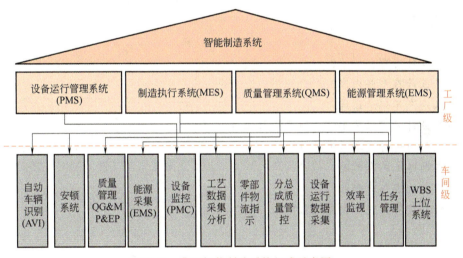

图 7-45　典型智能制造系统组成示意图

本章小结

本章对汽车设计与制造进行了介绍。汽车设计包括汽车设计要求、汽车设计内容、汽车设计流程和工具；汽车制造主要包括汽车制造工艺、汽车制造设备、汽车制造管理。

1. 汽车设计要求有：功能性要求，法规性要求，经济性、环保性要求，安全可靠性，车身造型符合当代使用者审美要求同时满足力学性能要求，轻量化设计要求，系列化要求，以及人机工程、交通工程、制造工程、运营工程、管理工程等工程需求。

2. 汽车设计内容按先后顺序大致可分为以下几个环节：汽车产品平台及架构开发、车型战略研究及产品提案、车型立项及技术规范确定、车辆及零件造型设计、零件及系统设计及

验证、工程样车试制、整车设计验证、生产过程验证、批量生产。其中，整车验证试验包括碰撞安全性能、整车性能试验和风洞试验等。

3. 汽车设计工具可提高新车开发效率，包括辅助设计硬件和软件系统，计算机制图软件如 CAD，建模分析软件如 ANSYS 等。有时这些软件的使用还结合硬件控制杆等部件，就像游戏机的控制按键杆等一样。广义上讲，一些设计试验设备也可以看作是设计工具。

4. 汽车造型设计一般包括草图绘制和油泥模型制作。

5. 汽车制造工艺包括铸造、锻造、冲压、机械加工、焊接、涂装和总装工艺。其中，冲压、焊装、涂装和总装称为汽车制造四大工艺流程。

6. 汽车制造设备一般对应相关的制造工艺，目前的制造设备广泛采用自动化、智能化、图像识别技术、物联网技术等先进技术，使得制造过程更为智能先进、效率更高、品质更优。

7. 为使得汽车制造符合生产计划，在规定的时间内完成车辆的制造，实现产品车的交付达到 100%，交付出去的车质量合格达到 100%，必须对制造过程进行管理控制，包括汽车生产企业内部的管理，也包括供应商的管理。

习题与思考题

1. 汽车设计有哪些要求？
2. 汽车设计有哪些内容？
3. 什么是汽车概念设计？
4. 汽车设计时可以采用哪些汽车设计工具？
5. 简述如何进行汽车造型设计。
6. 汽车制造工艺有哪些？
7. 汽车制造设备有哪些？
8. 如何有效管理汽车制造过程？

第8章　国内外主要汽车集团与品牌

【本章内容架构】

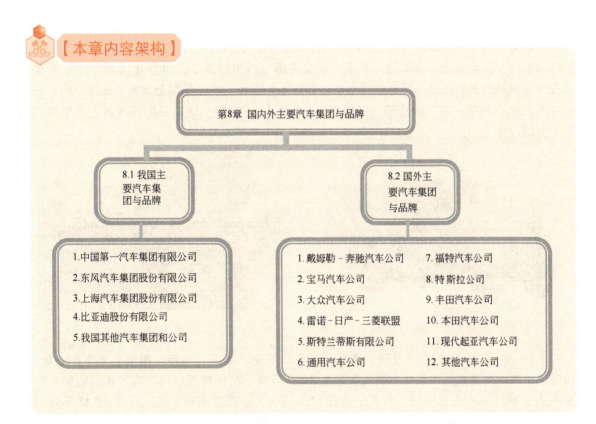

第8章 国内外主要汽车集团与品牌

8.1 我国主要汽车集团与品牌
1.中国第一汽车集团有限公司
2.东风汽车集团股份有限公司
3.上海汽车集团股份有限公司
4.比亚迪股份有限公司
5.我国其他汽车集团和公司

8.2 国外主要汽车集团与品牌
1.戴姆勒 - 奔驰汽车公司
2.宝马汽车公司
3.大众汽车公司
4.雷诺 - 日产 - 三菱联盟
5.斯特兰蒂斯有限公司
6.通用汽车公司
7.福特汽车公司
8.特斯拉公司
9.丰田汽车公司
10.本田汽车公司
11.现代起亚汽车公司
12.其他汽车公司

【学习目标要求、重点与难点 】

序号	学习目标要求	学习重点	学习难点
1	了解国内外主要汽车集团的现状	√	
2	了解国内外主要汽车品牌历史		√
3	能够现场辨识国内外汽车品牌车标	√	
4	学会检索国内外主要汽车集团的历史和现状	√	
5	培养学生崇尚科学、热爱专业和献身祖国的精神	√	√

【问题导入】

　　请同学们检索资料，近年来哪个汽车企业的什么品牌的新能源汽车最畅销，并思考我国汽车企业应如何应对这场产业革命？

8.1　我国主要汽车集团与品牌

　　我国目前整车制造企业有 200 多家，本书主要介绍几家大型企业集团。

知识点 1　中国第一汽车集团有限公司

1. 集团简介

　　中国第一汽车集团有限公司（简称中国一汽，官网：http://www.faw.com.cn/）是国有特大型汽车企业集团，总部位于长春。前身为第一汽车制造厂，1953 年奠基，1956 年建成投产并制造出新中国第一辆解放牌卡车，如图 8-1 所示。1958 年制造出新中国第一辆小轿车（东风牌）和第一辆高级轿车（红旗牌）（图 8-2）。中国一汽的建成，开创了新中国汽车工业的历史。

图 8-1　新中国第一辆解放牌卡车

图 8-2　新中国第一辆红旗牌轿车

　　中国一汽经过 60 多年的发展，建立了东北、华北、华东、华南、西南五大生产基地，构建了全球化研发布局，累计产销汽车超过 5000 万辆，销量规模位列中国汽车行业第一阵营。截至 2021 年年底，中国一汽员工总数 12.8 万人，资产总额 6021 亿元，连续 13 年在国资委央企经营业绩考核中获得 A 级，2021 年位居《财富》世界 500 强第 66 位。2021 年自主品牌汽车销量 83.3 万辆，位居自主品牌第 7 位。

2. 集团主要汽车品牌

　　集团拥有红旗、解放、奔腾等自主品牌（表 8-1）和大众、奥迪、丰田等合资合作品牌。

　　红旗是我国第一个高级轿车品牌，2020款红旗 H9 如图 8-3 所示，2021 年产销量突破 30 万辆。解放是中国最重要的商用车品

图 8-3　2020 款红旗 H9

牌之一，其各类卡车产销量在国内名列前茅。

3. 集团标志及主要品牌标志

中国一汽集团标志和主要自主品牌标志见表8-1。集团标志取阿拉伯数字"1"和汉字"汽"巧妙布置，构成一只展翅翱翔的雄鹰。"1"又代表第一，外围椭圆代表全球。寓意中国一汽展翅高飞，走向世界，勇夺第一的雄心壮志。

红旗标志（最新版）理念来源于迎风飘扬的红旗，象征奋进向上的红旗精神。徽标采用金色与红色的搭配，体现中国特色和精致；对开的红旗寓意红旗品牌旗开得胜；并以经纬线条展现万物互联的新时代。

表 8-1　中国一汽集团标志和主要自主品牌标志

集团标志	主要自主品牌标志		
中国一汽	一汽解放	一汽奔腾 BESTUNE	红旗

知识点 2　东风汽车集团股份有限公司

1. 集团简介

东风汽车集团有限公司（简称东风公司，官网：https://www.dfmc.com.cn）是中央直属的特大型汽车企业，前身是始建于1969年的第二汽车制造厂，总部设在湖北省武汉市。现有资产总额5377亿元，员工人数13.1万人。2021年销售汽车327.5万辆。东风位居《财富》世界500强第85位，中国制造业500强第9位。

东风公司是我国汽车行业内产业链最齐全、产品阵营最丰富的汽车企业。主要产品覆盖高档、中档和经济型各区隔，业务涵盖全系列商用车、乘用车、军车、新能源汽车、关键汽车总成和零部件、汽车装备、出行服务、汽车金融等。国内事业主要分布在武汉、十堰、襄阳、广州、柳州、郑州、成都、重庆、大连等全国20多个城市。东风公司在瑞典建有海外研发基地，入股斯特兰蒂斯有限公司。东风公司与10多家国际整车和零部件企业开展全球合作和协同，产品销往全球80多个国家。

东风公司在国家企业技术中心排名中位居汽车行业第2位。建设了国际先进、国内一流的产品设计与试验设施，形成了基础研究、商品开发和前瞻研究的研发体系。东风公司拥有授权专利超过1万项，新能源汽车完成电池、电机、电控产业化布局，掌握了绝缘栅双极型晶体管（IGBT）等核心技术和关键资源。

2. 集团主要汽车品牌

集团主要有风神、风行、风光、启辰、岚图等自主品牌乘用车以及东风、华神、乘龙等自主品牌商用车。其中商用车销量多年国内排名第1位。图8-4所示为东风天龙重型货车。东风公司与外资合资的子公司有东风日产、东风本田、东风标致、东风雪铁龙、东风悦达起亚、东风英菲尼迪等。

3. 集团标志及主要品牌标志

东风公司集团标志和主要自主品牌标志见表8-2。集团标志是一对燕子在空中飞翔的尾翼，使人自然联想到东风送暖，春光明媚，神州大地生机盎然。因为东风公司前身是第二汽车制造厂，二汽的"二"字寓意于双燕之中。戏闹翻飞的春燕，喻示双燕舞东风，象征着东风牌汽车的车轮不停地旋转，奔驰在祖国大地，奔向全球。

图 8-4　东风天龙重型货车

表 8-2　东风公司集团标志和主要自主品牌标志

集团标志	主要自主品牌标志				
DFG	东风汽车 DFM	东风华神	乘龙汽车	启辰 VENUCIA	岚图

知识点 3　上海汽车集团股份有限公司

1. 集团简介

上海汽车集团股份有限公司（简称上汽集团，官网：http://www.saicmotor.com/）作为国内规模领先的汽车上市公司，努力把握产业发展趋势，加快创新转型，正在从传统的制造型企业，向为消费者提供移动出行服务与产品的综合供应商发展。目前，上汽集团主要业务包括整车（含乘用车、商用车）的研发、生产和销售，正积极推进新能源汽车、互联网汽车的商业化，并开展智能驾驶等技术的研究和产业化探索；零部件（含动力驱动系统、底盘系统、内外饰系统，以及电池、电驱、电力电子等新能源汽车核心零部件和智能产品系统）的研发、生产、销售；物流、汽车电商、出行服务、节能和充电服务等移动出行服务业务；汽车相关金融、保险和投资业务；海外经营和国际商贸业务；并在产业大数据和人工智能领域积极布局。

2021 年，面对缺芯、疫情、限电以及原材料价格大幅上涨等多重严峻挑战，上汽集团全年实现整车批售 546.4 万辆，终端零售达到 581.1 万辆，同比增长 5.5%，整车销量连续 16 年保持全国第一。其中，自主品牌销售整车 285.7 万辆，同比增长 10%，占公司总销量的比例首次突破 50%，达到 52.3%；新能源汽车销售 73.3 万辆，同比增长 128.9%，排名国内第一、全球前三；海外销量达到 69.7 万辆，同比增长 78.9%，整车出口连续 6 年保持国内行业第一。2022 年 8 月，上汽集团以 2021 年度 1209 亿美元的合并营业收入，名列《财富》杂志世界 500 强第 68 位，在此次上榜的中国汽车企业中继续领跑。这是上汽集团自 2014 年首次入围前 100 强以来，连续第 9 年稳居百强名单。

2. 集团主要汽车品牌

集团主要有荣威、名爵（MG）、五菱、宝骏、大通、智己、飞凡等自主品牌乘用车及上汽红岩等自主品牌商用车。其中，名爵（MG）为 2007 年收购的英国品牌。五菱为主要生产微型及小型乘用车及小型商用车品牌，产销量颇高，被称为"国民车"。图 8-5 所示为五菱 mini 纯电动汽车。与外资合资的公司有上汽大众、上汽通用、上汽通用五菱、上汽依维柯、申沃客车等。

图 8-5 五菱 mini 纯电动汽车

3. 集团标志及主要品牌标志

上汽集团的集团标志和主要自主品牌标志见表 8-3。寓意是"蓝色星球，旭日东升"。其中的 SAIC（S—Satisfaction from customer，满足用户需求；A—Advantage through innovation，提高创新能力；I—Internationalization in operating，集成全球资源；C—Concentration on people，崇尚人本管理）既是上汽集团的简称，也是上汽集团的价值观。

表 8-3 上汽集团的集团标志和主要自主品牌标志

集团标志	主要自主品牌标志				
SAIC 上汽集团 SAIC MOTOR	ROEWE 荣威	MG 名爵汽车	五菱汽车	宝骏汽车	上汽大通 MAXUS
	上汽红岩 HONGYAN	飞凡汽车	IM 智己汽车	申沃客车 SUNWIN	

知识点 4 比亚迪股份有限公司

1. 公司简介

比亚迪股份有限公司（简称比亚迪，官网：https://www.byd.com/cn）是一家致力于"用技术创新，满足人们对美好生活的向往"的高新技术企业，是香港和深圳上市公司。比亚迪成立于 1995 年 2 月，经过 20 多年的高速发展，已建成西安、北京、深圳、上海四大汽车产业基地，在全球设立 30 多个工业园，实现全球六大洲的战略布局。比亚迪业务布局涵盖电子、汽车、新能源和轨道交通等领域。2015 年起，比亚迪新能源汽车连续三年取得全球销量第一。2021 年自主品牌汽车销量 74.5 万辆，位居自主品牌第 9 位。同年，比亚迪以 60.38 万辆的新能源汽车销量排名世界第 2 位，全球市场份额达 9.1%。2021 年，比亚迪成为国内市值最高的汽车公司。2022 年 4 月，比亚迪宣布正式停产燃油车，使比亚迪成了全球首家停产燃油车、全面转向新能源车生产的汽车企业。

2. 公司汽车品牌

公司采取单品牌策略，即比亚迪汽车，车系有宋、汉、秦、元、唐王朝系列、海洋系列、比亚迪商用车等。与外合资的公司有与戴姆勒公司合资新能源品牌腾势，比亚迪占股90%。图8-6所示为2020款比亚迪汉电动汽车。

3. 公司标志及主要自主品牌标志

图8-6　2020款比亚迪汉电动汽车

比亚迪公司标志由英文 Build Your Dreams 这3个单词的首字母组成，意思是"成就您的梦想"，外围是个椭圆，预示比亚迪汽车走向世界。比亚迪的标志和主要自主品牌标志见表8-4。

表8-4　比亚迪的标志和主要自主品牌标志

公司标志	主要自主品牌标志
BYD	BYD 比亚迪汽车　　DENZA 腾势

知识点5　我国其他汽车集团和公司

1. 中国长安汽车集团有限公司

中国长安汽车集团有限公司（简称长安汽车，官网：https://www.changan.com.cn/）是我国汽车四大集团阵营企业，拥有160年历史底蕴、38年造车积累，全球有14个生产基地，33个整车、发动机及变速器工厂。长安汽车始终打造世界一流的研发实力，连续5届10年居中国汽车行业第一。2017年，长安汽车发起"第三次创业——创新创业计划"，大力发展智能新能源汽车。2021年，长安系中国品牌汽车销量累计突破2000万辆。

长安汽车的标志（表8-5）为蓝色背景配合大小方圆，寓意长安汽车畅行天下，注重科技。核心的 V 形有 Victory（胜利）和 Value（价值）之意，寓意长安汽车致力于打造世界一流汽车企业，为消费者和股东创造价值。

主要自主品牌有长安汽车、欧尚汽车、凯程汽车等。与外资的合资企业有长安福特、长安马自达、长安标致雪铁龙、江铃控股等合资合作企业，并向外资企业输入中国品牌产品，建立中国车企合资合作新模式。长安汽车的集团标志和主要自主品牌标志见表8-5。图8-7所示为热销的2019款 CS75 PLUS SUV。

图8-7　CS75 PLUS SUV

表 8-5 长安汽车的标志和主要自主品牌标志

集团标志	主要自主品牌标志			
长安汽车 CHANGAN AUTO	长安汽车	欧尚汽车	凯程汽车	陆风汽车 LANDWIND

2. 北京汽车集团有限公司

北京汽车集团有限公司（简称北汽集团，官网：http：//www.baicgroup.com.cn/）是中国五大汽车集团之一。北汽集团有着悠久的历史，其前身可追溯到 1958 年成立的"北京汽车制造厂"。先后自主研制、生产了北京牌 BJ210、BJ212 等系列越野车，北京牌勇士系列军用越野车及欧曼重卡、欧 V 大客车等著名品牌产品，合资生产了"北京 Jeep"切诺基、现代品牌、奔驰品牌产品。2010 年 11 月，成立"北京汽车集团有限公司"。北汽集团建立了分布全国十余城市的 8 大乘用车、9 大商用车生产基地，与奔驰、现代等合资生产汽车，并在全球十多个国家建立生产工厂。2021 年自主品牌汽车销量 76.4 万辆，位居自主品牌第 8 位。

北汽集团的集团标志和主要自主品牌标志见表 8-6，标志中"北"指北京，被简化成两个把手，连成一个转向盘，意指敞开大门，融世界，创未来，产品走向世界各地。

北汽集团主要自主品牌有北汽制造、昌河、福田、幻速及北汽新能源等。其中北汽集团下的BJ212 轻型越野车（图 8-8），几十年来外观基本不变，至今依然在售，堪称经典。其自主品牌标志见表 8-6。与外资的合资企业有北京现代、北京奔驰等合资合作企业。

图 8-8 BJ212 轻型越野车

表 8-6 北汽集团的集团标志和主要自主品牌标志

集团标志	主要自主品牌标志				
北汽集团 BAIC Group	BAW 北京汽车制造厂	昌河汽车	FOTON 福田汽车	北汽幻速	BAIC BJEV 北汽新能源

3. 广州汽车集团股份有限公司

广州汽车集团股份有限公司（简称广汽集团，官网：http：//www.gac.com.cn/）是从1986 年中法合资的广州标致汽车公司发展起来的，1997 年 6 月，成立广州汽车集团有限公司，2005 年 6 月 28 日正式成立广州汽车集团股份有限公司，是一个大型国有控股股份制企

业集团。目前拥有员工 11.3 万人，2021 年位列《财富》世界 500 强企业第 176 名。秉承"人为本、信为道、创为先"的企业理念，截至 2021 年，广汽集团已累计向社会提供超过 2044 万辆汽车、1830 万辆摩托车。2021 年自主品牌汽车销量 45.6 万辆，位居自主品牌第 10 位。

集团标志和主要自主品牌标志见表 8-7。"G"是广汽集团英文缩写"GAC"的首字母。新标识代表着广汽集团的精湛品质与全球视野，是对"至精·志广"企业精神的全新演绎，意味着广汽集团将立足国内、放眼全球，以更博大的胸襟，融合全球科技与人才，创造更大的成就与辉煌，成为卓越的国际化企业集团。

图 8-9　广汽 AION LX 纯电动汽车

目前集团旗下自主品牌有广汽传祺、广汽吉奥、广汽客车及新能源汽车品牌广汽埃安等，自主品牌标志见表 8-7。图 8-9 所示为广汽 AION LX 纯电动汽车，续驶里程可达 1008km。与外资合资企业有广汽本田、广汽丰田、广汽日野、广汽三菱、广汽菲克等。

表 8-7　广州汽车集团股份有限公司的集团标志和主要自主品牌标志

集团标志	主要自主品牌标志		

4. 长城汽车股份有限公司

长城汽车股份有限公司（官网：https：//www.gwm.com.cn/）是一家大型跨国公司、中国内地首家在香港 H 股上市的民营整车汽车企业，成立于 2001 年，总部在河北保定。公司前身是成立于 1984 年的长城汽车制造厂，是我国最大的 SUV 制造企业，拥有 4 个整车生产基地，下属控股子公司 40 余家。其 SUV 车型已连续 13 年保持了全国销量第一，哈弗 H6（图 8-10）多年稳居 SUV 销量冠军。2021 年长城汽车销量 128.1 万辆，位居中国品牌第 4 位。

图 8-10　哈弗 H6

长城汽车股份有限公司的标志和主要自主品牌标志见表 8-8，椭圆外形寓意立足中国，走向世界；烽火台象征中国长城，剑锋箭头，充满活力，蒸蒸日上，敢于亮剑，无坚不摧；立体"1"表示永争第一。目前产品涵盖哈弗 SUV、腾翼轿车、高端 SUV 品牌 WEY、越野品牌坦克及新能源品牌欧拉等。

表 8-8　长城汽车股份有限公司的标志和主要自主品牌标志

公司标志	主要自主品牌标志				

5. 奇瑞汽车股份有限公司

奇瑞汽车股份有限公司（官网：https：//www.chery.cn/）前身是 1997 年由安徽省及芜湖市 5 个投资公司共同投资组建的奇瑞汽车有限公司；2004 年 9 月，正式定名为奇瑞汽车股份有限公司。奇瑞汽车股份有限公司总部在安徽省芜湖市，现有芜湖、大连和鄂尔多斯三大乘用车生产基地，还与克莱斯勒、菲亚特等汽车公司合资生产汽车及其零部件。成立 20 多年来，始终坚持自主创新，逐步建立起完整的技术和产品研发体系，产品出口到全球 80 多个国家和地区，打造了艾瑞泽、瑞虎、EXEED 星途等知名产品品牌。截至 2022 年 8 月，公司已累计出口超过 170 万辆，连续 18 年保持中国品牌乘用车出口第 1 位。2021 年自主品牌汽车销量 90.5 万辆，位居自主品牌第 6 位。

奇瑞汽车股份有限公司标志和主要自主品牌标志见表 8-9，"奇瑞"意为"特别吉祥如意"之义。标志整体 CAC 是英文 CHERY AUTOMOBILE CORPORATION LIMITED 的缩写，中文意思是奇瑞汽车股份有限公司。标志中间 A 为一变体的"人"字，预示着公司以人为本的经营理念；标志两边的 C 字向上环绕，如同人的两个臂膀，象征着一种团结和力量，环绕成地球形的椭圆状；标志中间 A 采用钻石形构图，代表了奇瑞汽车股份有限公司对钻石般的品质的坚持。

表 8-9　奇瑞汽车股份有限公司的标志和主要自主品牌标志

公司标志	主要自主品牌标志			

奇瑞汽车股份有限公司主要自主品牌有奇瑞、凯翼、星途、捷途等。与外资的合资企业有观致汽车、奇瑞捷豹路虎等合资合作企业。图 8-11 所示为奇瑞瑞虎 5X。

6. 浙江吉利控股集团有限公司

浙江吉利控股集团有限公司（官网：https：//www.geely.com/）成立于 2003 年 3 月。集团总部设在杭州，现已发展成为一家集汽车、芯片、卫星、通信、金融、

图 8-11　奇瑞瑞虎 5X

教育等业务的全球创新型民营科技企业集团。浙江吉利控股集团有限公司在中国、瑞典、英国、西班牙、美国、德国、马来西亚等国建有造型设计和工程研发中心，研发、设计人员超过2万人，拥有大量发明创新专利。在中国、美国、英国、瑞典、比利时、马来西亚建有世界一流的现代化整车和动力总成制造工厂，拥有各类销售网点超过4000家，产品销售及服务网络遍布世界各地。现资产总值超过3900亿元，员工总数超过12万人，连续11年进入《财富》世界500强。2021年自主品牌汽车销量132.8万辆，位居自主品牌第3位。

浙江吉利控股集团有限公司的标志为"GEELY"，简洁明了。2014年吉利汽车控股集团有限公司将吉利帝豪、吉利英伦和吉利全球鹰3个子品牌，都归为吉利汽车一个品牌，其标志源于六块腹肌，代表了年轻、力量和阳刚，盾牌形状表达了安全和信赖，六个板块填充蓝黑宝石形状，宝石代表永恒的品质，而蓝黑代表天空和大地，寓意驰骋天地之间走遍全世界，见表8-10。

浙江吉利控股集团有限公司主要自主品牌有吉利、领克、几何、沃尔沃、极星、远程新能源商用车、钱江摩托等。领克品牌是由浙江吉利控股集团有限公司与沃尔沃汽车合资打造的新时代高端品牌。极星是其电动汽车品牌。合资合作企业有宝腾、路特斯（莲花）等，是沃尔沃集团第一大持股股东和戴姆勒股份公司第一大股东。浙江吉利控股集团有限公司标志和主要自主品牌标志见表8-10。

表8-10　浙江吉利控股集团有限公司标志和主要自主品牌标志

公司标志	主要自主品牌标志		

8.2　国外主要汽车集团与品牌

世界汽车工业发展的一百多年来，众多的汽车公司一直进行着各种形式的竞争或合作，有的公司或品牌被淘汰，有的通过兼并、控股或联盟等形式形成更大的汽车集团，最终形成你中有我、我中有你的新格局。随着汽车工业全球化趋势继续深入，新的汽车集团已经很难以国别乃至洲际来界定，如雷诺-日产-三菱联盟及斯特兰蒂斯集团（Stellantis），但就汽车品牌而言，依然存在欧系、美系及日韩系三足鼎立之势。

作为汽车的发源地，欧系车企及品牌影响巨大。大众、戴姆勒、宝马、标志雪铁龙、雷诺、菲亚特依然在世界汽车市场占有主流地位。尤其在豪华及高端汽车品牌中依然占据明显优势地位，如德国的奔驰、宝马、保时捷、奥迪，意大利的法拉利、玛莎拉蒂等。

美国作为最先将汽车大规模生产的国家，凭借其强大的科研及工业制造能力，自第二次世界大战战前到21世纪初，美国汽车公司一直占据世界汽车头部位置，主要汽车公司有通

用、福特、克莱斯勒等。而后因日系汽车的崛起及美国制造业的衰落，美国汽车公司开始走下坡路。2008 年世界金融危机更是让美国汽车公司险象环生，不得不依靠美国政府救助、出售部分品牌等方式才艰难渡过。

日系汽车自 20 世纪 70 年代石油危机后，凭借其精细管理及技术进步，生产出使用更经济、质量更稳定、技术更先进的汽车产品，开始异军突起。2008 年，丰田公司取代通用汽车公司成为世界第一汽车生产厂商。如今，丰田、本田、日产、三菱、铃木等在全球汽车市场占有举足轻重的地位。韩系车企以现代汽车集团公司为代表，走与日本相似的发展道路，起步晚，但发展迅猛，现代汽车集团公司产销量已经在世界头部十大汽车公司排名中站稳脚跟。图 8-12 所示为 2021 年全球汽车集团销量前十排行榜。

图 8-12　2021 年全球汽车集团销量前十排行榜

知识点 1　戴姆勒-奔驰汽车公司（Daimler-Benz AG）

奔驰汽车公司和戴姆勒汽车公司是世界上成立最早的汽车公司，分别成立于 1883 年和 1890 年。1926 年两公司合并改名为戴姆勒-奔驰汽车公司，总部在斯图加特。戴姆勒-奔驰汽车公司是德国汽车制造业大垄断组织之一，世界商用汽车的最大跨国制造企业之一，是全球最大的商用车制造商，全球第一大豪华车生产商、第二大货车生产商，主要生产小轿车和商用汽车两大类，小轿车多侧重于制造各种中高级的梅赛德斯-奔驰轿车。商用汽车的品种也很多，主要有各种载货汽车、公共汽车、卡车、矿山自卸车、改装车、公路及非公路用车等。此外，公司还生产各种汽车机件和其他机器，最主要的有汽车发动机、飞机发动机、天然气涡轮机、内燃机、变速器等。公司在国内直接控制的子公司和参与的公司最重要的有 10 多家，在欧美许多国家设有子公司，销售网点 4000 多个，遍及五大洲。

戴姆勒-奔驰汽车公司主要汽车品牌有梅赛德斯-奔驰、迈巴赫、精灵等，见表 8-11。梅赛德斯-奔驰为世界闻名的中高级汽车品牌，旗下有 S、SL、CL、E、CLS、CLK、CLC、SLK、C、G、GL、GLK、ML 等系列，号称越野之王的乌尼莫克卡车也是奔驰旗下的产品，图 8-13 所示为乌尼莫克越野房车。精灵（smart）是其超微型车品牌。在中国的合资公司有北京奔驰、吉利奔驰等。

表 8-11　戴姆勒-奔驰汽车公司主要汽车品牌和商标

品牌	商标	品牌	商标
梅赛德斯-奔驰	Mercedes-Benz	迈巴赫	MAYBACH
精灵	smart		

戴姆勒-奔驰汽车标志是一个圆环围着一颗三叉星（表 8-11）。三叉星形似简化了的汽车转向盘，表示在陆海空领域全方位的机动性，圆环显示其汽车营销全球的发展势头。戴姆勒与奔驰公司合并后，也常以该商标作为公司商标。

迈巴赫（Maybach）是戴姆勒汽车公司的创始人之一。其品牌是戴姆勒-奔驰汽车公司的超豪华顶级轿车，商标由两个交叉的 M 围绕在一个球面三角形内组成（表 8-11），两个 M 是迈巴赫汽车（Maybach Motorenbau）的缩写。图 8-14 所示为 2022 款奔驰 S500L 4MATIC。

图 8-13　乌尼莫克越野房车

图 8-14　2022 款奔驰 S500L 4MATIC

知识点 2　宝马汽车公司（Bayerische Motoren Werke，BMW）

宝马汽车公司成立于 1916 年，总部在慕尼黑。BMW 是全世界最成功和效益最好的豪华汽车品牌，宝马汽车公司拥有 BMW、MINI 和 Rolls-Royce（劳斯莱斯）3 个品牌。这些品牌占据了从小型车到顶级豪华轿车各个细分市场的高端，使宝马汽车公司成为世界上唯一一家专注于豪华汽车和摩托车的制造商。宝马汽车公司目前在世界 13 个国家设有子公司和生产厂，国内有 10 家子公司。

宝马汽车公司主要汽车品牌和商标见表 8-12。其中，Rolls-Royce（劳斯莱斯）原为英国顶级豪华品牌，2002 年宝马汽车公司从大众公司收购。MINI 为宝马汽车公司收购英国罗孚公司后留下的一个品牌。宝马汽车公司在中国的合资公司有华晨宝马。

图 8-15 所示为 2022 款宝马 X5。图 8-16 所示为 2018 款劳斯莱斯幻影。

宝马汽车公司标志（表 8-12）：采用宝马汽车公司名称 BMW 和飞机螺旋桨图案，蓝色代表蓝天、白色代表白云，飞机螺旋桨表示宝马汽车公司过去在航空发动机技术方面的领先地位。

图 8-15 2022 款宝马 X5

图 8-16 2018 款劳斯莱斯幻影

表 8-12 宝马汽车公司主要汽车品牌和商标

品牌	商标	品牌	商标
宝马	BMW	劳斯莱斯	ROLLS ROYCE
迷你	MINI		

劳斯莱斯标志（表 8-12）：双 R 是劳斯（Rolls）与莱斯（Royce）的第 1 字母，两个字母交叉，表示你中有我，我中有你，团结奋斗，携手共进。

知识点 3 大众汽车公司（Volkswagen）

大众汽车公司成立于 1938 年，创始人是世界著名的汽车设计大师费迪南德·保时捷（Ferdinand Porsche）。Volks Wagen 在德语中意思为"国民汽车"，常简称为"VW"。大众汽车公司总部在德国汽车城沃尔夫斯堡，是欧洲最大的汽车生产集团。

大众集团的乘用车业务分为奥迪和大众两大品牌群，各自独立管理其品牌。奥迪品牌群包括奥迪（Audi）、西亚特（Seat）、兰博基尼（Lamborghini）、杜卡迪（DUCATI）4 个品牌。大众品牌群包括大众商用车、大众乘用车、斯柯达（SKODA）、宾利（Bentley）、布加迪（Bugatti）、保时捷（Porsche）、斯堪尼亚（SCANIA）、MAN 共 8 个品牌。各个品牌均有其自己的标识，自主经营，产品从乘用车到商用车、从超经济的紧凑车型到豪华型小轿车应有尽有。在中国的合资公司有一汽大众、上海大众、大众安徽等。大众集团品牌汽车在中国的销量中多年排名第 1 位。

大众集团主要品牌和商标见表 8-13。

1. 大众

大众汽车商标（表 8-13）采用德文 Volkswagen（大众公司）的"V"在上，"W"在下，又像 3 个"V"，表示公司产品"必胜-必胜-必胜"。大众商标简捷、鲜明、令人过目不忘。图 8-17 所示为 2019 款新甲壳虫轿车。

表 8-13 大众集团主要品牌和商标

品牌	商标	品牌	商标	品牌	商标
大众	VW	奥迪	AUDI	兰博基尼	LAMBORGHINI
宾利	B	保时捷	PORSCHE	布加迪	BUGATTI
斯柯达		杜卡迪	DUCAUDI	斯堪尼亚	SCANIA
MAN	MAN	西亚特	SEAT		

2. 奥迪

奥迪汽车商标（表 8-13）是四个半径相等的连环圆圈，表示当初公司是由四家公司合并而成，如兄弟手挽手，共创大业，平等、互利、协作，意味"团结就是力量"。图 8-18 所示为 2022 款奥迪 Q5 SUV。

图 8-17 2019 款新甲壳虫轿车

3. 兰博基尼

兰博基尼公司原是意大利超级跑车制造商，创建于 1963 年，创始人是弗鲁西欧·兰博基尼（Ferruccio Lamborghini），以生产 V12 发动机而成名。1998 年被大众集团下的奥迪子公司收购。其商标（表 8-13）是一头蛮劲十足的斗牛，正准备向对手发动猛烈的攻击，体现了兰博基尼汽车大功率、高速、运动型轿车的特点。图 8-19 所示为 2021 款兰博基尼 LP780。

图 8-18 2022 款奥迪 Q5 SUV

图 8-19 2021 款兰博基尼 LP780

4. 宾利

Bentley 又译为"本特利"。宾利原是英国一家独立的汽车公司，建于 1919 年。创始人是沃尔特·欧文·宾利（Walter Owen Bently），宾利商标（表 8-13）是以公司名的第一个字母"B"为主体，生出一对翅膀，似凌空翱翔的雄鹰，喻示着宾利汽车公司在全球范围内的飞跃发展。图 8-20 所示为 2021 款宾利 GT V8。

5. 保时捷

保时捷汽车公司以生产高性能车著名，商标（表 8-13）采用公司所在地斯图加特市的盾形市徽，上面是保时捷的姓氏"PORSCHE"。商标中间是一匹骏马，表示斯图加特这个地方盛产一种名贵种马，喻示保时捷跑车的出类拔萃；商标的左上方和右下方是鹿角的图案，表示斯图加特曾是狩猎的好地方；商标左上方和右下方的黄色条纹代表成熟了的麦子颜色，喻指五谷丰登，商标中的黑色代表肥沃土地，红色象征人们的智慧和对大自然的钟爱，由此组成一幅精湛意深、秀气美丽的田园风景画，展现了保时捷公司辉煌的过去，预示了保时捷公司美好的未来。图 8-21 所示为 2022 款保时捷 Macan。

图 8-20　2021 款宾利 GT V8

图 8-21　2022 款保时捷 Macan

6. 布加迪

布加迪汽车公司于 1909 年由意大利人埃多尔·布加迪（Ettoren Bugatti）创建。1998 年被大众汽车公司收购。公司商标（表 8-13）英文字母即创始人布加迪，上部 EB 为埃多尔·布加迪（Ettoren Bugatti）英文单词的首字母，周围一圈小圆点象征滚珠轴承，底色为红色。

7. 斯柯达

斯柯达汽车公司于 1895 年由捷克 L&K 公司和斯柯达·佩尔森（Skoda Pilsen）集团合并而成。1991 年，斯柯达公司被大众集团并购。公司商标（表 8-13）在银色底子上有一支绿色带翅膀的箭，四周环绕着黑色缎带，缎带底部装饰着象征优胜和荣誉的月桂树叶。巨大的圆环象征着斯柯达为全世界无可挑剔的产品；鸟翼象征着技术进步的产品行销全世界；向右飞行着的箭头，则象征着先进的工艺和该公司无限的创造性；外环中朱黑的颜色象征着斯柯达公司百余年的传统；中央铺着的绿色，则表达了斯柯达人对资源再生和环境保护的重视。

8. 斯堪尼亚

斯堪尼亚汽车公司创办于 1891 年，1969 年与瑞典萨伯（Saab）合并成立萨伯-斯堪尼亚有限公司，2008 年被大众汽车公司收购。斯堪尼亚公司是世界领先的重型卡车和大型巴士以及工

业发动机制造商之一。公司商标（表8-13）是狮身鹰面兽。在古代神话中，狮身鹰面兽一直都是最强大动物的象征，象征力量、速度、敏捷和勇气，喻示公司生产的汽车性能优越。

9. 西亚特

西亚特汽车公司是西班牙最大的汽车公司，1950年成立于巴塞罗那。1990年，大众汽车公司获得西雅特的全部股权，使西亚特属于大众汽车公司的子公司。西亚特商标（表8-13）由厂名SEAT和图标组成，车标就是一个大写的、艺术化的"S"。图标以大红色做底，"S"字母为中空状态，看似一只欲展翅腾飞的火凤凰，喻示着西亚特汽车的灵活和动力，能适应时代发展，随时把握时代动向，永不落伍。

知识点4 雷诺-日产-三菱联盟（RENAULT-NISSAN-MITSUBISHI）

1999年3月，雷诺和日产结盟。1999年5月，雷诺收购日产汽车36.8%的股份，成为该公司的大股东，组建了雷诺-日产联盟。2016年，雷诺-日产联盟收购三菱汽车34%的股份，成为三菱汽车的最大股东，建立雷诺-日产-三菱联盟。联盟标志如图8-22所示，三条相互交错连接的弧线喻示三家公司的战略联盟关系。2020年5月，雷诺-日产-三菱联盟联合发布多项战略举措，以一种全新的"引领者

图8-22 雷诺-日产-三菱联盟标志

-伴随者"合作模式，各自分发"责任田"，以重新稳定联盟关系，并强化三家公司的竞争力和盈利能力。在联合采购等基础上，雷诺、日产、三菱三方的全新合作将覆盖所有细分市场和技术层面，区域市场为发展侧重点。通过合作降低研发和零部件采购成本，实现资源共享，避免内耗，从而最大限度地分摊和节约成本，实现三方盈利能力的最大化。

雷诺-日产-三菱联盟主要品牌和商标见表8-14。

表8-14 雷诺-日产-三菱联盟主要品牌和商标

品牌	商标	品牌	商标	品牌	商标
雷诺	RENAULT	日产	NISSAN	三菱	MITSUBISHI
达西亚	DACIA	英菲尼迪	INFINITI.		

1. 雷诺（Renault）

法国雷诺汽车公司成立于1898年，创始人是路易斯·雷诺（Louis Renault）和他的两个兄弟。公司商标（表8-14）是菱形的图案，象征雷诺三兄弟与汽车工业融为一体，表示"雷诺"能在无限的（四维）空间中竞争、生存、发展。

2. 日产（Nissan）

日产也被音译为"尼桑"。1933年成立，1934年正式更名为日产汽车公司，总部设在东京。公司商标（表8-14）中的圆表示太阳，中间的字是"日产"的拼写形式，整个图案表明日产汽车公司位于"日出之国"的日本。英菲尼迪（Infiniti）是独立运作营销的日产豪华轿车品牌。

3. 三菱（Mitsubishi）

三菱汽车公司成立于1970年，其商标（表8-14）是三瓣菱形钻石图案，体现了公司的三条原则：承担对社会的共同责任、诚实与公平、通过贸易促进国际谅解与合作。

知识点5　斯特兰蒂斯有限公司（Stellantis N. V.）

斯特兰蒂斯有限公司（Stellantis N. V.）是一家跨国汽车制造商，总部位于荷兰阿姆斯特丹，2021年，由菲亚特-克莱斯勒汽车集团与标致-雪铁龙集团合并成立。该集团拥有广泛的汽车品牌组合：阿巴斯、阿尔法·罗密欧、克莱斯勒、雪铁龙、道奇、DS汽车、菲亚特、吉普汽车、蓝旗亚、玛莎拉蒂、欧宝、标致、公羊货车及莫帕尔等。"斯特兰蒂斯"名称专门用于标识公司实体（图8-23），而集团下各品牌的名称和标志则维持不变。斯特兰蒂斯有限公司目前的主要品牌和商标见表8-15。

图8-23　斯特兰蒂斯公司标志

表8-15　斯特兰蒂斯有限公司目前的主要品牌和商标

品牌	商标	品牌	商标	品牌	商标
标致	PEUGEOT	雪铁龙		DS	
欧宝	OPEL	菲亚特	FIAT	克莱斯勒	
阿尔法·罗密欧	ALFA ROMEO	法拉利	Ferrari	蓝旗亚	LANCIA
道奇		吉普	Jeep	阿巴斯	ABARTH
玛莎拉蒂	MASERATI	沃克斯豪尔		莫帕尔	MOPAR

斯特兰蒂斯有限公司拥有40万名员工，业务遍及130多个国家，在30个国家拥有制造工厂。

1. 标致（Peugeot）

1890年，标致汽车公司成立，创始人为阿尔芒·标致（Armand Peugeot）。其标志（表8-15）是一只站立的狮子，是因为标致祖先到美洲、非洲探险，在那里发现了狮子，为此以狮子作为家族徽章。狮子历来是雄悍、英武、高贵的象征，标致商标中的狮子简洁、明快、刚劲、有力，衬托出标致汽车的力量和节奏。图8-24所示为2022款标致2008。

2. 雪铁龙（Citroen）

1915年，法国雪铁龙公司成立，创始人为安德烈·雪铁龙（A. Citroen）。公司标志（表8-15）是人字形齿轮，以宣扬创始人雪铁龙1900年发明了人字斜齿轮。图8-25所示为2022款天逸C5。

图 8-24　2022 款标致 2008　　　　　图 8-25　2022 款天逸 C5

3. 欧宝（Opel）汽车

公司创始人为德国人亚当·欧宝（Adam Opel），1899年开始生产汽车，2017年3月，原通用旗下欧宝加入PSA集团。欧宝标志（表8-15）为"闪电"图案，代表了公司的技术进步与发展，又像闪电一样划破长空，震撼世界，即喻示欧宝汽车如风驰电掣，力量和速度无与伦比，同时也炫耀它在空气动力学方面的研究成就。

4. 菲亚特（FIAT）

1899年，乔瓦尼·阿涅利创建了意大利都灵汽车制造厂，菲亚特是该公司缩写的译音，总部设在意大利都灵市。其标志（表8-15）中"FIAT"为公司全称（Fabbrica Itliana Automobile di Torino）四个单词首字母的大写字母。"FIAT"在英语中具有"法令""许可"的含义，因此在客户的心目中，菲亚特轿车具有较高的合法性与可靠性，深得用户的信赖。图8-26所示为2019款菲亚特500L。

5. 法拉利（Ferrari）

1929年，世界赛车冠军、汽车设计大师、意大利恩佐·法拉利创建了法拉利汽车公司。公司商标（表8-15）由字母和图案组成，图案"腾马"比喻奔腾向前，搏击长空，一定取胜，与法拉利跑车的刚劲和难以言喻的经典红头造型相结合，更显法拉利跑车的震撼力。图8-27所示为2020款法拉利812跑车。

图 8-26　2019 款菲亚特 500L

图 8-27　2020 款法拉利 812 跑车

6. 玛莎拉蒂（Maserati）

1914 年，Maserati 家族六兄弟于意大利的科隆纳创建了玛莎拉蒂汽车公司，专门生产运动车，1993 年被菲亚特集团收购，为世界著名豪华跑车品牌。公司商标（表 8-15）为树叶形的底座置于一个椭圆中，其上放置一件三叉戟，相传这个兵器是罗马神话中的海神尼普顿手中的武器，表示玛莎拉蒂牌汽车就像三叉戟一样威力无比。这个商标也是公司所在地意大利玻罗尼亚市的市徽。图 8-28 所示为 2021 款玛莎拉蒂总裁。

7. 克莱斯勒（Chrysler）

克莱斯勒汽车公司成立于 1925 年，创始人为瓦尔特·克莱斯勒，总部在美国密歇根州海兰德帕克，是美国第三大汽车公司。2014 年 1 月，菲亚特集团收购克莱斯勒 100% 股权。其标志（表 8-15）为一对跃跃欲飞的翅膀，象征着克莱斯勒的欣欣向荣。图 8-29 所示为 2022 款克莱斯勒 Airflow。

图 8-28　2021 款玛莎拉蒂总裁

图 8-29　2022 款克莱斯勒 Airflow

8. 吉普（Jeep）

1987 年，克莱斯勒公司收购了美国汽车公司（AMC），成为鹰——吉普部。该部生产的吉普车性能优越。在我国，"Jeep"一度成为越野车的代名词。其旗下的牧马人（Wrangler）更为硬派越野车的标杆。图 8-30 所示为 2021 款牧马人罗宾汉。

9. 阿尔法·罗密欧（Alfa Romeo）

1910 年，阿尔法·罗密欧公司创建，总部设在意大利米兰，是著名的高档轿车及运动轿车品牌，1986 年并入菲亚特集团。公司标志（表 8-15）是中世纪意大利米兰的领主维斯康泰公爵的家徽，也是现在米兰市的市徽。标志中的十字部分来源于十字军从米兰向外远征

的故事；右边部分关于蛇正在吞食撒拉逊人的图案，传说之一是维斯康泰的祖先曾经击退了使该城人民遭受苦难的"恶龙"。图 8-31 所示为 2022 款阿尔法·罗密欧 Giulia。

10. DS

DS 是法国汽车工业顶级设计豪华品牌，DS 的法文全称为 Déesse，在法语中是"女神"的意思。

图 8-30　2021 款牧马人罗宾汉　　　　图 8-31　2022 款阿尔法·罗密欧 Giulia

知识点 6　通用汽车公司（General Motors Corporation）

通用汽车公司创立于 1908 年，总部在美国汽车城底特律。1993 年世界 500 强排第 1 名（销售额）。通用汽车公司商标如图 8-32 所示，由公司英文名称 General Motors Corporation 的前两个单词的第一个大写字母组成，蓝底白字，简洁明快。

通用汽车公司目前的品牌有凯迪拉克、别克、雪佛兰、庞蒂克、悍马、土星、大宇等，见表 8-16，其中大宇为其收购的韩国品牌。通用与中国的合资公司有上汽通用及上汽通用五菱等。

图 8-32　通用汽车公司商标

表 8-16　通用汽车公司主要品牌和商标

品牌	商标	品牌	商标	品牌	商标
凯迪拉克		别克	BUICK	雪佛兰	
悍马	HUMMER	庞蒂克	PONTIAC	大宇	DAEWOO
吉姆西	GMC	土星	SATURN		

1. 凯迪拉克（Cadillac）

凯迪拉克汽车公司于1902年由美国人亨利·利兰（Henry Leland）创建，1909年被通用公司并购，成为其一个分部。凯迪拉克新徽标（表8-16）具有鲜艳的色彩和鲜明的轮廓，整体颜色为铂金，而花冠则保留了原始的颜色组合。金色和纯黑色象征着智慧和财富，盾牌由不同颜色的块组成：红色代表果断的行动和对创新的追求，银色和白色代表纯正、善良、美德和满足感，蓝色代表英勇的骑士精神，新徽标展现凯迪拉克品牌的经典、高贵和突破性精神。图8-33所示为2022款凯迪拉克CT6。

图8-33　2022款凯迪拉克CT6

2. 别克（Buick）

别克汽车公司于1903年由美国人大卫·邓巴·别克（David Dunbar Buick）创建，1908年并入通用汽车公司。

别克商标（表8-16）为三把利剑，从左到右红、白、蓝递升，而且高度节节上升，给人一种积极进取、不断攀登的感觉，它表示别克汽车采用顶级技术，游刃有余，是无坚不摧、勇于攀登的勇士。图8-34所示为2022款别克GL8。

3. 雪佛兰（Chevrolet）

雪佛兰汽车公司于1911年由通用公司创始人威廉·杜兰特和瑞士的赛车手、工程师路易斯·雪佛兰（Louis Chevrolet）创建，1918年并入通用公司。雪佛兰商标（表8-16）是抽象化了的蝴蝶领结，象征雪佛兰汽车的大方、气派和风度。图8-35所示为2022款科鲁泽。

图8-34　2022款别克GL8

图8-35　2022款科鲁泽

知识点7　福特汽车公司（Ford Motor Company）

福特汽车公司创立于1903年，创始人为亨利·福特（Henry Ford），总部在美国密歇根州迪尔伯恩市。福特汽车公司是美国最大的工业垄断组织和世界重要跨国企业之一。制造和装配业务的近100家工厂遍及全球，产品行销全球6大洲200多个国家和地区。福特汽车公

司商标如图 8-36 所示。

福特汽车公司目前主要汽车品牌有福特、林肯、马自达、水星等，商标见表 8-17，其中马自达为其控股的日本品牌。福特汽车公司与中国的合资公司有江铃福特和长安福特等。

图 8-36　福特汽车公司商标

1. 福特（Ford）

福特汽车商标（表 8-17）采用蓝底白字，选用艺术化的"福特"英文字母，形似一只活泼可爱、充满活力的小白兔奔向前方，以象征福特汽车奔驰在世界各地，令人爱不释手。福特生前十分喜爱动物，商标设计也暗示了福特对动物的宠爱。图 8-37 所示为 2021 款福睿斯。

表 8-17　福特汽车公司主要品牌和商标

品牌	商标	品牌	商标
福特		林肯	
水星		马自达	

2. 林肯（Lincoln）

林肯汽车公司于 1917 年由亨利·利兰（Henry Leland）创立，1922 年被福特汽车公司收购。林肯汽车借助美国第 16 任总统林肯的名字来树立公司高端的形象。其商标（表 8-17）是一个矩形中含有一颗闪闪放光的星辰，表示林肯总统是美国联邦统一和废除奴隶制度的启明星，也喻示林肯轿车光辉灿烂，是顶级轿车。图 8-38 所示为 2020 款林肯大陆。

图 8-37　2021 款福睿斯

图 8-38　2020 款林肯大陆

3. 马自达（Mazda）

马自达汽车公司成立于 1920 年，创始人为松田，原名为东洋软木工业公司，1927 年改称东洋工业公司。1984 年，公司正式更名为马自达公司。1996 年福特汽车公司收购马自达33.4% 的股份，成为马自达最大的股东。

马自达商标（表 8-17）为椭圆中展翅飞翔的海鸥，同时又组成"M"字样。"M"是

"MAZDA"的第一个大写字母，预示该公司将展翅高飞，以无穷的创意和真诚的服务，迈向新世纪。图 8-39 所示为 2021 款阿特兹。

图 8-39　2021 款阿特兹

知识点 8　特斯拉公司（Tesla Inc.）

特斯拉是一家美国电动汽车及能源公司，产销电动汽车、太阳能板及储能设备。其总部位于美国加利福尼亚州帕罗奥图（Palo Alto），2003 年 7 月 1 日，由马丁·艾伯哈德和马克·塔彭宁共同创立，创始人将公司命名为"特斯拉汽车"，以纪念物理学家尼古拉·特斯拉，2004 年科技狂人埃隆·马斯克进入公司并领导了 A 轮融资。

特斯拉商标如图 8-40 所示，这个风格化的"T"不仅是发明家特斯拉（Tesla）名字的首字母缩写，也是对公司产品的暗示，T 形标识代表着电机的横截面，字母 T 的主体部分代表电机转子的一部分，而顶部的第二条线则代表了外围定子的一部分。

特斯拉的目标是为每一个普通消费者提供其消费能力范围内的纯电动车辆，特斯拉的愿景是加速全球向可持续能源的转变。

2019 年，特斯拉上海超级工厂动工并于当年投产。2019—2021 年，分别生产约 36.78 万辆、50 万辆及 93.6 万辆纯电动汽车，均位居全球新能源品牌第 1 位，增长迅速。其主要车型有 Model 3、Model S、Model Y 等。2021 年 11 月，特斯拉市值突破 12000 亿美元，远远高于其他汽车公司。图 8-41 所示为 2021 款特斯拉 Model S。

图 8-40　特斯拉商标

图 8-41　2021 款特斯拉 Model S

知识点 9　丰田汽车公司（Toyota Motor Corporation）

丰田汽车公司创立于 1937 年 8 月 28 日，创始人为丰田喜一郎（Kiichiro Toyoda）。公司

总部在日本爱知县丰田市。公司员工总数 30 多万人，子公司 500 多家。2020 年度《财富》世界五百强位列第十名。汽车产销量近年均居前 2 位。

图 8-42 所示为丰田汽车公司商标，将三个外形近似的椭圆巧妙地组合在一起，每个椭圆都由以两点为圆心绘制的曲线组成，象征用户的心与汽车厂家的心是连在一起的，具有相互信赖感，而且使图案具有空间感，并将拼音"TOYOTA"字母寓于图形商标之中。大椭圆内的两个椭圆垂直交叉组合成一个"T"字，代表丰田汽车公司；大椭圆表示地球，中间的"T"字与外面的椭圆重叠，使"T"字最大限度地占据了椭圆空间，更显突出，喻示丰田汽车面向未来，走向世界。

图 8-42　丰田汽车公司商标

丰田汽车公司旗下有丰田（Toyota）、雷克萨斯（Lexus）、大发（Daihatsu）、日野（Hino）等品牌。其中雷克萨斯（Lexus）是其独立运营的高档汽车品牌。日野是一家位于日本东京的世界知名的柴油货车、巴士和其他车辆的制造商。

丰田汽车公司主要品牌和商标见表 8-18。其中，卡罗拉（Corolla）是丰田公司的一款经济型家用轿车，是目前世界汽车业单一品牌产量最大的轿车。图 8-43 所示为 2021 款卡罗拉。图 8-44 所示为 2021 款雷克萨斯 LS。

表 8-18　丰田汽车公司主要品牌和商标

品牌	商标	品牌	商标
丰田		大发	
雷克萨斯		日野	

图 8-43　2021 款卡罗拉

图 8-44　2021 款雷克萨斯 LS

丰田汽车公司与国内合资公司有一汽丰田和广汽丰田，生产卡罗拉、凯美瑞、亚洲龙、荣放、汉兰达等畅销车型。

知识点 10　本田汽车公司（Honda Motor Co.，Ltd.）

本田汽车公司创建于 1948 年。现役产品线主要由汽车、摩托、动力产品和飞机四大业务组成，其中汽车业务由核心品牌本田（Honda）和豪华品牌讴歌（Acura）等构成。2019年全球品牌百强榜 "Honda" 品牌排名第 21 位。2020 年度《财富》世界 500 强本田位列第 39 名。

图 8-45　本田汽车
公司商标

图 8-45 所示为本田汽车公司商标，图案中三弦音箱式带框的"H"是"本田（HONDA）"的第一个字母，体现了本田汽车公司年轻、技术先进、设计新颖的特点，把技术创新、团结向上、经营有力、紧张感和轻松感表现得淋漓尽致。图 8-46 所示为 2022 款本田 XR-V。

讴歌（Acura）是本田汽车公司的高档豪华车品牌，"Acura"意为"高速、精密、准确"。其商标（图 8-47）是英文字母 A 的变形，犹如一把卡钳（专门用于精确测量的工具），体现了企业汽车制造"精确"的主题。

图 8-46　2022 款本田 XR-V

图 8-47　讴歌商标

本田汽车公司在华合资企业有东风本田和广汽本田，生产雅阁（Accord）、思域（Civic）、CR-V、里程（Legend）、奥德赛（Odyssey）、飞度（Fit saloon）等畅销车型。

知识点 11　现代起亚汽车公司（Hyundai-Kia-Automotive-Group）

现代汽车公司成立于 1967 年，创始人为郑周永。1998 年收购韩国起亚（Kia）汽车公司。现代起亚汽车公司是韩国最大的汽车生产企业和世界 10 家最大的汽车企业之一，目前主要有现代（Hyundai）和起亚（Kia）两个汽车品牌。

图 8-48 所示为现代汽车公司商标，为在椭圆中的斜体字母 H，H 是现代汽车公司名 Hyundai 的第一个大写字母。椭圆既代表汽车的转向盘，又可以看作是地球，与其间的 H 结合在一起，代表了现代汽车遍布全世界，体现了现代汽车公司在世界上腾飞这一理念，象征现代汽车公司在和谐与稳定中发展。图 8-49 所示为起亚汽车公司商标。

现代起亚汽车公司在华合资企业主要有北京现代及东风悦达起亚。生产现代品牌的索纳塔（Sonata）、伊兰特（Elantra）、途胜（Tucson）、ix35 及起亚品牌的 K3、K5、智跑等车型。图 8-50 所示为 2021 款现代 ix35。

图 8-48 现代汽车公司商标

图 8-49 起亚汽车公司商标

图 8-50 2021 款现代 ix35

知识点 12 其他汽车公司

以上介绍的是全球市值较高或汽车产销量世界排名靠前的汽车公司、集团或联盟。除此之外，全球汽车市场还有一些有特色、有影响力的汽车公司，如历史悠久的阿斯顿·马丁及世爵公司，产品特色鲜明的日本铃木、富士重工及五十铃公司，以及立足于潜力巨大的印度市场的塔塔汽车等。

1. 阿斯顿·马丁（Aston Martin）汽车公司

阿斯顿·马丁汽车公司于 1913 年由莱昂内尔·马丁（Lionel Martin）和罗伯特·班福特（Robert Bamford）在英国共同创建，现归属英国 Prodrive 公司。其商标（图 8-51）是一只展翅飞翔的大鹏，喻示着公司如大鹏般远大的志向。该公司以生产敞篷旅行车、赛车和限量生产的跑车而闻名于世，一直是造型别致、精工细作、性能卓越的运动跑车的代名词。

2. 世爵（Spyker）汽车公司

1880 年，荷兰商人雅克布斯（Jacobus）和亨德里克-让·世派克（Hendrik-Jan·Spijker）兄弟创立世爵汽车公司，公司总部在阿姆斯特丹。2010 年 2 月，世爵汽车公司从美国通用汽车公司购得萨博（Saab）汽车品牌，现有世爵（Spyder）和萨博（Saab）品牌。世爵汽车公司生产技术先进、设计独特的跑车。萨博（Saab）也称绅宝，原来是瑞典飞机公司，于1937 年成立，1946 年开始转产汽车，以生产安全性能较好的豪华轿车和涡轮增压发动机而闻名于世。

图 8-52 所示为世爵汽车公司商标。图 8-53 所示为萨博汽车公司商标。

图 8-51 阿斯顿·马丁汽车公司商标

图 8-52 世爵汽车公司商标

图 8-53 萨博汽车公司商标

3. 铃木（Suzuki）汽车公司

铃木汽车公司成立于 1954 年，以生产摩托车和微型汽车为主，如奥拓、吉姆尼、武

士、雨燕等。铃木汽车公司曾在国内的合资汽车公司有长安铃木和昌河铃木。2018年8月，铃木汽车公司宣布解除与长安汽车的合资关系，退出中国汽车市场，集中精力转向印度市场。

图8-54所示为铃木汽车公司商标，是Suzuki的首字母，给人以无限力量的感觉，象征无限发展的铃木汽车公司。

4. 富士重工业株式会社

富士重工业株式会社是日本十大汽车公司之一，它的前身是一间飞机制造所，1953年更名为富士重工业股份有限公司。目前富士重工业株式会社在全世界雇有超过15000位员工，拥有9家制造厂，顾客分布在全球100个国家。其汽车品牌为斯巴鲁（SUBARU），其所开发的水平对置式发动机也是独一无二的。

图8-55所示为斯巴鲁汽车商标，商标采用6颗星连在一起，象征其母公司及其合并的5家子公司。

5. 五十铃（Isuzu）汽车公司

五十铃汽车公司是一家日本的汽车制造商，以生产轻、中型载货汽车为主。目前，五十铃商用车及柴油发动机的产量位居世界前列。在北京、重庆、江西等地合资生产轻型商用汽车，其中重庆生产的轻型五十铃汽车已经具备世界一流的技术和质量。

图8-56所示为五十铃汽车商标，图案中中间为双立柱，左柱象征和用户并肩前进的五十铃公司，右柱象征着与世界各国合作发展的五十铃公司。

图8-54 铃木汽车公司商标

图8-55 斯巴鲁汽车商标

图8-56 五十铃汽车商标

6. 塔塔汽车公司

塔塔汽车公司是印度塔塔集团的子公司，总部在孟买，是印度最大的汽车公司。1868年，印度詹姆斯特吉·塔塔（Jamsetji Tata）创立塔塔集团。1945年，塔塔集团子公司塔塔汽车公司成立。1954年，塔塔汽车公司同德国戴姆勒奔驰公司签订了15年的合作协议，开始生产商用车辆。1998年，塔塔汽车公司研制生产出印度第一辆本土汽车Indica。2008年3月26日，印度塔塔集团收购福特旗下的捷豹和路虎两大豪华汽车品牌。

图8-57所示为塔塔汽车商标，由集团名称TATA和图案组成，图案用T字母形成高速公路图案，喻示TATA汽车走向世界。

捷豹（又译美洲虎、美洲豹）汽车由英国人威廉·里昂斯（William Lyons）于1922年创立，1931年转型生产汽车，以生产豪华的美洲豹运动车而闻名于世。捷豹汽车商标（图8-58）为一只正在跳跃前扑的美洲豹，矫健勇猛，怒目咆哮，盛气凌人，形神兼备，具有时代感与视觉冲击力，它既代表了公司的名称，又表现出向前奔驰的力量与速度，象征该车如美洲虎一样驰骋于世界各地。

图 8-57　塔塔汽车商标

图 8-58　捷豹汽车商标

图 8-59　陆虎汽车商标

陆虎汽车：陆虎全称是兰德·陆虎（Land Rover），Rover 曾译为罗孚，由英国莫利斯·加吉（Morris Gardge）即 MG 等多家英国汽车公司合并而成，成立于 1877 年，以生产高性能越野车著称。陆虎汽车商标（图 8-59）中"Rover"的英语中包含流浪者、航海者的意思。椭圆里面包含公司名字兰德·陆虎（Land Rover），意寓陆虎汽车遍布全世界。图 8-60 所示为 2022 款陆虎揽胜。

图 8-60　2022 款陆虎揽胜

7. 宝腾汽车公司

宝腾汽车公司成立于 1983 年，是马来西亚国有企业，先后与日本三菱公司和法国雪铁龙公司合作研发汽车。1996 年收购了英国莲花（LOTUS）汽车公司，之后又收购底特律汽车设计中心，使宝腾汽车公司具有独立完成从轿车开发到生产的能力。目前旗下有宝腾和莲花两大品牌。莲花曾与法拉利、保时捷一起并称为世界三大跑车制造商。

图 8-61 所示为宝腾汽车商标，为马来虎侧面图案设计，突显宝腾汽车的强劲与威风；PROTON 是马来西亚文 Perusahaan Otomobil Nasional（国家轿车项目）的简写。

图 8-62 所示为莲花汽车商标，是由 CABC 几个英文字母重叠在一起组成的，这是公司创始人柯林·安东尼·布鲁斯·查普曼（Colin Anthony Bruce Chapman）名字的缩写。优雅、灵动、恒久、精炼、圣洁的莲花，是莲花汽车的高雅象征。

图 8-61　宝腾汽车商标

图 8-62　莲花汽车商标

本章小结

1. 我国主要汽车集团和公司有中国一汽、东风公司、上汽集团、比亚迪股份有限公司、长安汽车、北汽集团、广汽集团、长城汽车股份有限公司、奇瑞汽车股份有限公司、浙江吉利控股集团有限公司等。

2. 中国第一汽车集团有限公司是国有特大型汽车企业集团，生产了我国第一辆解放牌卡车、第一辆小轿车（东风牌）和第一辆高级轿车（红旗牌）。集团目前拥有红旗、解放、奔腾等自主品牌和一汽大众、一汽奥迪、一汽丰田等合资合作品牌。

3. 东风汽车集团有限公司是中央直管的特大型汽车企业。主要汽车品牌有风神、风行、风光、启辰、岚图等自主品牌乘用车以及东风、华神、乘龙等自主品牌商用车。与外资合资的子公司有东风日产、东风本田、东风标致、东风雪铁龙、东风悦达起亚、东风英菲尼迪等。

4. 上海汽车集团股份有限公司为国内规模领先的汽车上市公司，汽车产销量多年位居国内第一。集团主要有荣威、名爵、五菱、宝骏、大通、智己汽车、飞凡汽车等自主品牌乘用车及上汽红岩等自主品牌商用车。与外资合资的公司有上汽大众、上汽通用、上汽通用五菱、上汽依维柯、申沃客车等。

5. 比亚迪股份有限公司是一家高新技术企业。目前比亚迪汽车以新能源汽车与智能网联汽车为核心发展方向，新能源汽车销量居世界前列。

6. 国外主要汽车集团和公司有戴姆勒-奔驰、宝马、大众、雷诺-日产-三菱联盟、斯特兰蒂斯、通用、福特、特斯拉、丰田、本田和现代起亚等。

7. 戴姆勒-奔驰汽车公司是全球最大的商用车制造商，全球第一大豪华车生产商、第二大卡车生产商。其主要汽车品牌有梅赛德斯-奔驰、迈巴赫、精灵等。

8. 宝马汽车公司是全世界最成功和效益最好的豪华汽车品牌，BMW 集团拥有 BMW、MINI 和 Rolls-Royce（劳斯莱斯）三个品牌。

9. 大众汽车公司是欧洲最大的汽车生产集团，集团的乘用车业务分为奥迪和大众两大品牌群。奥迪品牌群包括奥迪、西亚特、兰博基尼、杜卡迪 4 个品牌。大众品牌群包括大众商用车、大众乘用车、斯柯达、宾利、布加迪、保时捷、斯堪尼亚、MAN 共 8 个品牌。

10. 雷诺-日产-三菱联盟成立于 2016 年，是一种全新的"引领者-伴随者"合作模式。其主要汽车品牌有雷诺、日产、三菱、英菲尼迪和达西亚等。

11. 斯特兰蒂斯有限公司是 2021 年由菲亚特-克莱斯勒汽车集团与标致-雪铁龙集团合并成立的。该集团拥有广泛的汽车品牌组合：阿巴斯、阿尔法·罗密欧、克莱斯勒、雪铁龙、道奇、DS 汽车、菲亚特、吉普汽车、蓝旗亚、玛莎拉蒂、欧宝、标致及莫帕尔等。

12. 通用汽车公司曾是世界 500 强企业第 1 名。目前的品牌有凯迪拉克、别克、雪佛兰、庞蒂克、悍马、土星、大宇等。

13. 福特汽车公司是美国最大的工业垄断组织和世界重要跨国企业之一。目前主要汽车品牌有福特、林肯、马自达、水星等。

14. 特斯拉是一家美国电动汽车及能源公司。近年来，其电动汽车产销量均位居全球新能源品牌第 1 位。主要品牌车型有 Model 3、Model S、Model Y 等。

15. 丰田汽车公司汽车产销量常排名世界第 1 或第 2 位，旗下有丰田、雷克萨斯、大发、日野等品牌。

16. 本田汽车公司是日本排名第 2 的汽车公司，主要汽车品牌有本田和讴歌等。

17. 现代起亚汽车公司是韩国最大的汽车生产企业，目前主要有现代和起亚两个汽车品牌。

习题与思考题 ······

1. 说出我国主要汽车集团和公司及其主要品牌。

2. 说出外国主要汽车集团和公司及其主要品牌。

3. 上网检索我国一个汽车集团和公司的发展历史、现状及其主要汽车品牌，然后与大家进行交流。

4. 谈谈我国应该如何发展自主品牌汽车。

5. 说说商标、车标的文化内涵，并举例说明。

第9章 汽车的发明与发展

【 本章内容架构 】

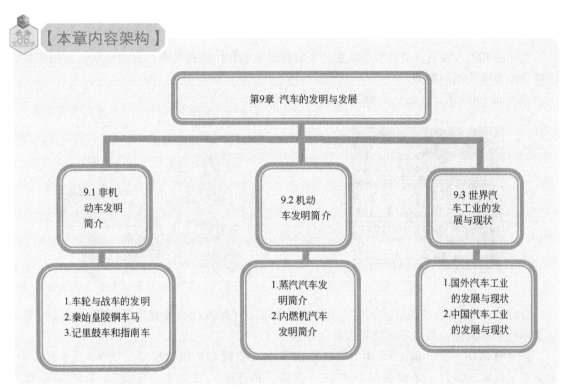

【 学习目标要求、重点与难点 】

序号	学习目标要求	学习重点	学习难点
1	了解汽车的发明历史		
2	能够描述中国对汽车发明的贡献	√	
3	能够描述第一辆汽车的发明	√	
4	了解国内外汽车工业的发展历史		√
5	熟悉国内外汽车的发展现状	√	√
6	学会检索汽车发明、发展和现状的资料	√	
7	培养学生崇尚科学、热爱专业和献身祖国的精神	√	√

167

【问题导入】

　　一位新同学询问老同学，中国对汽车发明做出了哪些贡献？如果你是老同学，应该如何回答？

　　汽车的出现为人类的发展、文明和进步做出了不可磨灭的贡献。但其发明和发展，却经历了无数人的艰苦努力和漫长的历史时期，经历了非机动车、机动车（蒸汽汽车和内燃机汽车）历史阶段。

9.1　非机动车发明简介

知识点 1　车轮与战车的发明

　　公元前 4000 年左右，美索不达米亚（今叙利亚东部和伊拉克境内）发明了车轮（图 9-1），使滑动摩擦变为滚动摩擦。

　　公元前 3300 年，古巴比伦的苏美尔出现战车（图 9-2）。

图 9-1　最早的车轮

图 9-2　苏美尔战车

　　公元前 2697 年，传说轩辕黄帝（图 9-3）造车。轩是古代一种有帷幕而前顶较高的车，辕是车的基本构件，是指车前驾牲畜的两根横木。

　　公元前 2207—公元前 1766 年，我国出现了辁（指没有轮辐的车轮，图 9-4。木制车轮上固定了横木，可防止木纹裂开）和各种有辐条的车轮。设立了"车正"，即车辆总管。《左传》记载，奚仲（黄帝的四世孙）曾做过夏王朝"车正"（图 9-5）。

图 9-3　轩辕黄帝

图 9-4　没有轮辐的车轮

公元前 770—公元前 249 年的春秋时代，我国出现了古代战车，图 9-6 所示为春秋时代的战车。

图 9-5 奚仲车正

图 9-6 我国春秋时代的战车

知识点 2　秦始皇陵铜车马

公元前 248—公元前 207 年，制造了秦始皇陵铜车马（图 9-7），车长 3.17m，由 30000 多个零件组装而成，采用了铸造、镶嵌、焊接、铆接、子母扣连接等十几种工艺手法，全部可以自由开合，所有窗板均镂空铸成菱形花纹小孔，用来调节空气，具有通风保温的作用。马络头装饰的璎珞采用青铜拔丝法，直径只有 0.3~0.5mm，代表了我国当时铸造技术、金属加工和组装工艺的高超水平。公元 13 世纪左右，中国高超的马车制造技术通过丝绸之路传到欧洲，为世界交通和汽车的发明做出了卓越的贡献。

图 9-7 秦始皇陵铜车马

 【温馨提示】

秦始皇陵铜车马视频请扫教学资源 9 对应的二维码 ▨ 进行观看。

知识点 3　记里鼓车和指南车

公元前 206—公元 220 年（汉代），马钧发明了记里鼓车与指南车。记里鼓车（图 9-8）利用齿轮原理，由车轮带动大小不同的一组齿轮，使车轮走满一里时，其中一个齿轮刚好转动一圈，该轮轴拨动车上木人打鼓或击钟，报告行程，被誉为汽车里程表

和减速装置的先驱。指南车（图9-9）的车上立一个木人伸臂南指，只要开始行车的时候木人的手臂向南指，此后不管车向东或向西转弯，由于齿轮系的作用，木人的手臂始终指向南方。

图9-8　记里鼓车

图9-9　指南车

<table>
<tr><td>9.2</td><td>机动车发明简介</td></tr>
</table>

知识点1　蒸汽汽车发明简介

1. 蒸汽汽车

1765年，瓦特发明了蒸汽机，为蒸汽汽车的发明奠定了动力基础。

1769年，法国人卡格诺（N. J. Cugnot）研制出第一辆蒸汽三轮汽车（图9-10），用来牵引大炮，该车安装了一个直径9.34m的蒸汽锅炉，其后面有两个50L的气缸，锅炉产生的蒸汽推动气缸内的活塞上下运动，再通过曲柄驱动前轮，时速可达4km/h，牵引能力为4~5t，木制的车辆和车架，由于前轮负载过大，转向不灵活，试车时只连续行走了15min就撞到墙上，成为世界上第一起汽车事故。

图9-10　第一辆蒸汽三轮汽车

在第一辆蒸汽汽车的激励下，经过各国工程技术人员的不断试验改进，蒸汽汽车性能不断得到完善，投入了实际运用。

2. 蒸汽公共汽车

1825年，英国的嘉内公爵制造的蒸汽公共汽车（图9-11），投入世界最早的公共汽车营业，这辆最早的公共汽车有6个车轮，自重3t，可以乘坐18名乘客，时速可达19km/h。1931年，这辆车运行在英格兰的格洛斯特和切尔藤纳姆两城之间，生意很好，仅4个月时间就运载了3000多人次。

1833年4月，英国人汉考克（Walter Hancock）成立了世界上最早的公共汽车运输公司——苏格兰蒸汽汽车公司，进行固定线路收费的公共汽车运输服务。该车可承载14名乘客，车速可达32km/h。

图 9-11 蒸汽公共汽车

由于蒸汽汽车速度慢，体积大，热效率低，起动时间长，空气污染严重，随着内燃机汽车的出现，逐步退出了历史舞台。

知识点2 内燃机汽车发明简介

1. 内燃机的发明

蒸汽汽车使用的蒸汽机属于外燃机，热效率低，仅 10%左右；内燃机是将燃料在气缸内部燃烧产生的热能直接转化为机械能的动力机械，它具有体积小、重量轻、操作简单、便于移动和起动性能好等优点，热效率可以达 40%左右。

1861 年，法国工程师罗彻斯（Alphonse Beaude Rochas）发表了等容燃烧的四冲程发动机理论，首次提出进气、压缩、做功、排气四冲程循环原理，并强调压缩混合气是提高热效率的重要措施，这是一次认识上的飞跃，直至今天 100 多年来的汽车内燃机，都采用的是四冲程原理。

1876 年，德国发明家尼古拉斯·奥古斯特·奥托（Nicolais August Otto）（图 9-12）研制出第一台实用的往复式四冲程内燃机（图 9-13），并申请了专利。该内燃机压缩比为9.66，单缸、卧式，功率为 3.2kW，采用活塞曲柄连杆机构，转速达 200r/min，热效率达14%，比没有压缩冲程的发动机提高了 3 倍，有力证明了科学技术是第一生产力这个真理。为纪念奥托对内燃机的贡献，人们称这种循环的汽油机为奥托内燃机（图 9-13）。然而奥托却在 1886 年放弃自己所获得的四冲程发动机专利，提出任何人都可根据需要随意制作，因为他看到了法国工程师罗彻斯写的一本小册子，先于他提出了四冲程内燃机的原理。奥托的高尚品德博得了人们的高度赞誉。

图 9-12 尼古拉斯·奥古斯特·奥托

图 9-13 奥托内燃机

1883 年，德国人哥德里普·戴姆勒（Gottlieb Daimler）（图 9-14）与威廉·迈巴赫（Wilhelm·Maybach）（图 9-15）合作，成功制造出世界上第一台四冲程往复式汽油机，转速达到 1000r/min。

1885 年，戴姆勒与迈巴赫又研制出世界第一台风冷立式单缸二冲程汽油机，之后又把它装在两轮自行车上，制成世界上第一台摩托车（图 9-16），于 1885 年 8 月 25 日获得德国专利，最高车速可达 19.2km/h。

图 9-14　哥德里普·戴姆勒

图 9-15　威廉·迈巴赫

图 9-16　世界上第一台摩托车

1890 年，德国工程师鲁道夫·狄塞尔（Rudolf Diesel）（图 9-17）第一个提出不用点火，采用压缩的方法，使喷入气缸的柴油着火的压燃式内燃机原理，1892 年取得了专利，造出了样机（图 9-18）。1898 年投入商业性生产，热效率达 26%，这是一项震惊世界的成就，后人为纪念他，称柴油机为狄塞尔柴油机，狄塞尔为此获得了"人类最伟大的发明"金银纪念币奖。

内燃机的发明与完善，为内燃机汽车的发明奠定了基础。

2. 内燃机汽车的发明

1886 年，德国人卡尔·费里特立奇·本茨（Karl Friedrich Benz）（图 9-19），将自己设计制造的汽油机安装在一辆三轮汽车上（图 9-20），车速可达 15km/h，具备了现在汽车的一些基本特点，如火花点火、水冷循环、钢管车架、前轮转向、后轮驱动、带制动手柄，是世界上最早装备差动齿轮装置的汽车。该车于 1886 年 1 月 29 日获得世界上第一项汽车发明专利证书，所以被公认为汽车诞生日，本茨也被称为"汽车之父"。

图 9-17　鲁道夫·狄塞尔

图 9-18　狄塞尔柴油机

图 9-19　卡尔·费里特立奇·本茨

同一年，戴姆勒也制成了世界上第一辆四轮汽车（图9-21），后人将戴姆勒与本茨并称为"汽车之父"。

图9-20　世界上第一辆三轮汽车

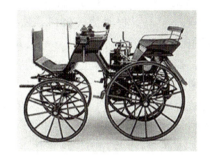

图9-21　世界上第一辆四轮汽车

9.3　世界汽车工业的发展与现状

知识点1　国外汽车工业的发展与现状

国外汽车工业的发展总体经历快速发展、全盛期、稳定期和转型升级期等阶段。

1. 汽车工业快速发展阶段

19世纪末至20世纪30年代，继奔驰和戴姆勒公司之后，法国雷诺、标志、雪铁龙，意大利菲亚特、法拉利，德国奥迪、欧宝、宝马、大众，美国福特、通用、克莱斯勒，英国劳斯莱斯、宾利，瑞典沃尔沃，日本马自达、日产、丰田等20余家汽车公司相继成立。

汽车生产组织形式也由家庭作坊式过渡到大规模、标准化和流水线生产，出现了美国福特和通用等大汽车公司。1913年，福特公司首次采用流水线生产T型车，到1920年，实现了每分钟生产1辆汽车的速度。

由于T型车（图9-22）经济实用，深受当时人们的欢迎，生产量达1546万辆，创下当时汽车单产世界纪录。从1908—1920年，全世界汽车保有量的50%是T型车，为"装在汽车轮子上的美国"立下了不朽功勋。通用汽车公司则采用合作兼并等方法，先后兼并了凯迪拉克、别克、雪佛兰、庞蒂克等30多个汽车公司，进行集团化生产，分工协作，到1927年成为世界上最大的汽车公司。1984年公司从业人员达89.3万人。这个时期，欧洲忙于战乱，而美国工业发展迅速，人民收入提高，加上政府的政策，使美国的汽车工业得以快速发展，处于世界领先地位。

图9-22　T型车

在汽车产量发展的同时，汽车技术也有很大进步，高速汽油机、柴油机、艾克曼式的转向机构、等速万向节、弧齿锥齿轮和双曲面齿轮传动、带同步器的变速器、四轮制动、液压

减振器、充气轮胎和发电机-蓄电池-起动马达系统都是这个时期发明的。

2. 汽车发展的全盛时期

20世纪30年代至80年代，第二次世界大战结束后，欧洲著名汽车公司德国大众、戴姆勒-奔驰、宝马、保时捷等公司，法国标致、雪铁龙、雷诺等公司，意大利菲亚特、法拉利、阿尔法·罗密欧、兰博基尼等公司，英国劳斯莱斯、摩根、莲花、罗孚等公司，瑞典沃尔沃等，都在战争的废墟上大力重建汽车工业，大力发展汽车，西欧汽车产量由战前的80万辆猛增到750多万辆，增长了近10倍。德国大众的甲壳虫汽车（图9-23），采用流线型设计，可减少风阻和车尾气体涡流，风靡全球，从1939—1973年共生产2150万辆，创下了单产世界纪录。其高尔夫汽车（图9-24），款式新颖齐全，外壳为镀锌板，12年不锈，深受欢迎，已经生产2000多万辆，欧洲几乎每个家庭都有1辆。在这个时期，1973年，欧洲汽车产量1500万辆，世界汽车工业中心转回欧洲。

图9-23 甲壳虫汽车

图9-24 高尔夫汽车

日本汽车工业也迅速崛起，在引进、消化的基础上，创造出新车型，1980—1993年期间汽车年产量超过美国，跃居世界第一。

这个时期的汽车技术主要是向高速、方便、舒适方面发展，20世纪50年代轿车功率已经达到280kW，最高车速达200km/h，流线型车身、前轮独立悬架、液力自动变速器、动力转向、动力制动、全轮驱动、低压轮胎、子午线轮胎都相继出现。

3. 汽车企业兼并改组，汽车产量稳定期

20世纪70年代至2010年，世界汽车年产量增长缓慢，平均年增速在100万辆左右。由于发达国家汽车保有量趋于饱和，汽车生产过剩，市场竞争激烈，欧美、欧日贸易摩擦不断。各大公司通过参股、控股、转让、兼并，加速了汽车工业国际化和高度垄断。1998年5月7日，德国最大的汽车工业集团戴姆勒-奔驰公司与美国第三大汽车公司克莱斯勒公司合并，给汽车工业带来了极大震撼。

这个时期汽车技术的主要发展方向是提高汽车的安全性和节能减排气，导致相关的新技术、新结构应运而生，如汽车防抱制动系统、废气涡轮增压技术、可变气门控制和汽油直喷技术等。

4. 汽车转型升级期

近十多年来，随着社会对环保、节能、安全、高效要求的日益强烈，汽车开始向电动化、智能化转型发展，发展新能源汽车和智能网联汽车已经成为全球共识。如2013年美国

能源部发布的"电动汽车普及大挑战蓝图",2015 年欧盟 14 个成员国组织成立的国际零废气排放汽车联盟,2010 年日本启动了"新一代汽车计划"和 2013 年提出了"世界最顶尖的IT 国家创造宣言"。

从汽车产量的数据看,传统燃油汽车增长缓慢,近几年甚至出现负增长,而新能源汽车一枝独秀,快速增长。图 9-25 显示了 2020 年世界和我国的新能源汽车销量的变化。2021年,全球新能源汽车销量超过 650 万辆,同比增长 108%。

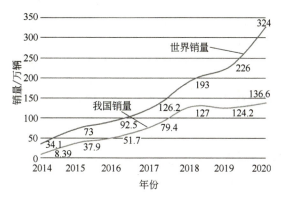

图 9-25　世界和我国新能源汽车销量变化

5. 世界汽车工业的现状

2021 年,世界汽车年销量达 8210 万辆,世界 12 大汽车制造商汽车销量排名见表 9-1。

表 9-1　2021 年世界汽车制造商汽车销量排名

名次	汽车制造商	年销量/万辆	名次	汽车制造商	年销量/万辆
1	丰田	1050	7	现代	538
2	大众	888	8	本田	448
3	雷诺-日产-三菱联盟	768	9	福特	372
4	斯特兰蒂斯集团	667	10	一汽集团	350.1
5	通用	600	11	东风集团	327.5
6	上汽集团	546.4	12	铃木	276

知识点 2　中国汽车工业的发展与现状

中国在新中国成立前没有自己的汽车工业。新中国成立后从无到有,发展到 2021 年汽车产销量分别为 2608.2 万辆和 2627.5 万辆,连续 13 年位居世界第 1。中国历年汽车产量如图 9-26 所示。

我国汽车发展总体经历了如下 4 个阶段。

1. 汽车工业创建成长阶段(1953—1992 年)

在计划经济指导下,国家集中资金,创建了第一和第二汽车制造厂,奠定了我国的汽车工业基础。

第一汽车厂于 1953 年 7 月在长春破土动工,1956 年 7 月生产出第一辆解放牌载货汽

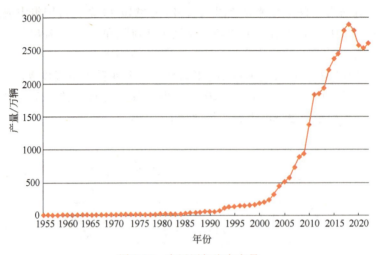

图 9-26　中国历年汽车产量

车（图 9-27），结束了我国不能生产汽车的历史。1958 年 5 月生产出第一辆东风牌轿车（图 9-28），后改产"红旗"牌轿车。

图 9-27　第一辆解放牌载货汽车

图 9-28　第一辆东风牌轿车

　　第二汽车厂于 1967 年 4 月动工兴建，1975 年 7 月投产，主要生产东风牌载货汽车。

　　1985 年，中央在"七五"规划中，及时把汽车工业列为国家支柱产业，确定了重点发展轿车工业的战略决策，产品升级换代，加强重、轻型汽车生产，至 1992 年，我国汽车年产量达 106 万辆。

2. 汽车工业改革开放、兼并改组阶段（1993—2000 年）

　　1994 年，国务院颁布《汽车工业产业政策》，提出"到 2010 年成为国民经济的支柱产业"的奋斗目标。

　　全球著名的汽车集团公司，如通用、福特、克莱斯勒、大众、戴姆勒-奔驰、宝马、标致-雪铁龙、菲亚特、日产、丰田、本田、现代等汽车公司均进入我国，与国内著名汽车集团公司进行合资，生产品牌汽车。

　　国内汽车企业进行改组兼并。一汽组建了第一汽车集团公司（图 9-29），二汽组建了东风汽车集团公司（图 9-30），上汽组建了上海汽车集团公司。1998 年从生产集中度看，国内 14 家企业集团（公司）生产 148.5 万辆，占全国当年汽车产量的 99.21%，初步形成了汽车产业的组织结构优化调整。

图 9-29 一汽总部大楼

图 9-30 东风汽车总部大楼

至 2000 年，历经 8 年，我国汽车年产量翻一翻，达到 207.7 万辆，全球排名第 8 位。

3. 汽车产量快速增长阶段（2001—2010 年）

汽车年产量连续 10 年实现快速增长。由 2001 年的 234 万辆增加到 2010 年的 1826 万辆（图 9-31），平均每年增加 140 多万辆，年均增长速度高达 25%。

2004 年，国家新《汽车产业发展政策》发布，重申我国汽车产业在 2010 年前发展成为国民经济的支柱产业的奋斗目标。2009 年国家出台《汽车产业振兴规划》，我国汽车年产量强势增长，首次突破 1000 万辆，达 1379 万辆，居世界第一。

4. 汽车转型升级，产量稳步增长阶段（2011—2021 年）

2011—2017 年，我国汽车产量平均年增长 6.2%，2018 年后开始呈负增长态势。2021 年，在新能源汽车的带动下略有回升（参见图 9-26）。

5. 中国汽车工业的现状

2021 年，我国汽车产销量分别达 2608.2 万辆和 2627.5 万辆，连续 13 年居世界第 1 位。新能源汽车销售完成 352.1 万辆，同比增长 9.6 倍，连续 7 年位居全球第一。

汽车产业结构进一步优化，汽车企业进一步改组兼并。至 2021 年，上汽、一汽、东风、长安、广汽、北汽等 6 个骨干汽车企业汽车产销量已经占总量的 70%（图 9-32）。

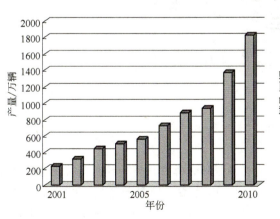

图 9-31 汽车产量跨越式增长

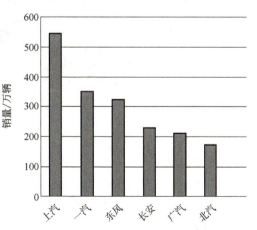

图 9-32 2021 年六大企业集团汽车销量

2021年国产品牌市场占有率升至44.4%。汽车整车出口209.5万辆，同比增长1倍。在造车新势力方面，理想、小鹏等新企业也贡献了94.7万辆的总销量，同比增长215%。中国汽车市场还涌现了星越L、理想ONE、小鹏P7等多款高端产品，且取得了相当不错的成绩。汽车企业与互联网巨头跨界联合，设计制造出一批智能汽车投入使用，如百度自动驾驶出租车（图9-33）、广汽文远知行无人驾驶出租车（图9-34）等。

新能源汽车产品层出不穷，销量逆势上扬，已成为汽车消费新增长点。2021年我国新能源汽车销售完成352.1万辆，同比增长1.6倍，连续7年位居全球第一。

图9-33　百度自动驾驶出租车　　　　图9-34　广汽文远知行无人驾驶出租车

目前虽然我国汽车产销量全球第一，但是由于人口众多，人均汽车保有量仍然很低，达不到世界平均水平。我国汽车工业在技术开发水平上与世界汽车强国还有一些差距，还没有成为全球汽车强国，有待进一步做大做强。

【拓展阅读】　　　　　　　　　汽 车 产 业

与汽车相关的行业称为汽车产业（图9-35）。其特点是：

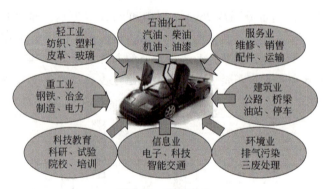

图9-35　汽车产业

（1）产值巨大　汽车是世界上唯一的一种零件以万计、产量以千万计、保有量以亿计、售价以万元计的商品。

汽车产业可以带动相关行业的全面发展。有资料报道，每年汽车行业约消耗世界钢铁总产量的24%左右、铝产量的25%左右、橡胶产量的50%左右、塑料产量的10%左右、石油产量的46%左右，从而带动整个产业链的发展。有统计分析指出，汽车产业是一个1∶10的产业，即汽车产业1个单位的产出，可以带动整个国民经济总体增加10个单位的产出。日

本经济高速发展的 15 年间，汽车工业产值增长了 57 倍，从而带动国民经济增长了 36 倍。美国、日本、德国、中国等都把汽车产业作为国家支柱产业。

（2）提供大量的就业机会　主要就业岗位有汽车设计、制造、销售、维修、配件、油站、停车、银行、保险、理赔、医院、学校、环境、交通管理等。

美国及西欧，每 6 个就业岗位中就有一个与汽车有关。专家预测，到 2030 年，我国汽车相关产业从业人数将达 1 亿人以上。汽车服务行业人才已经成为我国紧缺人才之一。

（3）有力推动科技和社会发展进步　汽车是高科技产品，一辆汽车有上万个零部件，集声、光、机、电、热、电子、化工、美工于一身，有的电控汽车中甚至装有数十个微型计算机。其巨大的市场潜力，使它成为各种高新技术争相应用的强大载体。

汽车产业是现代企业科学管理的集中体现，是大批量、高效率、专业化、标准化、智能化产业的代表，有力推动了社会进步与发展。

汽车的普及，进一步优化了交通，促进了城市和农村道路建设，缩小了城乡差别，目前世界城市化水平已经接近 50%，其中发达国家已经达到 70%～80%。

本章小结

1. 汽车发明经历了非机动车、机动车（蒸汽汽车和内燃机汽车）历史阶段。

2. 中国的秦始皇陵铜车马、记里鼓车和指南车等的发明，为世界汽车的发明做出了卓越贡献。

3. 奥托（Otto）研制出第一台实用的往复式四冲程内燃机，狄塞尔（Diesel）研制出第一台实用的柴油机，为现代汽车的发明与发展做出了突出贡献。

4. 1886 年 1 月 29 日，德国工程师本茨成功地为自己发明的三轮汽车申请了专利，这一天被后人称为现代汽车诞生日。同年，德国人戴姆勒制成第一辆四轮汽车，与本茨同称为"汽车之父"。

5. 世界汽车工业经历汽车发明、快速发展、全盛时期、稳定发展和转型升级几个历史阶段。

6. 中国汽车工业发展经历艰苦创业、改革开放、快速增长和稳定增长、转型升级几个主要历史阶段。2021 年，我国汽车产销量分别达 2608.2 万辆和 2627.5 万辆，连续 13 年居世界第 1 位。新能源汽车销售完成 352.1 万辆，同比增长 1.6 倍，连续 7 年位居全球第一。

习题与思考题

1. 中国为汽车的发明做出了哪些卓越贡献？

2. 现代汽车诞生日是什么时间？被称为"汽车之父"的是谁？

3. 从汽车的发明史，你可以得到什么启示？

4. 检索世界汽车工业发展史，有什么值得我国借鉴的经验？

5. 检索我国汽车工业发展史，有什么经验和教训？

第10章　汽车文化简介

【本章内容架构】

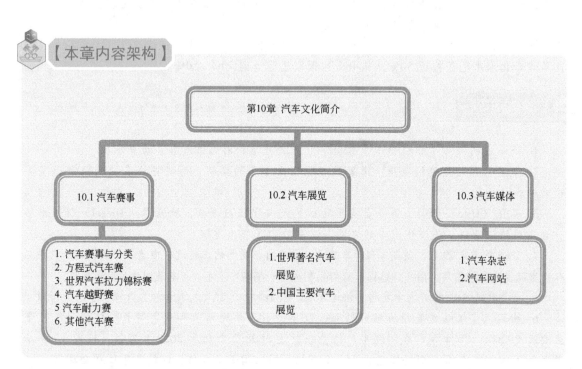

【学习目标要求、重点与难点 】

序号	学习目标要求	学习重点	学习难点
1	了解世界著名汽车竞赛分类及基本内容	√	√
2	能够描述世界著名的五大汽车展览	√	
3	学会汽车资料和新闻的检索	√	
4	培养学生努力实践、提高技能的作风和献身祖国的精神	√	√

【问题导入】

有人说中国没有汽车文化，说说你的看法？

180

人类在汽车发明的同时，也创造了辉煌的汽车文化，如汽车商标和车标（见第8章）、汽车展览、汽车竞赛等，无一不蕴含着丰富的文化内涵。

10.1 汽车赛事

知识点1 汽车赛事与分类

1. 汽车赛事概述

汽车赛事又称赛车运动，是指利用汽车在各种道路上进行汽车性能（速度、耐力、油耗等）和驾驶技术等比赛的一种活动，是一项风靡世界的体育运动项目。

1887年，举办了世界上第一次汽车比赛，结果只有一辆蒸汽机汽车参加。1895年，进行了第一次有汽油机汽车参加的比赛，汽油机汽车战胜了蒸汽机汽车，从而为汽车的发展开辟了道路。

1904年，由法国等欧洲国家发起，成立了国际汽车联合会（FIA）组织（图10-1）。从此，世界赛车运动就蓬勃地开展起来。中国汽车联合会于1975年成立，1983年加入国际汽车联合会。

由于要求赛车有强大的功率、最小的空气阻力及最轻的重量，促使汽车厂家为此做出最大的努力，直接推动了汽车工业的发展。如涡轮增压发动机、自动电子变速装置、扰流板及尾翼、纤维增强复合材料车身及不少最新的技术，都是在赛车上首先采用的。一些

图10-1 国际汽车联合会

汽车品牌也是在汽车竞赛中出现的，如意大利的法拉利轿车、日本的本田轿车和三菱汽车等。

2. 汽车赛事分类

汽车赛事的种类很多，比较著名、影响较大的项目大致可分为以下几类：

（1）方程式汽车赛 参赛车辆必须按照严苛的规则来制造，方程式限制了车体结构、长度、宽度、重量、发动机工作容积、气缸数量、油箱容量、电子设备、轮胎的大小等各种细节。如一级方程式汽车赛（F1）。

（2）汽车耐力赛 参赛车辆在规定赛道上进行长时间连续行驶。规定时间内，谁跑的里程数最多，谁就获胜。如法国勒芒24h耐力赛，车速很高，比赛既刺激，又艰苦。

（3）世界汽车拉力锦标赛 也称"多日赛"，在一段临时封闭的道路上进行比赛，可能是铺装道路，也可能沙石泥泞路，或是冰雪路，甚至还会在无法封闭的沙漠戈壁上进行，路程可在一个国家内，也可跨越数个国家，是一个既能检验车辆性能和质量又能考验驾驶技术的长途比赛。如WRC和达喀尔拉力赛。

其他的还有创纪录赛、冲刺赛、技巧赛、节油车赛、卡丁车赛、太阳能车赛、老式汽车赛、大脚车赛、泥潭赛、毁车赛、汽车足球赛、汽车选美赛等。随着无人驾驶技术成熟，汽车赛事将更加丰富。

知识点2 方程式汽车赛

方程式汽车赛是汽车场地比赛的一种，由于参加这种比赛的赛车必须依照国际汽车联合

会制定的车辆技术规定的程式设计和制造，因此叫作方程式赛车。

方程式赛车的级别有很多种，主要有一级方程式（简称 F1）、F3000、三级方程式（简称 F3）、亚洲方程式、无限方程式、福特方程式、雷诺方程式、卡丁车方程式等。其中一级方程式锦标赛是世界上汽车场地竞赛项目中最高级也是最引人注目的比赛。

1. 一级方程式世界锦标赛

一级方程式世界锦标赛（Formula One World Championship）简称 F1，也叫一级方程式汽车大奖赛，F1 起始于 1950 年，每年在世界各地比赛 16 场，每场比赛取前 6 名，获得总积分最高者即为世界冠军。

F1 赛道为改性沥青，每个赛道的周长不等，最短的是摩洛哥的"蒙特卡罗街区赛道"，单圈长度为 3.3km，最长的是比利时的"斯帕"赛车场，单圈长度为 6.9km。匈牙利布达佩斯赛道如图 10-2 所示。

图 10-2　匈牙利布达佩斯赛道

驾驶赛车的赛手为一个人。比赛时 22 辆赛车根据排位比赛的成绩排列起跑顺序。当信号灯变为绿色时，22 辆赛车同时出发，跑完规定圈数（每场为超过 305km 的最小圈数），时间短者获胜。一场 F1 比赛时间不能超过 2h。

F1 赛车（图 10-3）车身外形、操作系统及发动机都有严格规定，现代 F1 赛车的基本特点是：四轮外露，单座，重心低，轮距大，最小质量为 550kg。

发动机：排量 3L，自然吸气式汽油机，气缸数不多于 12 个，输出功率 700kW，禁止增压。

变速器：6~7 档，自动电子变速系统，变速按钮在转向盘上。

图 10-3　F1 赛车

车身：框架式结构，采用碳纤维增强塑料或特种材料制造，流线型车身，前有汽车的尖形鼻锥，后有尾翼，以减少空气阻力和气流造成的升力。油箱用特种橡胶制成。

轮胎：只用一个轮胎螺栓，以方便快速拆换。在干燥路面上使用只有四道花纹的"干地轮胎"，在湿滑路面上使用"湿地轮胎"。前轮胎宽12in（305mm），后轮胎宽18in（457mm）。赛前加热，以提高附着力。

F1车手必须持有FIA签发的"超级驾驶证"方能参赛。

一级方程式汽车赛是世界上最昂贵的运动。最便宜的一台发动机，包括零件和维修保养，也要800万美元，汽油每年要30多万美元，一支车队有两部赛车和一部后备赛车。每支赛车队有几十位工作人员，一般强队的主任工程师年薪大约100万美元，赛车手的薪金，最顶尖的几位赛车手，如舒马赫，年薪约1000万美元，所以经营一支强队，每年的费用约5000万美元甚至更多。现在世界上有二十余支实力雄厚的F1车队，大多属英、意、法三国所有。

2. 其他方程式汽车赛

1）F3000方程式汽车赛，是方程式汽车场地赛的项目之一。它也设有国际大奖赛，但只有四个分站。它使用的赛车是四轮外露、单座、纯跑道用方程式赛车，装备8个气缸、排量3L的自然吸气式汽油发动机，输出功率约349kW。

2）三级方程式（F3）赛车体积较小，最小质量为540kg，发动机气缸数最多4个，禁用两冲程发动机，最大排量为2L，禁用增压器，功率约125kW。

3）亚洲方程式汽车赛只限于在亚洲地区开赛。

4）卡丁车方程式汽车赛是场地比赛项目的一种（图10-4），是世界方程式赛车的最初级形式，始于1940年。由于许多著名的F1赛车手都是从卡丁车起步的，因此，卡丁车被视为"F1"的摇篮。

图10-4　卡丁车方程式汽车赛

卡丁方程式汽车赛分方程式卡丁车、国际A、B、C、E级和普及级6种，共12个级别。使用轻钢管结构，操作简单，无车体外壳，装配100mL、125 mL或250mL汽油发动机的4轮单座位微型赛车，重心低，在曲折的环形路线上行驶速度感强。

知识点3　世界汽车拉力锦标赛

世界汽车拉力锦标赛（World Rally Championship，WRC）又叫集合赛、多日赛，拉力是英语Rally（集合）的音译。它是汽车道路比赛项目之一。实际上，它是一种汽车长途越野赛。

拉力赛使用规定的赛车（图10-5），按规定的平均速度，在完全或部分对普通交通开放的道路上进行的一项赛事，每辆赛车组由1名车手及1名领航员组成，比赛成绩以时间最少者为冠军。

国际汽车拉力赛每年设有世界拉力锦标赛（9站）、欧洲拉力锦标赛（11站）、亚洲拉力锦标赛（6站）、非洲拉力锦标赛（5站）、中东拉力锦标赛（6站）等众多大型赛事，比赛设车手奖和车队奖。较为著名的汽车拉力赛有蒙特卡罗汽车拉力赛、巴黎-达喀尔汽车拉力赛等。

1. 蒙特卡罗汽车拉力赛

蒙特卡罗汽车拉力赛（图10-6）是一种国际性的汽车拉力赛。蒙特卡罗，是法、意之间的一个欧洲小国摩纳哥的首府，也是一个著名的赌城。

1911年，欧洲十国进行了以各自首都为起点，到摩纳哥的蒙特卡罗集合的汽车长途越野赛。全程限七天完成，以各自行驶的平均速度作为胜负的标准。这次比赛，以"RALLY"命名，成了世界上第一次正式的汽车拉力赛。

图10-5　世界拉力锦标赛赛车

图10-6　蒙特卡罗汽车拉力赛

以后比赛每年一月举行，路线在摩纳哥附近的山区，由于冬季冰雪，行驶条件十分恶劣，全程约5000km，赛程4~5天。

2. 巴黎-达喀尔汽车拉力赛

巴黎-达喀尔汽车拉力赛是世界上最长最艰苦的汽车拉力赛之一。该拉力赛自1979年开始，每年一月举行。从法国巴黎出发，乘船渡过地中海，在非洲北部上岸，然后穿越非洲的撒哈拉大沙漠、潮湿的热带雨林及各种崎岖的路段，途经多个国家，最后到达塞内加尔的首都达喀尔，总行程约13000km，历时约20天。在2008年由于战乱影响中断了1次赛事，从2009—2019年达喀尔拉力赛移师到了南美的阿根廷和智利进行比赛，2020年来到了中东沙特阿拉伯。图10-7所示为2005年的巴黎-达喀尔汽车拉力赛路线图。

图10-7　2005年的巴黎-达喀尔
汽车拉力赛路线图

3. 其他汽车拉力赛

东非沙法里拉力赛，从 1953 年起每年举行一次，比赛途径肯尼亚、乌干达等国家，路面条件十分恶劣，路线长达 6000km，赛程 4~5 天。

还有 1971 年英国伦敦到澳大利亚悉尼的拉力赛，摩洛哥、奥地利阿尔卑斯、法国阿尔卑斯、希腊的阿克罗波拉斯、美国的奥林巴斯、芬兰的千湖等拉力赛。

知识点4 汽车越野赛

汽车越野赛（图 10-8）是汽车道路比赛项目之一，是在一个国家的公路和自然道路上进行汽车比赛。如果需要经过几个国家的领土，总行程超过 10000km，或跨洲进行的比赛，称为马拉松越野赛。

越野赛不同于拉力赛，比赛必须在白天进行。除国际汽联特别批准外，赛程不得超过 15 天，每经过 10 个阶段后，至少休息 18h。参赛车辆必须是全轮驱动汽车。

巴黎-北京马拉松越野赛，是世界上最早的汽车越野赛，在 1907 年举行。汽车从北京开到巴黎，有 5 辆汽车参加，3 辆汽车历经 2 个月才到达巴黎。图 10-9 所示为当时赛车经过我国八达岭的情况。

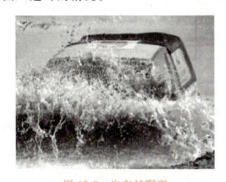

图 10-8 汽车越野赛

图 10-9 马拉松越野赛赛车经过我国八达岭

1992 年 9 月，又举行了一次巴黎-莫斯科-北京马拉松越野赛。比赛从巴黎出发，经莫斯科，进入我国新疆，最后到达北京。全程 16135km，途经 11 个国家，历时 27 天。有 50 辆赛车在规定时间内跑完全程。

知识点5 汽车耐力赛

汽车耐力赛是一种在规定赛道上进行长时间连续行驶的耐久性比赛，它可以考验汽车的动力性能、可靠性和驾驶人的耐力。最著名的汽车耐力赛是勒芒 24h 汽车耐力赛。

勒芒 24h 耐力赛在法国勒芒（Lemans）举行。从 1923 年开始，每年 6 月（1936 年、1940 年、1948 年除外）都要举行汽车连续行驶 24h 的比赛，它与 F1 及世界汽车拉力锦标赛并列为世界汽车三大赛事。

勒芒赛道（图 10-10）是环行跑道，长 13.5km，

图 10-10 勒芒赛道

其中大部分是封闭式的高速公路。比赛时每辆车配备三个驾驶人，轮流驾驶与休息，实行昼夜"三班"制。在 24h 的赛程中，由于夜间气温较低，轮胎抓地性最好，机件运行也进入良好状态，所以赛手都趁"夜深人静"之际拼命奔跑，此时竞争最为激烈。汽车每隔 50min 就要加油检修，昼夜汽车行驶约 5000km，平均时速超过 200km，在直线路段行驶最高时速超过 400km。在 24h 内行驶距离最长者获胜。

知识点 6　其他汽车赛

1. 汽车冲刺赛

汽车冲刺赛（Drag Race）是一种由静止加速起跑的竞赛，由两辆车在规定距离上比试速度，规定的距离一般为 402.336m（1/4mile）或 201.168m（1/8mile），胜者进入下一轮竞赛，负者被淘汰。然后两个胜者再一对一地比赛，直到最后一位胜者便是冠军。

2. 老爷车赛

老爷车赛开始于 1896 年，当时英国伦敦为庆祝汽车的诞生及放宽的交通条例（即废除红旗法），举办了伦敦海德公园至布莱顿的汽车赛，总行程为 96km。后来演变成老爷车赛，由皇家俱乐部举办，每年 11 月的第一个星期天在伦敦举行。1927 年第一届老爷车赛开始举行，当时规定只有 1905 年以前生产的汽车才能参加比赛（图 10-11），后来这个规定一直延续至今。

2000 年，欧洲老爷车协会组织了"环游地球 80 天"老爷车全球行拉力赛，有 100 辆老爷车参赛，从伦敦出发，途径北京、纽约，80 天之后再次返回伦敦。中国雏文有受到邀请，再次驾驶"大红旗"出征（图 10-12），参加了中国段的比赛。

图 10-11　老爷车

图 10-12　中国雏文有驾驶"大红旗"参加老爷车拉力赛

3. 派克峰国际爬山赛

派克峰国际爬山赛是一个每年 7 月间在美国科罗拉多州的派克峰（Pikes Peak）山顶所进行的汽机车爬山赛，历史悠久，首度举办于 1916 年。赛道全程接近 20km，沿途共有 156 个弯道（图 10-13），是全世界比赛场地海拔最高（4301m）、车辆性能水平也最高的越野赛车活动之一。

4. 汽车漂移赛（图 10-14）

漂移指让车头的指向与车身实际运动方向之间产生较大的夹角，使车身侧滑过弯的系列

操作。漂移是一种极具观赏性的驾驶方式，在拉力赛中也是一项常用的技术，这两年漂移在国内很热门，尤其是很多年轻的驾驶者都喜欢，但方法不当会造成事故。

图 10-13　派克峰弯道

图 10-14　汽车漂移赛

5. 太阳能汽车赛（图 10-15）

图 10-15　太阳能汽车赛

比赛用车的动力能源不是汽油，而是太阳能。目前，许多国家都有举办太阳能汽车比赛，但最有名的是自 1987 年开始举办的澳大利亚太阳能汽车挑战赛，比赛路程长达 3000km，比赛目的不是考验驾驶人能开多远，而是利用太阳能走多远。

6. 汽车跳远比赛（图 10-16）

西方国家兴起汽车跳远比赛，法国年轻赛车运动员迪埃里·罗宾在一次比赛中，驾驶汽车以 165km/h 的速度疾驰，然后汽车冲上高度为 5.6m 的助跑道斜面腾空跃起，汽车在空中"飞越"一段距离后，再重重地落在由数千个纸盒堆成的"沙坑"里，他创造了汽车腾空"跳远"101.17m 的世界纪录。

7. 泥潭汽车大赛（图 10-17）

美国的德克萨斯州近年来兴起一种泥潭汽车比赛，参赛车均改装为小汽车和小货车。比赛在一个长 60m、宽 23m 的人造泥潭中进行。赛手们经过抽签后，驾车开进泥潭。跑完全程的最好成绩为 9s。泥潭汽车大赛也在世界其他地方兴起。

图 10-16　汽车跳远比赛

图 10-17　泥潭汽车大赛

10.2　汽车展览

汽车展览是专门为汽车举办的展览，是汽车制造商们展示新产品、树立企业形象、展示

公司实力、争夺汽车市场的舞台，让人们感受到世界汽车工业跳动的脉搏；也是进行汽车技术交流、发展经贸合作的良好机会；同时带来汽车展览风格和文化氛围，促进汽车文化的交流与发展。

知识点1　世界著名汽车展览

世界著名的车展主要有法兰克福车展、巴黎车展、日内瓦车展、北美车展和东京车展五大汽车展。我国的北京车展也已跻身世界著名汽车展前十位。

1. 法兰克福车展

法兰克福车展在德国法兰克福会展中心（图10-18）举行，创办于1897年，是世界上最早、最大的汽车展之一，一些世界级汽车公司梅塞德斯-奔驰、宝马、奥迪、欧宝以及保时捷都有自己专门的展厅，有世界汽车工业"奥运会"之称。

车展在1951年以前在德国柏林举行，1951年移到法兰克福市，每2年举办一次，展览时间一般在9月中旬，持续时间2周左右。

2009年法兰克福车展有30个国家、62个汽车制造商、82辆全球首发新车、753个参展商参加。

图10-18　法兰克福会展中心

2. 巴黎车展

巴黎车展（图10-19）在法国巴黎进行。该车展起源于1898年的国际汽车沙龙会，直至1976年每年一届，此后每两年一届，在9月底至10月初举行。

巴黎车展的特点如同时装展，各种汽车新颖独特，新奇古怪的概念车云集，给人以争奇斗艳的感觉。

3. 日内瓦车展

日内瓦车展（图10-20）创办于1924年，每年3月在瑞士日内瓦举行。

日内瓦车展档次高、水准高，是各大汽车商首次推出新产品时最主要的展出平台，素有"国际汽车潮流风向标"之称。

图10-19　巴黎车展

图10-20　日内瓦车展

4. 北美车展

北美车展始于 1907 年，每年 1 月在美国底特律举行，叫"底特律车展"，1989 年更名为"北美国际汽车展（简称北美车展）"。

从 1965 年开始，车展迁移到现在的 COBO 展览中心（图 10-21），那里是世界上最大的平面室内展览会场之一，展览面积约 8 万 m^2，会议室、会谈室近百个，可同时容纳上万名参观者。

5. 东京车展

东京车展（图 10-22）始于 1954 年，一般每年 10 月在日本东京举行，自 2007 年的第 40 届车展起，改为两年一届。

东京车展历来以规模大，注重新产品、新技术的推出，展出产品实用性强而闻名于世界。1999 年东京车展参观者达 140 万人，创下当时的世界纪录。

图 10-21　COBO 展览中心

图 10-22　东京车展

6. 其他国际车展

除上述车展外，还有一些规模较小的国际车展，如伦敦汽车展、纽约汽车展、芝加哥汽车展等。

知识点 2　中国主要汽车展览

1. 北京车展

北京车展创办于 1990 年，每两年定期在北京举办（图 10-23），秉承展品精、品牌全、国际化的办展理念和特色，规模不断扩大，众多跨国汽车企业将北京车展列为全球 A 级车展，已跻身世界著名汽车展览前十位。

2. 上海车展

上海车展创办于 1985 年，逢单数年在上海（图 10-24）举办。2004 年 6 月，顺利通过了国际博览联盟（UFI）的认证，成为中国第一个被 UFI 认可的车展，成为国际上最具影响力的汽车大展之一。

3. 广州车展

广州车展创办于 2003 年，在广州市琶洲展览中心（图 10-25）举办。基于"高品位、国际化、综合性"的定位，经过几年的发展，已成为中国大型国际车展之一。

图 10-23　北京车展

图 10-24　上海车展

图 10-25　广州市琶洲展览中心

10.3　汽车媒体

　　汽车媒体包括汽车杂志、书籍、宣传、广告、汽车网站等，它们是传播汽车信息、汽车技术和文化的重要手段，也是广大汽车工作者、汽车驾驶人、汽车修理技术人员提高自己的重要途径之一。

知识点 1　汽车杂志

　　国外著名汽车杂志主要有《汽车工业》（美国）、《汽车工程》（美国）、《汽车与驾驶人》（美国）、《汽车技术杂志》（德国）、《BOSCH 汽车工程手册》（德国）、《自动车技术》（日本）、《汽车工程师》（法国）、《汽车工程师》（英国）、《汽车工程》（意大利）、《汽车工业》（俄罗斯）等。

　　国内主要汽车杂志有《汽车工程》《汽车技术》《世界汽车》《中国汽车报》《汽车之友》《汽车与配件》《汽车维修与保养》等。

知识点 2　汽车网站

　　汽车网站能及时反映出汽车的新信息，每天都有大量的国内外汽车发展新动态、新技术以及广大网民的意见和评论，是快速获取汽车讯息的一种方法。

　　国内主要专业汽车网站见表 10-1。

表 10-1　国内主要专业汽车网站

序号	网站名称	网站地址
1	中国汽车网	www.chinacar.com.cn
2	汽车-中国网	auto.china.com.cn
3	太平洋汽车网	www.pcauto.com.cn
4	汽车之家	www.autohome.com.cn
5	汽车维护与修理	www.autorepair.com.cn
6	中国汽车用品网	www.qoocoo.com
7	中华汽车网	www.qcde.com.cn
8	电动汽车网	www.cnev.cn

除汽车专业网站外，还有大量的通用网站开辟有汽车频道或汽车搜索，比较著名的汽车栏目与搜索见表10-2。

表10-2　国内著名网站的汽车栏目与搜索

序号	网站名称	网站地址
1	百度汽车搜索	http://www.baidu.com
2	搜狐汽车频道	http://auto.sohu.com
3	易车	http://www.yiche.com
4	爱卡汽车	https://www.xcar.com.cn
5	新浪汽车	http://auto.sina.com.cn
6	汽车频道-央视网	https://auto.cctv.com
7	凤凰网汽车	http://auto.ifeng.com
8	网易汽车	http://auto.163.com

除此之外，还有各汽车集团、公司、销售网络等，以及学校、个人办的大量网站，只要输入相应搜索名，均可以搜索到。

【拓展阅读】　　　　　汽　　车

1. 概念车及分类

概念车由英文 Conception Car 意译而来，它不是将投产的车型，只是向人们展示设计人员新颖、独特、超前的构思而已。世界各大汽车公司都不惜巨资研制概念车，借以向公众展示本公司的技术进步，提高自身形象。

通常概念车分为两种，一种是能跑的真正汽车，另一种是设计概念模型。前者比较接近于批量生产，一般在5年左右可成为公司投产的新产品；后者虽是更为超前的设计，但因环境、科研水平、成本等，只是未来发展的研究设想。

2. 汽车模特

汽车模特反映出汽车本身所特有的属性，这有别于服装模特和广告模特；汽车模特的展示要根据车型、车种的不同表现出在不同环境中的人与车、人与自然的关系，表现出人体美与汽车美的完美结合。不同类型的车型应配以不同性格、气质、装束的模特，其中包括职业型、豪放型、淑女型、知识型、家庭型等根据不同车型模特组合，汽车模特要重在表演能力和舞蹈水平。

如奔驰、宝马汽车公司则对有贵族气质的模特情有独钟，而大众汽车公司更注重职业感强、有白领气质的模特。

3. 汽车俱乐部

1896年成立的美国汽车联盟是最早的汽车俱乐部，汽车俱乐部包括的内容广泛，有技术交流、传授汽车新技术、救助救援、出行服务及汽车后市场各项目等；目前较有影响力的汽车俱乐部有美国汽车协会（AAA）、全德汽车俱乐部（ADAC）、意大利汽车集团（ACI）、日本汽车联合会（JAF），我国的第一家汽车俱乐部为 CAA 大陆救援。

本章小结

1. 著名汽车竞赛主要有汽车道路比赛（如拉力赛、越野赛）、汽车耐力赛（如法国勒芒24h耐力赛）、汽车场地赛（如方程式汽车赛）。

2. 方程式汽车赛是依照国际规定进行汽车的制造与比赛的场地比赛，其级别主要有一级方程式（简称F1）、F3000、三级方程式（简称F3）等。

3. 世界著名的车展有法兰克福车展、巴黎车展、日内瓦车展、北美车展和东京车展五大汽车展。我国著名的车展有北京车展、上海车展和广州车展。

4. 汽车媒体包括汽车杂志、书籍、宣传、广告、汽车网站等，是传播汽车信息、汽车技术和文化的重要手段。

习题与思考题

1. 您看过汽车竞赛吗？说说比赛的情况。

2. 您参观过车展吗？有什么体会？

3. 您最喜欢的汽车网站是哪个？从该网站上您学习到了什么？

参 考 文 献

[1] 蔡兴旺，廖一峰. 汽车概论 [M]. 3 版. 北京：机械工业出版社，2019.

[2] 蔡兴旺，康晓清. 新能源汽车结构与维修 [M]. 2 版. 北京：机械工业出版社，2019.

[3] 蔡兴旺. 电动汽车与燃气汽车故障诊断与维修 [M]. 北京：机械工业出版社，2018.

[4] 王海林，蔡兴旺. 汽车构造与原理：上册，发动机 [M]. 4 版. 北京：机械工业出版社，2018.

[5] 张红伟. 汽车文化 [M]. 北京：高等教育出版社，2018.

[6] 陈燕. 汽车文化概论 [M]. 2 版. 北京：人民交通出版社股份有限公司，2018.

[7] 代洪，陈生权，王博. 汽车文化与概论 [M]. 武汉：华中科技大学出版社，2018.

[8] 刘仁鑫，蔡兴旺. 汽车构造与原理：中册，底盘　车身 [M]. 4 版. 北京：机械工业出版社，2019.

[9] 蔡兴旺. 汽车文化 [M]. 2 版. 北京：机械工业出版社，2020.

[10] 程国华，程盛. 追根溯源：百年汽车工业 [M]. 北京：机械工业出版社，2007.

[11] 林平. 车标：世界著名汽车标志 [M]. 北京：化学工业出版社，2012.

[12] DAIMLER CHRYSLER AG KONZERNARCHIV, NIEMANN H. 百年奔驰 [M]. 朱华，王梅，KIM N，译. 北京：电子工业出版社，2006.

[13] ECKERMANN E. 从蒸汽机到汽车：交通机动化 [M]. 孙伟，译. 北京：电子工业出版社，2006.

[14] 欧阳明高，等. 节能与新能源汽车技术路线 [R]. 2016.

[15] 杨宽. 一本书读懂电动汽车 [M]. 北京：化学工业出版社，2020.

[16] 董扬，许艳华，庞天舒，等. 中国汽车产业强国发展战略研究 [J]. 中国工程科学，2018（1）：37-44.

[17] EHSANI M, GAO Y M, GAY S E, et al. 现代电动汽车、混合动力电动汽车和燃料电池车：基本原理、理论和设计 [M]. 倪光正，倪培宏，熊素铭，译. 北京：机械工业出版社，2008.

[18] 陈清泉，孙逢春，祝嘉光. 现代电动汽车技术 [M]. 北京：北京理工大学出版社，2002.

[19] 臧杰. 新能源汽车 [M]. 北京：机械工业出版社，2013.

[20] HINTZ A, PRASANNA U R, RAJASHEKARA K. Novel Modular Multiple-Input Bidirectional DC-DC Power Converter（MIPC）for HEV/FCV Application [J]. IEEE Transactions on Industrial Electronics, 2015, 62（5）：3163-3172.

[21] EHSANI M, GAO Y M, GAY S E, et al. Modern Electric, Hybrid Electric and Fuel Cell Vehicles：Fundamentals, Theory, and Design [M]. Boca Raton：CRC Press, 2005.

[22] 崔胜民. 新能源汽车技术 [M]. 3 版. 北京：北京大学出版社，2020.

[23] SCIARRETTA A, GUZZELLA L. Control of Hybrid Electric vehicles [J]. IEEE Control Systems Magazine, 2007（2）：60-70.

[24] HANNAN M A, AZIDIN F A, MOHAMED A. Hybrid Electric Vehicles and Their Challenges：A Review [J]. Renewable & Sustainable Energy Reviews, 2014（Jan.）：135-150.

[25] 冯逸，陈礼璠，杜爱民. 太阳能汽车发展现状及其实用化对策研究 [J]. 上海汽车，2006（2）：2-5.

[26] 刘旺. 太阳能车电气系统及功率平衡控制 [D]. 长沙：中南大学，2012.

[27] 崔胜民. 智能网联汽车新技术 [M]. 北京：化学工业出版社，2016.

[28] 中华人民共和国国家发展和改革委员会. 关于印发《智能汽车创新发展战略》的通知：发改产业〔2020〕202 号 [A/OL]. (2020-02-10) [2022-12-07]. https://www.ndrc.gov.cn/xxgk/zcfb/tz/202002/t20200224_1221077_ext.html.

[29] 李克强，戴一凡，李升波，等. 智能网联汽车（ICV）技术的发展现状及趋势 [J]. 汽车安全与节能学报，2017, 8 (1)：1-14.

[30] 张亚萍，刘华，李碧钰，等. 智能网联汽车技术与标准发展研究 [J]. 上海汽车，2015 (8)：55-59.

[31] 冉斌，谭华春，张健，等. 智能网联交通技术发展现状及趋势 [J]. 汽车安全与节能学报，2018, 9 (2)：119-130.

[32] PIACENTINI G, GOATIN P, FERRARA A. Traffic Control Via Platoons of Intelligent Vehicles for Saving Fuel Consumption in Freeway Systems [J]. IEEE Control Systems Letters, 2021, 5 (2)：593-598.

[33] TALEBPOUR A, MAHMASSANI H S. Influence of Connected and Autonomous Vehicles on Traffic Flow Stability and Throughput [J]. Transportation Research, 2016, 71：143-163.

[34] 蔡勇，李秀文. 智能网联汽车测试评价体系研究 [J]. 中国汽车，2018 (10)：27-33.

[35] 党超. 智能网联汽车结构层次及技术分析 [J]. 内燃机与配件，2022 (5)：220-222.

[36] 孙常林. 智能网联汽车发展现状分析 [J]. 产业创新研究，2020 (20)：34-35.

[37] 李寒洋. 浅谈智能网联汽车发展现状及趋势 [J]. 汽车工业研究，2020 (1)：2-9.

[38] 黄开胜，袁宏，钟薇. 以车路协同和互联互通为先导抓手 推进智能网联汽车与智慧城市协同发展 [J]. 建设科技，2022 (1)：47-52.

[39] 马红丽. 智能网联汽车全力智慧化 [J]. 中国信息界，2021 (6)：50-54.

[40] 周超. 智能网联汽车技术与标准发展研究 [J]. 内燃机与配件，2021 (23)：197-198.

[41] 柳献初. 汽车工程学引论 [M]. 2 版. 上海：同济大学出版社，2017.

[42] 陈长年. "十二五"汽车制造装备市场分析 [J]. 现代零部件，2009 (6)：65-69.

[43] 焦俊鹏. MES 在汽车行业中的应用研究 [J]. 汽车制造业，2020 (1)：51-52.

[44] 刘小平，王莹，朱盛镭. 中国汽车产业区域竞争力比较分析 [J]. 上海汽车，2007 (1)：11-14.

[45] 佐默，德雷斯勒. 车辆互联网设计 [M]. 胡红星，郭建华，严如强，译. 北京：机械工业出版社，2017.

[46] 衣宝廉. 燃料电池：原理·技术·应用 [M]. 北京：化学工业出版社，2003.

[47] 龙玲，彭帆. 汽车制造质量管理 [M]. 北京：北京师范大学出版社，2020.

[48] 中国汽车工程学会. 汽车智能制造典型案例选编：2018 [M]. 北京：北京理工大学出版社有限责任公司，2018.

[49] 凌永成. 汽车工程概论 [M]. 北京：机械工业出版社，2015.